Ein junger Student wollte an einem Abend im Januar zur Zeit der großen Gesellschaften seinen besten Freund, den Sohn eines hohen Staatsbeamten aufsuchen. Er wollte ihm ein Buch zeigen, das er gerade las und von dem er ihm auch schon viel erzählt hatte. Es war ein schwer verständliches Buch über die Grundzüge der Geschichte der Volkswirtschaft, man konnte nur schwer folgen, der Autor hielt sein Thema, wie es in einer Kritik sehr bezeichnend hieß, an sich gedrückt, wie der Vater das Kind mit dem er durch die Nacht reitet. Trotz aller Schwierigkeit verlockte es aber den Studenten sehr; wenn er eine zusammenhängende Stelle durchdrungen hatte, fühlte er einen großen Gewinn, nicht nur die gerade vorgetragene Ansicht, sondern alles ringsherum schien ihm einleuchtender, besser bewiesen und widerstandskräftiger. Einigemal auf dem Weg zu seinem Freund blieb er unter einer Laterne stehn und las bei dem durch Schneenebel gedämpften Licht einige Sätze. Große seine Fassungskraft übersteigende Sorgen bedrückten ihn, das Gegenwärtige war zu erfassen, die vor ihm liegende Aufgabe aber erschien ihm undeutlich und ohne Ende, vergleichbar nur seinen Kräften, die er ebenso und noch nicht aufgerufen in sich fühlte.

Das Schreiben versagt sich mir. Daher Plan der selbstbiographischen Untersuchungen. Nicht Biographie, sondern Untersuchung und Auffindung möglichst kleiner Bestandteile. Daraus will ich mich dann aufbauen so wie einer, dessen Haus unsicher ist, daneben ein sicheres aufbauen will, womöglich aus dem Material des alten. Schlimm ist es allerdings wenn mitten im Bau seine Kraft aufhört und er jetzt statt eines zwar unsichern aber doch vollständigen Hauses, ein halbzerstörtes und ein halbfertiges hat, also nichts. Was folgt ist Irrsinn, also etwa ein Kosakentanz zwischen den zwei Häusern, wobei der Kosak mit den Stiefelabsätzen die Erde solange scharrt und auswirft, bis sich unter ihm sein Grab bildet.

Die Leichtfertigkeit der Kinder ist unbegreiflich. Aus dem Fenster meines Zimmers sehe ich in einen kleinen öffentlichen Garten hinunter. Ein kleiner städtischer Garten ist es, nicht viel mehr als ein staubiger freier Platz, der von welken Gesträuchen gegen die Gasse hin abgegrenzt ist. Dort spielten die Kinder, wie immer, auch heute nachmittag.

»Wie bin ich hierhergekommen?« rief ich. Es war ein mäßig großer von mildem elektrischem Licht beleuchteter Saal, dessen Wände ich abschritt. Es waren zwar einige Türen vorhanden, öffnete man sie aber, dann stand man vor einer dunklen glatten Felswand, die kaum eine Handbreit von der Türschwelle entfernt war und geradlinig aufwärts und nach beiden Seiten in unabsehbare Ferne verlief. Hier war kein Ausweg. Nur eine Tür führte in ein Nebenzimmer, die Aussicht dort war hoffnungsreicher aber nicht weniger befremdend als bei den andern Türen. Man sah in ein Fürstenzimmer, Rot und Gold herrschte dort vor, es gab dort mehrere wandhohe Spiegel und einen großen Glasluster. Aber das war noch nicht alles.

———————

Ich muß nicht mehr zurück, die Zelle ist gesprengt, ich bewege mich, ich fühle meinen Körper.

———————

Ich befahl mein Pferd aus dem Stall zu holen. Der Diener verstand mich nicht. Ich gieng selbst in den Stall, sattelte mein Pferd und bestieg es. In der Ferne hörte ich eine Trompete blasen, ich fragte ihn, was das bedeute. Er wußte nichts und hatte nichts gehört. Beim Tore hielt er mich auf und fragte: »Wohin reitest Du, Herr?« »Ich weiß es nicht«, sagte ich, »nur weg von hier, nur weg von hier. Immerfort weg von hier, nur so kann ich mein Ziel erreichen.« »Du kennst also Dein Ziel?« fragte er. »Ja«, antwortete ich, »ich sagte es doch, ›Weg-von-hier‹, das ist mein Ziel.« »Du hast keinen Eßvorrat mit«, sagte er. »Ich brauche keinen«, sagte ich, »die Reise ist so lang, daß ich verhungern muß, wenn ich auf dem Weg nichts bekomme. Kein Eßvorrat kann mich retten. Es ist ja zum Glück eine wahrhaft ungeheuere Reise.«

———————

F.   (über Geschäftsbüchern) Sieh mal, nun also sieh mal –
            Es klopft zweimal stark, dann noch einmal
      leiser
F.   Ich komme –
            Er geht langsam, schlurfend zur Tür, sieht
      durch das Guckloch, nickt, öffnet zwei Schlösser, dann
      die Tür.
T.   (zarte alte Dame) Guten Tag, lieber Felix.

F. Es ist sehr lieb, Tante, daß Du gekommen bist.

T. Du schriebst mir doch, Felix, natürlich kam ich gleich.

F. Nun freilich, nun freilich.

Sie setzen sich

F. Du bist immer meine Beraterin gewesen.

T. Ich? Eine unwissende Frau. Immer machst Du den gleichen Scherz mit mir.

F. Es ist kein Scherz. Was wäre ich ohne Dich! Andererseits freilich –

T. Nun?

F. Andererseits freilich müßte ich mich, wenn Du nicht wärest, auch allein durch die Welt schlagen.

T. Nun also.

F. Nein, Tante, nicht so – ich bitte, verlaß mich nicht

Atemlos kam ich an. Eine Stange war ein wenig schief in den Boden gerammt und trug eine Tafel mit der Aufschrift »Versenkung«. Ich dürfte am Ziel sein, sagte ich mir und blickte mich um. Nur paar Schritte weit war eine unscheinbare dicht mit Grün überwachsene Gartenlaube, aus der ich leichtes Tellerklappern hörte. Ich ging hin, steckte den Kopf durch die niedrige Öffnung, sah kaum etwas in dem dunklen Innern, grüßte aber doch und fragte: »Wissen Sie nicht wer die Versenkung besorgt?« »Ich selbst, Ihnen zu dienen«, sagte eine freundliche Stimme, »ich komme sofort.« Nun erkannte ich langsam die kleine Gesellschaft, es war ein junges Ehepaar, drei kleine Kinder, die mit der Stirn kaum die Tischplatte erreichten und ein Säugling, noch in den Armen der Mutter. Der Mann der in der Tiefe der Laube saß wollte gleich aufstehn und sich hinausdrängen, die Frau aber bat ihn herzlich, zuerst das Essen zu beenden, er jedoch zeigte auf mich, sie wiederum sagte, ich werde so freundlich sein und ein wenig warten und ihnen die Ehre erweisen, an ihrem armen Mittagessen teilzunehmen, ich schließlich, äußerst ärgerlich über mich selbst, der ich hier die Sonntagsfreude so häßlich störte, mußte sagen: »Leider leider, liebe Frau, kann ich der Einladung nicht entsprechen, denn ich muß mich augenblicklich, ja wirklich augenblicklich versenken lassen.« »Ach«, sagte die Frau, »gerade am Sonntag und noch beim Mittagessen. Ach die Launen der Leute. Die ewige Sklaverei.« »Zanken Sie doch nicht so«, sagte ich, »ich verlange es ja von Ihrem Mann nicht aus Mutwillen und wüßte ich wie man es macht, hätte ich es schon längst allein getan.« »Hören Sie nicht auf die Frau«, sagte der Mann, der schon neben mir war und mich fortzog. »Verlangen Sie doch nicht Verstand von Frauen.

Es war sehr unsicher, ob ich Fürsprecher hatte, ich konnte nichts Genaues darüber erfahren, alle Gesichter waren abweisend, die meisten Leute die mir entgegen kamen und die ich wieder und wieder auf den Gängen traf, sahen wie alte dicke Frauen aus, sie hatten große, den ganzen Körper bedeckende, dunkelblau und weiß gestreifte Schürzen, strichen sich den Bauch und drehten sich schwerfällig hin und her. Ich konnte nicht einmal erfahren, ob wir in einem Gerichtsgebäude waren. Manches sprach dafür, vieles dagegen. Über alle Einzelheiten hinweg erinnerte mich am meisten an ein Gericht ein Dröhnen, das unaufhörlich aus der Ferne zu hören war, man konnte nicht sagen aus welcher Richtung es kam, es erfüllte so sehr alle Räume, daß man annehmen konnte, es komme von überall oder, was noch richtiger schien, gerade der Ort, wo man zufällig stand, sei der eigentliche Ort dieses Dröhnens, aber gewiß war das eine Täuschung, denn es kam aus der Ferne. Diese Gänge, schmal, einfach überwölbt, in langsamen Wendungen geführt, mit sparsam geschmückten hohen Türen, schienen sogar für tiefe Stille geschaffen, es waren die Gänge eines Museums oder einer Bibliotek. Wenn es aber kein Gericht war, warum forschte ich dann hier nach einem Fürsprecher? Weil ich überall einen Fürsprecher suchte, überall ist er nötig, ja man braucht ihn weniger bei Gericht als anderswo, denn das Gericht spricht sein Urteil nach dem Gesetz, sollte man annehmen, daß es hiebei ungerecht oder leichtfertig vorgehe, wäre ja kein Leben möglich, man muß zum Gericht das Zutrauen haben, daß es der Majestät des Gesetzes freien Raum gibt, denn das ist seine einzige Aufgabe, im Gesetz selbst aber ist alles Anklage, Fürspruch und Urteil, das selbstständige Sicheinmischen eines Menschen hier wäre Frevel. Anders aber verhält es sich mit dem Tatbestand eines Urteils, dieser gründet sich auf Erhebungen, auf Erhebungen hier und dort, bei Verwandten und Fremden, bei Freunden und Feinden, in der Familie und in der Öffentlichkeit, in Stadt und Dorf, kurz überall. Hier ist es dringendst nötig Fürsprecher zu haben, Fürsprecher in Mengen, am besten Fürsprecher, einer eng neben dem andern, eine lebende Mauer, denn die Fürsprecher sind ihrer Natur nach schwer beweglich, die Ankläger aber, diese schlauen Füchse, diese flinken Wiesel, diese unsichtbaren Mäuschen schlüpfen durch die kleinsten Lücken, huschen zwischen den Beinen der Fürsprecher durch. Also Achtung! Deshalb bin ich ja hier, ich sammle Fürsprecher. Aber ich habe noch keinen gefunden, nur diese alten Frauen kommen und gehn, immer wieder, wäre ich nicht auf der Suche, es würde mich einschläfern. Ich bin nicht am richtigen Ort, leider kann ich mich dem Eindruck nicht verschließen, daß ich nicht am richtigen Ort bin. Ich müßte an einem Ort sein, wo vielerlei Menschen zusammenkommen, aus verschiedenen Gegenden, aus allen Ständen, aus allen Berufen, verschiedenen

Alters, ich müßte die Möglichkeit haben die Tauglichen, die Freundlichen, die, welche einen Blick für mich haben vorsichtig auszuwählen aus einer Menge. Am besten wäre dazu vielleicht ein großer Jahrmarkt geeignet. Statt dessen treibe ich mich auf diesen Gängen umher, wo nur diese alten Frauen zu sehn sind und auch von ihnen nicht viele und immerfort die gleichen und selbst diese wenigen trotz ihrer Langsamkeit lassen sich von mir nicht stellen, entgleiten mir, schweben wie Regenwolken, sind von unbekannten Beschäftigungen ganz in Anspruch genommen. Warum eile ich denn blindlings in ein Haus, lese nicht die Aufschrift über dem Tor, bin gleich auf den Gängen, setze mich hier mit solcher Verbohrtheit fest, daß ich mich gar nicht erinnern kann, jemals vor dem Haus gewesen, jemals die Treppen hinaufgelaufen zu sein. Zurück aber darf ich nicht, diese Zeitversäumnis, dieses Eingestehn eines Irrwegs wäre mir unerträglich. Wie? In diesem kurzen, eiligen, von einem ungeduldigen Dröhnen begleiteten Leben eine Treppe hinunterlaufen? Das ist unmöglich. Die Dir zugemessene Zeit ist so kurz, daß Du, wenn Du eine Sekunde verlierst, schon Dein ganzes Leben verloren hast, denn es ist nicht länger; es ist immer nur so lang wie die Zeit, die Du verlierst. Hast Du also einen Weg begonnen, setze ihn fort, unter allen Umständen, Du kannst nur gewinnen, Du läufst keine Gefahr, vielleicht wirst Du am Ende abstürzen, hättest Du aber schon nach den ersten Schritten Dich zurückgewendet und wärest die Treppe hinuntergelaufen, wärest Du gleich am Anfang abgestürzt und nicht vielleicht sondern ganz gewiß. Findest Du also nichts hier auf den Gängen, öffne die Türen, findest Du nichts hinter diesen Türen, gibt es neue Stockwerke, findest Du oben nichts, es ist keine Not, schwinge Dich neue Treppen hinauf, solange Du nicht zu steigen aufhörst, hören die Stufen nicht auf, unter Deinen steigenden Füßen, wachsen sie aufwärts.

Es war ein schmaler, niedriger, rundgewölbter, weiß ge-
tünchter Gang, ich stand vor seinem Eingang, er führte schief
in die Tiefe. Ich wußte nicht, ob ich eintreten sollte, un-
schlüssig zerrieb ich mit meinen Füßen das schüttere Gras,
das vor dem Eingang wuchs. Da kam ein Herr vorüber, wohl
zufällig, er war ein wenig gebückt, aber willkürlich, weil er
mit mir sprechen wollte. »Wohin denn Kleiner?« fragte er.
»Noch nirgendhin«, sagte ich und blickte in sein fröhliches,
aber hochmütiges Gesicht – es wäre hochmütig gewesen
auch ohne das Monokle, das er trug – »noch nirgendhin. Ich
überlege erst.«

»Sonderbar!« sagte der Hund und strich sich mit der Hand
über die Stirn. »Wo bin ich denn herumgelaufen, zuerst über
den Marktplatz, dann durch den Hohlweg den Hügel hinauf,
dann vielemal über die große Hochebene kreuz und quer,
dann den Absturz hinunter, dann ein Stück auf der Landstraße, dann links zum Bach, dann die Pappelreihe entlang,
dann an der Kirche vorbei und jetzt bin ich hier. Warum denn
das? Und ich war dabei verzweifelt. Ein Glück, daß ich
wieder zurück bin. Ich fürchte mich vor diesem zwecklosen
Herumlaufen, vor diesen großen öden Räumen, was für ein
armer, hilfloser, kleiner, gar nicht mehr aufzufindender
Hund bin ich dort. Es lockt mich auch gar nichts dazu von
hier wegzulaufen, hier im Hof ist mein Ort, hier ist meine
Hütte, hier meine Kette für den manchmal eintretenden Fall
der Bissigkeit, alles ist hier und reichliche Nahrung. Nun
also. Ich würde auch niemals aus eigenem Willen von hier
weglaufen, ich fühle mich hier wohl, bin stolz auf meine
Stellung, wohlige aber berechtigte Überhebung durchrieselt
mich beim Anblick des anderen Viehs. Lauft aber irgendein

anderes von den Tieren so sinnlos weg wie ich? Kein einziges, die Katze, das weiche krallige Ding, die niemand benötigt und niemand entbehrt, nehme ich aus, sie hat ihre Geheimnisse die mich nicht kümmern und lauft in ihrem Dienst herum, aber auch sie nur im Bezirk des Hauses. Ich bin also der einzige, der hie und da desertiert, und es kann mich ganz gewiß einmal meine überragende Stellung kosten. Heute scheint es glücklicherweise niemand bemerkt zu haben, aber letzthin machte schon Richard, der Sohn des Herrn, eine Bemerkung darüber. Es war Sonntag, Richard saß auf der Bank und rauchte, ich lag zu seinen Füßen, die Wange an die Erde gedrückt. »Cäsar«, sagte er, »Du böser untreuer Hund, wo warst Du heute morgens? Um fünf Uhr früh, also zu einer Zeit, wo Du noch wachen sollst, habe ich Dich gesucht und Dich nirgends im Hof gefunden, erst um viertel sieben bist Du zurückgekommen. Das ist eine Pflichtverletzung sondergleichen, weißt Du das?« So war es also wieder einmal entdeckt. Ich stand auf, setzte mich zu ihm, umfaßte ihn mit einem Arm und sagte: »Lieber Richard, sieh es mir dieses eine Mal noch nach und verbreite die Sache nicht. Soweit es an mir liegt, es soll nicht wieder vorkommen.« Und ich weinte so sehr, aus allen möglichen Gründen, aus Verzweiflung über mich, aus Angst vor Strafe, aus Rührung über Richards friedliche Miene, aus Freude über das augenblickliche Fehlen eines Strafwerkzeugs, ich weinte so sehr, daß ich mit meinen Tränen Richards Rock näßte, er mich abschüttelte und mir befahl mich zu kuschen. Damals versprach ich also Besserung und heute wiederholt sich das Gleiche, ich war sogar länger fort als damals. Freilich, ich versprach nur mich zu bessern, soweit es an mir liegt. Und es ist nicht meine Schuld

---

Der Kampf mit der Zellenwand

Unentschieden

Es ist eine schöne und wirkungsvolle Vorführung, der Ritt den wir den Ritt der Träume nennen. Wir zeigen ihn schon seit Jahren, der welcher ihn erfunden hat, ist längst gestorben, an Lungenschwindsucht, aber diese seine Hinterlassenschaft ist geblieben und wir haben noch immer keinen Grund den Ritt von den Programmen abzusetzen, umsoweniger, als er von der Konkurrenz nicht nachgeahmt werden kann, er ist, trotzdem das auf den ersten Blick nicht verständlich ist, unnachahmbar. Wir pflegen ihn an den Schluß der ersten Abteilung zu setzen, als Abschluß des Abends würde er sich nicht eignen, es ist nichts Blendendes, nichts Kostbares, nichts wovon man auf dem Nachhauseweg spricht, zum Schluß muß etwas kommen, was auch dem gröbsten Kopf unvergeßlich bleibt, etwas was den ganzen Abend vor dem Vergessenwerden rettet, etwas derartiges ist dieser Ritt nicht, wohl aber ist er geeignet

Es sind zwei Schwestern, eine

In den letzten Jahrzehnten ist das Interesse an Hungerkünstlern sehr zurückgegangen. Während es sich früher gut lohnte, solche Vorführungen in eigener Regie zu veranstalten, ist dies heute völlig unmöglich. Es waren andere Zeiten. Damals beschäftigte sich die ganze Stadt mit dem Hungerkünstler, von Hungertag zu Hungertag stieg die Teilnahme, jeder wollte den Hungerkünstler zumindest einmal täglich sehn, an den späteren Tagen gab es Abonnenten, welche tagelang vor dem kleinen Gitterkäfig saßen, auch in der Nacht fanden Besichtigungen statt, zur Erhöhung der Wirkung bei Fackelschein, an schönen Tagen wurde der Käfig ins Freie getragen und nun waren es besonders die Kinder, denen der Hungerkünstler gezeigt wurde, während er für die Erwachsenen oft nur ein Spaß war, an dem sie der Mode halber teilnahmen, sahen die Kinder staunend, mit offenem Mund, der Sicherheit halber einander bei der Hand haltend dem Hungerkünstler zu, wie er bleich, im schwarzen Trikot, mit mächtig vortretenden Rippen, sogar einen Sessel verschmähend, auf hingestreutem Stroh saß, einmal höflich nickend, angestrengt lächelnd Fragen beantwortete, auch durch das Gitter den Arm streckte, um seine Magerkeit befühlen zu lassen, dann aber wieder ganz in sich selbst versank, um niemanden sich kümmerte, nicht einmal um den für ihn so wichtigen Schlag der Uhr, die das einzige Möbelstück des Käfigs war, sondern nur vor sich hinsah mit fast geschlossenen Augen und hie und da aus einem winzigen Gläschen Wasser nippte, um sich die Lippen zu feuchten. Außer den wechselnden Zuschauern waren auch ständige vom Publikum gewählte Wächter da, merkwürdiger Weise gewöhnlich Fleischhauer, welche, immer drei gleichzeitig, die Aufgabe hatten Tag und Nacht den Hungerkünstler zu beobachten, damit er nicht etwa auf irgendeine heimliche Weise doch Nahrung zu sich nehme. Es war das aber lediglich eine Formalität, eingeführt zur Beruhigung der Massen, denn die Eingeweihten wußten wohl, daß der Hungerkünstler während der Hungerzeit niemals, unter keinen Umständen, selbst unter Zwang nicht, auch das Geringste nur gegessen hätte; die Ehre seiner Kunst verbot dies. Freilich, nicht jeder Wächter konnte das begreifen, es fanden sich manchmal nächtliche Wachgruppen, welche die Bewachung sehr lax durchführten, absichtlich in eine ferne Ecke sich zusammensetzten und dort sich ins Kartenspiel vertieften in der offenbaren Absicht, dem Hungerkünstler eine kleine Erfrischung zu gönnen, die er ihrer Meinung nach aus irgendwelchen geheimen Vorräten hervorholen konnte. Nichts war dem Hungerkünstler quälender als solche Wächter, sie machten ihn trübselig, sie machten ihm das Hungern entsetzlich schwer, manchmal überwand er seine Schwäche und sang während dieser Wachtzeit, solange er es nur aushielt, um den Leuten zu zeigen, wie ungerecht sie ihn verdächtigten. Doch half das wenig, sie wunderten sich dann nur über seine Geschicklichkeit, selbst während des Singens zu essen. Viel lieber waren ihm die Wächter, welche sich eng zum Gitter setzten, mit der trüben Nachtbeleuchtung des Saales sich nicht begnügten sondern ihn mit den elektrischen Taschenlampen bestrahlten, die ihnen der Impresario zur Verfügung stellte. Das grelle Licht störte ihn gar nicht, schlafen konnte er ja überhaupt nicht und ein wenig hindämmern konnte er immer, bei jeder Beleuchtung und zu jeder Stunde, auch im übervollen lärmenden Saal. Er war sehr gern bereit mit solchen Wächtern die Nacht gänzlich ohne Schlaf zu verbringen, er war bereit mit ihnen zu scherzen, ihnen Geschichten aus seinem Wanderleben zu erzählen, dann wieder ihre Erzählungen anzuhören, alles nur um sie wachzuhalten, um ihnen immer wieder zeigen zu können, daß er nichts Eßbares im Käfig hatte und daß er hungerte wie keiner von ihnen es könnte. Am glücklichsten aber war er wenn dann der Morgen kam und ihnen auf seine Rechnung ein überreiches Frühstück gebracht wurde, auf das sie sich warfen mit dem Appetit gesunder Männer nach einer mühevoll durchwachten Nacht. Es gab zwar sogar Leute, die in diesem Frühstück eine ungebührliche Beeinflussung der Wächter sehen wollten, aber das ging doch zu weit, und wenn man sie fragte, ob etwa sie nur um der Sache willen ohne Frühstück die Nachtwache übernehmen wollten, verzogen sie sich, aber bei ihren Verdächtigungen blieben sie dennoch. Dieses allerdings gehörte schon zu den unvermeidlichen vom Hungern überhaupt nicht zu trennenden Verdächtigungen. Niemand war ja imstande alle die Tage und Nächte beim Hungerkünstler ununterbrochen als Wächter zu verbringen, niemand also konnte aus eigener Anschauung wissen ob wirklich ununterbrochen, fehlerlos gehungert worden war. Nur der Hungerkünstler selbst konnte das wissen, nur er also gleichzeitig der von seinem Hungern vollkommen befriedigte Zuschauer sein. Er allerdings war wieder aus einem andern Grunde niemals befriedigt, vielleicht war er gar nicht vom Hungern so sehr abgemagert, daß manche zu ihrem Bedauern den Vorführungen fernbleiben mußten, weil sie seinen Anblick nicht ertrugen, sondern er war nur so abgemagert aus Unzufriedenheit mit sich selbst. Er allein nämlich wußte, auch kein Eingeweihter sonst wußte das, wie leicht das Hungern war. Es war die leichteste Sache von der Welt. Er verschwieg es auch nicht, aber man glaubte ihm nicht, sondern hielt ihn im günstigsten Fall für bescheiden, meist aber für reklamesüchtig oder gar für einen Schwindler, dem das Hungern allerdings leicht war, weil er es sich leicht zu machen verstand, und der auch noch die Stirn hatte, es halb zu gestehn. Das alles mußte er hinnehmen, hatte sich auch im Lauf der Jahre daran gewöhnt und errötete längst nicht mehr wie es ihm früher regelmäßig geschehen war, wenn man mit ihm über das Hungern sprach. Aber innerlich nagte diese Unbefriedigtheit immer an ihm und noch niemals, nach keiner Hungerperiode – dieses Zeugnis mußte man ihm ausstellen – hatte er freiwillig den Käfig verlassen. Als Höchstzeit für das Hungern hatte der Impresario vierzig Tage festgesetzt, darüber hinaus ließ er den Künstler niemals hungern, auch in den Weltstädten nicht, undzwar aus gutem Grund. Vierzig Tage etwa konnte man erfahrungsgemäß durch allmählich sich steigernde Reklame das Interesse einer Stadt immer mehr aufstacheln, dann aber versagte das Publikum, eine wesentliche Abnahme des Zuspruchs war festzustellen; es bestanden natürlich in dieser Hinsicht kleine Unterschiede zwischen den Städten und Ländern, als Regel aber galt, daß vierzig Tage die Höchstzeit war. Dann also am vierzigsten Tage wurde die Tür des mit Blumen umkränzten Käfigs geöffnet, eine begeisterte Zuschauerschaft erfüllte das Amphiteater, eine Militärkapelle spielte, zwei Ärzte betraten den Käfig um die nötigen Messungen am Künstler vorzunehmen, durch ein Megaphon wurden die Resultate dem Saale verkündet und schließlich kamen zwei junge Damen, glücklich darüber daß gerade sie ausgelost worden waren, und wollten den Hungerkünstler aus dem Käfig paar Stufen hinab führen, wo auf einem kleinen Tischchen eine sorgfältig ausgewählte Krankenmahlzeit serviert war. Und in diesem Augenblick wehrte sich der Hungerkünstler immer. Zwar legte er noch freiwillig seine Knochenarme in die hilfsbereit ausgestreckten Hände der zu ihm hinabgebeugten Damen, aber aufstehn wollte er nicht. Warum jetzt gerade nach vierzig Tagen aufhören, er hätte es noch lange, unbeschränkt lange ausgehalten, warum gerade jetzt aufhören, wo er im besten, ja noch nicht einmal im besten Hungern war. Warum wollte man ihn des Ruhmes berauben weiterzuhungern, nicht nur der größte Hungerkünstler aller Zeiten zu werden, der er ja wahrscheinlich schon war, aber auch noch sich selbst zu übertreffen bis ins Unbegreifliche, denn für seine Fähigkeit zu hungern fühlte er keine Grenzen. Warum hatte diese Menge, die ihn so sehr zu bewundern vorgab so wenig Geduld mit ihm; wenn er es aushielt noch weiter zu hungern, warum wollte sie es nicht aushalten? Auch war er müde, saß gut im Stroh und sollte sich nun hoch und lang aufrichten und zu dem Essen gehn, das ihm schon allein in der Vorstellung Übelkeiten verursachte, deren Äußerung er nur mit Rücksicht auf die Damen mühselig unterdrückte. Und er blickte empor in die Augen der scheinbar so freundlichen, in Wirklichkeit so grausamen Damen und schüttelte den auf dem schwachen Halse überschweren Kopf. Aber dann geschah, was immer geschah. Der Impresario kam, hob stumm – die Musik machte das Reden unmöglich – die Arme über dem Hungerkünstler, so als lade er den Himmel ein, sich sein Werk hier auf dem Stroh einmal anzusehn, diesen bedauernswerten Märtyrer, welcher der Hungerkünstler allerdings wirklich war, nur in ganz anderem Sinn, faßte den Hungerkünstler um die dünne Taille, wobei er durch übertriebene Vorsicht glaubhaft machen wollte, mit einem wie gebrechlichen Ding er es hier zu tun habe, und übergab ihn, nicht ohne ihn im Geheimen ein wenig zu schütteln, so daß der Hungerkünstler mit den Beinen und dem Oberkörper unbeherrscht hin und her schwankte, den inzwischen totenbleich gewordenen Damen. Nun duldete der Hungerkünstler alles, der Kopf lag auf der Brust, es war als sei er hingerollt und halte sich dort unerklärlich, der Leib war ausgehöhlt, die Beine drückten sich im Selbsterhaltungstrieb fest in den Knien aneinander, scharrten aber doch den Boden, so als sei es nicht der wirkliche, den wirklichen suchten sie erst; und die ganze, allerdings sehr kleine Last des Körpers lag auf einer der Damen, welche hilfesuchend, mit fliegendem Atem – so hatte sie sich dieses Ehrenamt nicht vorgestellt – zuerst den Hals möglichst streckte um wenigstens das Gesicht vor der Berührung mit dem Hungerkünstler zu bewahren, dann aber da ihr dies nicht gelang und ihre glücklichere Gefährtin ihr nicht zuhilfe kam, sondern sich damit begnügte zitternd die Hand des Hungerkünstlers, dieses kleine Knochenbündel, vor sich herzutragen, unter dem entzückten Gelächter des Saales in

Weinen ausbrach und von einem längst bereit gestellten Diener abgelöst werden mußte. Dann kam das Essen, von dem der Impresario dem Hungerkünstler während eines ohnmachtähnlichen Halbschlafes ein wenig einflößte, unter lustigem Plaudern, das die Aufmerksamkeit vom Zustand des Hungerkünstlers ablenken sollte, dann wurde noch ein Trinkspruch auf das Publikum vorgebracht welcher dem Impresario vom Hungerkünstler angeblich zugeflüstert worden war, das Orchester bekräftigte alles durch einen großen Tusch, man ging auseinander und niemand hatte das Recht mit dem Gesehenen unzufrieden zu sein, niemand, nur der Hungerkünstler, immer nur er.

So lebte er mit regelmäßigen kleinen Ruhepausen viele Jahre, in scheinbarem Glanz, von der Welt geehrt, bei alledem aber meist in trüber Laune, die immer noch trüber wurde dadurch, daß sie niemand ernstzunehmen verstand. Womit sollte man ihn auch trösten? Was blieb ihm zu wünschen übrig? Und wenn sich einmal ein Gutmütiger fand, der ihn bedauerte und ihm erklären wollte, daß seine Traurigkeit wahrscheinlich von dem Hungern käme, konnte es, besonders bei vorgeschrittener Hungerzeit, geschehn, daß der Hungerkünstler mit einem Wutausbruch antwortete und zum Schrecken aller wie ein Tier an dem Gitter zu rütteln begann. Doch hatte für solche Zustände der Impresario ein Strafmittel, das er gern anwandte. Er entschuldigte den Hungerkünstler vor versammeltem Publikum, gab zu, daß nur die durch das Hungern hervorgerufene, für satte Menschen nicht ohne weiters begreifliche Reizbarkeit das Benehmen des Hungerkünstlers verzeihlich machen könne, kam dann im Zusammenhang damit auch auf die ebenso zu erklärende Behauptung des Hungerkünstlers zu sprechen, er könnte noch viel länger hungern als er hungere, lobte das hohe Streben, den guten Willen, die große Selbstverläugnung, die gewiß auch in dieser Behauptung enthalten seien, suchte dann aber die Behauptung einfach genug durch Vorzeigen von Photographien, die gleichzeitig verkauft wurden, zu widerlegen, denn auf den Bildern sah man den Hungerkünstler an einem vierzigsten Hungertag, im Bett, fast verlöscht vor Entkräftung. Diese dem Hungerkünstler zwar wohlbekannte, immer aber von neuem ihn entnervende Verdrehung der Wahrheit war ihm zuviel. Was die Folge der vorzeitigen Beendigung des Hungerns war, stellte man als die Ursache dar. Gegen diesen Unverstand, gegen diese Welt des Unverstands zu kämpfen war unmöglich. Noch hatte er immer wieder in gutem Glauben begierig am Gitter dem Impresario zugehört, beim Erscheinen der Photographien ließ er das Gitter jedesmal los, sank mit Seufzen ins Stroh zurück und das beruhigte Publikum konnte wieder herankommen und ihn besichtigen.

Wenn die Zeugen solcher Szenen paar Jahre später daran zurückdachten, wurden sie sich oft selbst unverständlich. Denn inzwischen war jener erwähnte Umschwung eingetreten, fast plötzlich war das geschehn, es mochte tiefere Gründe haben, aber wem lag daran sie aufzufinden, jedenfalls sah sich eines Tages der verwöhnte Hungerkünstler von der vergnügungssüchtigen Menge verlassen, die lieber zu andern Schaustellungen strömte; noch einmal jagte der Impresario mit ihm durch halb Europa um zu sehen ob sich nicht noch hie und da das alte Interesse wiederfände, alles vergeblich, wie in einem geheimen Einverständnis hatte sich überall geradezu eine Abneigung gegen das Schau-Hungern ausgebildet. Natürlich hatte das in Wirklichkeit nicht plötzlich so kommen können und man erinnerte sich jetzt nachträglich an manche zu ihrer Zeit im Rausch der Erfolge nicht genügend beachtete, nicht genügend unterdrückte Vorboten, aber jetzt etwas dagegen zu unternehmen war zu spät. Zwar war es sicher, daß einmal auch für das Hungern wieder die Zeit kommen werde, aber für die Lebenden war das kein Trost. Was sollte nun der Hungerkünstler tun? Der welchen Tausende umjubelt hatten, konnte sich nicht in Schaubuden auf kleinen Jahrmärkten zeigen und um einen andern Beruf zu ergreifen, war der Hungerkünstler nicht nur zu alt, sondern vor allem dem Hungern allzu fanatisch ergeben. So verabschiedete er denn den Impresario, den Genossen einer Laufbahn ohnegleichen, und ließ sich von einem großen Cirkus schnell engagieren, um seine Empfindlichkeit zu schonen sah er die Vertragsbedingungen gar nicht an.

Ein großer Cirkus mit seiner Unzahl von einander immer wieder ausgleichenden und ergänzenden Menschen und Tieren und Apparaten kann jeden und zu jeder Zeit gebrauchen, auch einen Hungerkünstler, bei entsprechend bescheidenen Ansprüchen natürlich, und außerdem war es ja in diesem besondern Fall nicht nur der Hungerkünstler selbst der engagiert wurde, sondern auch sein alter berühmter Name, ja man konnte bei der Eigenart dieser im zunehmenden Alter nicht abnehmenden Kunst nicht einmal sagen, daß ein ausgedienter, nicht mehr auf der Höhe seines Könnens stehender Künstler sich in einen ruhigen Cirkusposten flüchten wolle, im Gegenteil, der Hungerkünstler versicherte, daß er, was durchaus glaubwürdig war, ebenso gut hungere wie früher, ja er behauptete sogar, er werde, wenn man ihm seinen Willen lasse, und dies versprach man ihm ohne weiters, eigentlich erst jetzt die Welt in berechtigtes Erstaunen setzen, eine Behauptung allerdings, die mit Rücksicht auf die Zeitstimmung, welche der Hungerkünstler im Eifer leicht vergaß, bei den Fachleuten nur ein Lächeln hervorrief.

Im Grunde aber verlor auch der Hungerkünstler den Blick für die wirklichen Verhältnisse nicht und nahm es als selbstverständlich hin, daß man ihn mit seinem Käfig nicht etwa als

Glanznummer mitten in die Manege stellte, sondern draußen, an einem im übrigen recht gut zugänglichen Ort, in der Nähe der Stallungen unterbrachte. Große bunt gemalte Aufschriften umrahmten den Käfig und verkündeten was dort zu sehen war. Wenn das Publikum in den Pausen der Vorstellung zu den Ställen drängte, um die Tiere zu besichtigen, war es fast unvermeidlich daß es beim Hungerkünstler vorüberkam und ein wenig dort halt machte, man wäre vielleicht länger bei ihm geblieben, wenn nicht in dem schmalen Gang die Nachdrängenden, welche diesen Aufenthalt auf dem Weg zu den ersehnten Ställen nicht verstanden, eine längere ruhige Betrachtung unmöglich gemacht hätten. Dieses war auch der Grund, warum der Hungerkünstler vor diesen Besuchzeiten, die er als seinen Lebenszweck natürlich herbeiwünschte, doch auch wieder zitterte. In der ersten Zeit hatte er die Vorstellungspausen kaum erwarten können, entzückt hatte er der sich heranwälzenden Masse entgegengesehn, bis er sich nur zu bald – auch die hartnäckigste, fast bewußte Selbsttäuschung hielt den Erfahrungen nicht stand – davon überzeugte, daß es zumindest der Absicht nach, immer wieder, ausnahmlos, lauter Stallbesucher waren. Und dieser Anblick von der Ferne blieb noch immer der schönste. Denn wenn sie bis zu ihm herangekommen waren, umtobte ihn sofort Geschrei und Schimpfen der neu sich bildenden zwei Parteien, jener welche – sie wurde dem Hungerkünstler bald die peinlichere – ihn bequem ansehn wollte, nicht etwa aus Verständnis, sondern aus Laune und Trotz, und jener zweiten, die zunächst nur nach den Ställen verlangte. War der große Haufe vorüber dann kamen die Nachzügler und diese allerdings, denen es nicht mehr verwehrt war, stehen zu bleiben, solange sie Lust hatten, eilten fast ohne Seitenblick mit langen Schritten vorüber, um rechtzeitig zu den Tieren zu kommen. Und es war kein allzu häufiger Glücksfall, daß ein

Familienvater mit seinen Kindern kam, mit dem Finger auf den Hungerkünstler zeigte, ausführlich erklärte, um was es sich hier handele, von frühern Jahren erzählte, wo er bei ähnlichen aber unvergleichlich großartigeren Vorführungen gewesen war, und dann die Kinder wegen ihrer ungenügenden Vorbereitung von Schule und Leben her zwar immer noch verständnislos blieben – was war ihnen Hungern? – aber doch in dem Glanz ihrer forschenden Augen etwas von neuen, kommenden, gnädigeren Zeiten verrieten. Vielleicht – so sagte sich der Hungerkünstler dann manchmal – würde alles doch ein wenig besser werden, wenn sein Standort nicht gar so nahe bei den Ställen wäre. Den Leuten wurde dadurch die Wahl zu leicht gemacht, nicht zu reden davon daß ihn die Ausdünstungen der Ställe, die Unruhe der Tiere in der Nacht, das Vorübertragen der rohen Fleischstücke für die Raubtiere, die Schreie bei der Fütterung sehr verletzten und dauernd bedrückten. Aber bei der Direktion vorstellig zu werden wagte er nicht, mußte er nicht froh sein, daß man ihn wenigstens hier hungern ließ, immerhin verdankte er ja den Tieren die Menge der Besucher, unter denen sich hie und da auch ein für ihn Bestimmter finden konnte, und wer wußte, wohin man ihn verstecken würde, wenn er an seine Existenz erinnern wollte und damit auch daran, daß er genau genommen, nur ein Hindernis auf dem Weg zu den Ställen war.

Ein kleines Hindernis allerdings, ein immer kleiner werdendes Hindernis. Man gewöhnte sich an die Sonderbarkeit, in den heutigen Zeiten Aufmerksamkeit für einen Hungerkünstler beanspruchen zu wollen und mit dieser Gewöhnung war das Urteil über ihn gesprochen. Er mochte so gut hungern, als er nur konnte, und er tat es, aber nichts konnte ihn mehr retten, man ging an ihm vorüber. Versuche jemandem die Hungerkunst zu erklären! Wer es nicht fühlt, dem kann man es nicht begreiflich machen. Die schönen Aufschriften wurden schmutzig und unleserlich, man riß sie herunter, niemandem fiel es ein sie zu ersetzen, das Täfelchen mit der Ziffer der abgeleisteten Hungertage, das in der ersten Zeit sorgfältig täglich erneut worden war, blieb schon längst immer das gleiche, denn nach den ersten Wochen war das Personal selbst dieser kleinen Arbeit überdrüssig geworden und so hungerte zwar der Hungerkünstler weiter, wie er es früher einmal erträumt hatte und es gelang ihm ohne Mühe ganz so wie er es damals vorausgesagt hatte, aber niemand zählte die Tage, niemand, nicht einmal der Hungerkünstler selbst wußte wie groß die Leistung schon war und sein Herz wurde schwer. Und wenn einmal in der Zeit ein Müßiggänger stehn blieb, sich über die alte Ziffer lustig machte und von Schwindel sprach, so war das in diesem Sinn die dümmste Lüge, welche Gleichgültigkeit, Gedankenlosigkeit und eingeborene Bösartigkeit erfinden konnte, denn nicht der Hungerkünstler betrog, er arbeitete ehrlich, aber die Welt betrog ihn um seinen Lohn.

Doch vergingen wieder viele Tage und auch das nahm ein Ende. Einmal fiel einem Aufseher der Käfig auf und er fragte die Diener, warum man hier diesen gut brauchbaren Käfig mit dem verfaulten Stroh drinnen unbenützt stehen lasse, niemand wußte es, bis sich einer mit Hilfe der Ziffertafel an den Hungerkünstler erinnerte. Man rührte mit Stangen das Stroh auf und fand den Hungerkünstler darin. »Du hungerst noch immer?« fragte der Aufseher, »wann wirst Du denn endlich aufhören?« »Verzeiht mir alle«, flüsterte der Hungerkünstler, nur der Aufseher, der das Ohr ans Gitter hielt, verstand ihn. »Gewiß«, sagte der Aufseher und legte den Finger an die Stirn, um damit den Zustand des Hungerkünstlers dem Personal anzudeuten, »wir verzeihen Dir.« »Immerfort wollte ich, daß Ihr mein Hungern bewundert«, sagte der Hungerkünstler. »Wir bewundern es auch«, sagte der

Aufseher entgegenkommend. »Ihr sollt es aber nicht bewundern«, sagte der Hungerkünstler. »Nun, dann bewundern wir es also nicht«, sagte der Aufseher. »Warum sollen wir es denn nicht bewundern?« »Weil ich hungern muß, ich kann nicht anders«, sagte der Hungerkünstler. »Da sieh mal einer«, sagte der Aufseher, »warum kannst Du denn nicht anders?« »Weil ich«, sagte der Hungerkünstler, hob das Köpfchen ein wenig und sprach mit wie zum Kuß gespitzten Lippen gerade in das Ohr des Aufsehers hinein, damit nichts verloren ginge, »weil ich nicht die Speise finden konnte, die mir schmeckt. Hätte ich sie gefunden, glaube mir, ich hätte kein Aufsehen gemacht und mich vollgegessen wie Du und alle.« Das waren die letzten Worte, aber noch in seinen gebrochenen Augen war die feste, wenn auch nicht mehr stolze Überzeugung daß er weiterhungre.

»Nun macht aber Ordnung«, sagte der Aufseher und man begrub den Hungerkünstler samt dem Stroh. In den Käfig aber gab man einen jungen Panther. Es war eine selbst dem stumpfsten Sinn fühlbare Erholung in dem solange öden Käfig dieses wilde Tier sich herumwerfen zu sehn. Ihm fehlte nichts. Die Nahrung, die ihm schmeckte, brachten ihm ohne langes Nachdenken die Wächter, nicht einmal die Freiheit schien er zu vermissen, dieser edle, mit allem nötigen bis knapp zum Zerreißen ausgestattete Körper schien auch die Freiheit mit sich herumzutragen, irgendwo im Gebiß schien sie zu stecken, und die Freude am Leben kam mit derart starker Glut aus seinem Rachen, daß es für die Zuschauer nicht leicht war ihr standzuhalten. Aber sie überwanden sich, umdrängten den Käfig und wollten sich gar nicht fortrühren.

―――――――

Ein Freund den ich schon viele Jahre, mehr als zwanzig, nicht gesehen hatte und von dem ich auch nur sehr unregelmäßige, oft jahrelang ausbleibende Nachrichten bekommen hatte, sollte nun wieder einmal in unsere Stadt, in seine Vaterstadt zurückkommen. Ich hatte ihm, da er keine Verwandten mehr hier besaß und unter seinen Freunden ich der bei weitem ihm nächste war, ein Zimmer bei mir angeboten und hatte die Freude die Einladung angenommen zu sehn. Die Einrichtung des Zimmers im Sinne meines Freundes zu vervollständigen ließ ich mir sehr angelegen sein, ich suchte mich an seine Eigenheiten zu erinnern, an besondere Wünsche, die er manchmal, besonders bei unsern gemeinsamen Ferienreisen ausgesprochen hatte, suchte mich daran zu erinnern, was er in seiner nächsten Umgebung geliebt und was er verabscheut hatte, suchte mir in Einzelnheiten vorzustellen, wie sein Jungenzimmer ausgesehen hatte, fand aber aus alledem nichts, was ich in meiner Wohnung um sie ihm etwa heimischer zu machen, hätte einrichten können. Er stammte aus einer ärmlichen vielköpfigen Familie, Not und Lärm und Zank waren die Kennzeichen der Wohnung gewesen. Ich sah in der Erinnerung noch genau das Zimmer neben der Küche, in dem wir manchmal, selten genug, allein uns zusammenducken konnten, während nebenan in der Küche die übrige Familie ihre Streitigkeiten austrug, an denen es hier niemals fehlte. Ein kleines dunkles Zimmer mit unausrottbarem Kaffeegeruch, denn die Tür zu der noch dunkleren Küche war Tag und Nacht offen. Dort saßen wir beim Fenster, das auf eine überdeckte, den Hof umlaufende Pawlatsche hinausgieng und spielten Schach. Zwei Figuren fehlten in unserem Spiel und wir mußten sie durch Hosenknöpfe ersetzen, dadurch entstanden zwar wenn wir die Bedeutung der Knöpfe verwechselten oft Schwierigkeiten, aber wir waren an diesen Ersatz gewöhnt und blieben dabei. Nebenan auf dem Gang wohnte ein Paramentenhändler, ein lustiger aber unruhiger Mann mit einem lang ausgezogenen Schnurrbart, an dem er wie auf einer Flöte herumgriff. Wenn dieser Mann abend nachhause gieng, mußte er an unserem Fenster vorüberkommen, dann blieb er gewöhnlich stehn, lehnte sich zu uns ins Zimmer herein und sah uns zu. Fast immer war er mit unserem Spiel unzufrieden, mit meinem wie mit dem des Freundes, gab ihm und mir Ratschläge, ergriff dann selbst die Figuren und machte Züge, die wir gelten lassen mußten, denn wenn wir sie ändern wollten, schlug er unsere Hände nieder; lange duldeten wir es, denn er war ein besserer Spieler als wir, nicht viel besser, aber doch so, daß wir von ihm lernen konnten, aber als er einmal, als es schon dunkel war, sich zu uns vorbeugte, das ganze Brett uns fortnahm und es vor sich auf das Fensterbrett legte, um sich den Spielstand genau ansehn zu können, stand ich, der ich gerade beim Spiel in wesentlichem Vorteil war und dies durch sein grobes Eingreifen gefährdet glaubte, in dem nichts überlegenden Zorn des Knaben, dem ein offenbares Unrecht geschieht, auf und sagte, daß er uns im Spiel störe. Er sah uns kurz an, nahm wieder das Brett, legte es mit ironisch übertriebener Bereitwilligkeit wieder auf den alten Platz, ging fort und kannte uns von da an nicht mehr. Nur immer, wenn er am Fenster vorüberkam, machte er ohne zu uns hereinzusehn, eine wegwerfende Bewegung mit der Hand. Zuerst feierten wir das Ganze als einen großen Sieg, aber dann fehlte er uns doch mit seinen Belehrungen, seiner Lustigkeit, seiner ganzen Teilnahme, wir vernachlässigten ohne damals genau den Grund zu wissen, das Spiel und wandten uns bald gänzlich andern Dingen zu. Wir fingen an Marken zu sammeln und es war, wie ich erst nachträglich verstand das Zeichen einer fast unbegreiflich engen Freundschaft, daß wir ein gemeinsames Markenalbum hatten. Eine Nacht wurde es immer bei mir aufbewahrt, die nächste bei ihm. Die durch diesen gemeinsamen Besitz schon an und für sich entstehenden Schwierigkeiten wurden noch dadurch erhöht, daß mein Freund überhaupt zu mir in die Wohnung nicht kommen durfte, meine Eltern erlaubten es nicht. Dieses Verbot war nicht eigentlich gegen ihn gerichtet, den die Eltern kaum kannten, sondern gegen seine Eltern, gegen seine Familie. In diesem Sinn war es auch wahrscheinlich nicht unbegründet, aber in seiner Form war es doch nicht sehr verständig, denn es wurde ja dadurch nichts anderes erreicht, als daß ich täglich zu meinem Freunde ging und dadurch in den Dunstkreis jener Familie noch viel tiefer geriet, als wenn der Freund zu uns hätte kommen dürfen. Bei meinen Eltern regierte eben statt des Verstandes oft nur Tyrannei, nicht nur mir gegenüber, sondern auch der Welt gegenüber. In diesem Fall genügte es ihnen – und hier war die Mutter mehr beteiligt als der Vater – daß die Familie meines Freundes durch dieses Verbot bestraft und herabgewürdigt war, daß ich dadurch in Mitleidenschaft gezogen war, ja daß mich die Eltern des Freundes in natürlicher Gegenwehr spöttisch und verächtlich behandelten, wußten meine Eltern allerdings nicht, bekümmerten sich aber um mich in dieser Richtung gar nicht und es hätte sie auch, wenn sie es erfahren hätten, nicht sehr berührt. So beurteile ich das Ganze natürlich nur im Rückblick, damals waren wir zwei Freunde mit dem Stand der Dinge genug zufrieden und das Leid wegen der Unvollkommenheit der Erdendinge drang noch nicht zu uns, es war umständlich das Album täglich hin- und herzutragen, aber

---

Es kam Gesang aus einer Kneipe, ein Fenster war geöffnet, es war nicht eingehakt und schwankte hin und her. Es war eine kleine Hütte, ebenerdig und ringsum war Leere, es war schon weit vor der Stadt. Es kam ein später Gast, schleichend, auf den Fußspitzen, in enganliegendem Kleid, tastete sich vor, wie im Finstern und es war doch Mondlicht. Horchte am Fenster, schüttelte den Kopf, verstand nicht, wie dieser schöne Gesang aus einer solchen Kneipe kam, schwang sich rücklings auf das Fensterbrett, unvorsichtig wohl; denn er konnte sich nicht oben erhalten und fiel gleich ins Innere, aber nicht tief, denn beim Fenster stand ein Tisch. Die Weingläser flogen zu Boden, zwei Männer, die bei dem Tisch gesessen waren, erhoben sich und warfen kurz entschlossen den neuen Gast, die Füße hatte er ja noch außen, wieder durch das Fenster zurück, er fiel in weiches Gras, stand gleich auf und horchte, aber der Gesang hatte aufgehört.

Der Ort hieß Thamüll. Es war dort sehr feucht

In der Thamühler Synagoge lebt ein Tier von der Größe und Gestalt etwa eines Marders,

---

Die Synagoge von Thamühl ist ein einfacher kahler niedriger Bau aus dem Ende des vorigen Jahrhunderts. So klein die Synagoge ist, so reicht sie doch völlig aus, denn auch die Gemeinde ist klein und verkleinert sich von Jahr zu Jahr. Schon jetzt macht es der Gemeinde Mühe die Kosten für die Erhaltung der Synagoge aufzubringen und es gibt Einzelne, welche offen sagen, daß ein kleines Betzimmer durchaus dem Gottesdienst genügen würde

---

In unserer Synagoge lebt ein Tier in der Größe etwa eines Marders. Es ist oft sehr gut zu sehn, bis auf eine Entfernung von etwa zwei Metern duldet es das Herankommen der Menschen. Seine Farbe ist ein helles Blaugrün. Sein Fell hat noch niemand berührt, es läßt sich also darüber nichts sagen, fast möchte man behaupten, daß auch die wirkliche Farbe des Felles unbekannt ist, vielleicht stammt die sichtbare Farbe nur vom Staub und Mörtel die sich im Fell verfangen haben, die Farbe ähnelt ja auch dem Verputz des Synagogeninnern, nur ist sie ein wenig heller. Es ist, von seiner Furchtsamkeit abgesehn, ein ungemein ruhiges seßhaftes Tier; würde es nicht so oft aufgescheucht werden, es würde wohl den Ort kaum wechseln, sein Lieblingsaufenthalt ist das Gitter der Frauenabteilung, mit sichtbarem Behagen krallt es sich in die Maschen des Gitters, streckt sich und blickt hinab in den Betraum, diese kühne Stellung scheint es zu freuen, aber der Tempeldiener hat den Auftrag, das Tier niemals am Gitter zu dulden, es würde sich an diesen Platz gewöhnen und das kann man wegen der Frauen, die das Tier fürchten, nicht zulassen. Warum sie es fürchten, ist unklar. Es sieht allerdings beim ersten Anblick erschreckend aus, besonders der lange Hals, das dreikantige Gesicht, die fast wagrecht vorstehenden Oberzähne, über der Oberlippe eine Reihe langer, die Zähne überragender, offenbar ganz harter heller Borstenhaare, das alles kann erschrecken, aber bald muß man erkennen, wie ungefährlich dieser ganze scheinbare Schrecken ist. Vor allem hält es sich ja von den Menschen fern, es ist scheuer als ein Waldtier, es scheint mit nichts als mit dem Gebäude verbunden und sein persönliches Unglück besteht wohl darin, daß dieses Gebäude eine Synagoge ist, also ein zeitweilig sehr belebter Ort. Könnte man sich mit dem Tier verständigen, könnte man es allerdings damit trösten, daß die Gemeinde unseres Bergstädtchens von Jahr zu Jahr kleiner wird und es ihr schon Mühe macht die Kosten für die Erhaltung der Synagoge aufzubringen. Es ist nicht ausgeschlossen, daß in einiger Zeit aus der Synagoge ein Getreidespeicher wird oder dergleichen und daß das Tier die Ruhe bekommt, die ihm jetzt schmerzlich fehlt.

Es sind allerdings nur die Frauen, die das Tier fürchten, den Männern ist es längst gleichgültig geworden, eine Generation hat es der andern gezeigt, immer wieder hat man es gesehn, schließlich hat man keinen Blick mehr daran gewendet und selbst die Kinder, die es zum erstenmal sehn, staunen nicht mehr. Es ist das Haustier der Synagoge geworden, warum sollte nicht die Synagoge ein besonderes, nirgends sonst vorkommendes Haustier haben? Wären nicht die Frauen man würde kaum mehr von der Existenz des Tieres wissen. Aber selbst die Frauen haben keine wirkliche Furcht vor dem Tier, es wäre auch zu sonderbar, ein solches Tier tagaus, tagein zu fürchten, jahre- und jahrzehntelang. Sie verteidigen sich zwar damit, daß ihnen das Tier meist viel näher ist als den Männern und das ist richtig. Hinunter zu den Männern wagt sich das Tier nicht, niemals hat man es noch auf dem Fußboden gesehn. Läßt man es nicht zum Gitter der Frauenabteilung, so hält es sich wenigstens in gleicher Höhe auf der gegenüberliegenden Wand auf. Dort ist ein ganz schmaler Mauervorsprung, kaum zwei Finger breit, er umläuft drei Seiten der Synagoge, auf diesem Vorsprung huscht das Tier manchmal hin und her, meistens aber hockt es ruhig auf einer bestimmten Stelle gegenüber den Frauen. Es ist fast unbegreiflich wie es diesen schmalen Weg so leicht benützen kann und die Art wie es dort oben, am Ende angekommen, wieder wendet, ist sehenswert, es ist doch schon ein sehr altes Tier, aber es zögert nicht den gewagtesten Luftsprung zu machen, der auch niemals mißlingt, in der Luft hat es sich umgedreht und schon läuft es wieder seinen Weg zurück. Allerdings wenn man das einigemal gesehen hat, ist man gesättigt und hat keinen Anlaß immerfort hinzustarren. Es ist ja auch weder Furcht noch Neugier, welche die Frauen in Bewegung hält, würden sie sich mehr mit dem Beten beschäftigen, könnten sie das Tier völlig vergessen, die frommen Frauen täten das auch, wenn es die andern, welche die große Mehrzahl sind zuließen, diese aber wollen immer gern auf sich aufmerksam machen und das Tier ist ihnen dafür ein willkommener Vorwand. Wenn sie es könnten und wenn sie es wagten, hätten sie gewiß das Tier noch näher zu sich gelockt, um noch mehr erschrecken zu dürfen. Aber in Wirklichkeit drängt sich ja das Tier gar nicht zu ihnen, es kümmert sich, wenn es nicht angegriffen wird, um sie ebensowenig wie um die Männer, am liebsten würde es wahrscheinlich in der Verborgenheit bleiben, in der es in den Zeiten außerhalb des Gottesdienstes lebt, offenbar in irgendeinem Mauerloch, das wir noch nicht entdeckt haben. Erst wenn man zu beten anfängt, erscheint es, erschreckt durch den Lärm, will es sehn was geschehen ist, will es wachsam bleiben, will es frei sein, fähig zur Flucht, vor Angst läuft es hervor, aus Angst macht es seine Kapriolen und wagt sich nicht zurückzuziehn, bis der Gottesdienst zu Ende ist. Die Höhe bevorzugt es natürlich deshalb, weil es dort am sichersten ist und die besten Laufmöglichkeiten hat es auf dem Gitter und dem Mauervorsprung, aber es ist keineswegs immer dort, manchmal steigt es auch tiefer zu den Männern hinab, der Vorhang der Bundeslade wird von einer glänzenden Messingstange getragen, die scheint das Tier zu locken, oft genug schleicht es hin, dort aber sitzt es immer ruhig, nicht einmal wenn es dort knapp bei der Bundeslade ist, kann man sagen daß es stört, mit seinen blanken, immer offenen, vielleicht lidlosen Augen scheint es die Gemeinde anzusehn, sieht aber gewiß niemanden an, sondern blickt nur den Gefahren entgegen, von denen es sich bedroht fühlt.

In dieser Hinsicht schien es, wenigstens bis vor kurzem,

nicht viel verständiger als unsere Frauen. Was für Gefahren hat es denn zu fürchten? Wer beabsichtigt ihm etwas zu tun? Lebt es denn nicht seit vielen Jahren völlig sich selbst überlassen? Die Männer kümmern sich nicht um seine Anwesenheit und die Mehrzahl der Frauen wäre wahrscheinlich unglücklich wenn es verschwände. Und da es das einzige Tier im Haus ist, hat es also überhaupt keinen Feind. Das hätte es nachgerade im Laufe der Jahre schon durchschauen können. Und der Gottesdienst mit seinem Lärm mag ja für das Tier sehr erschreckend sein, aber er wiederholt sich doch in bescheidenem Ausmaß jeden Tag und gesteigert an den Festtagen, immer regelmäßig und ohne Unterbrechung, auch das ängstlichste Tier hätte sich schon daran gewöhnen können, besonders wenn es sieht, daß es nicht etwa der Lärm von Verfolgern ist, sondern ein Lärm der es gar nicht betrifft. Und doch diese Angst. Ist es die Erinnerung an längst vergangene oder die Vorahnung künftiger Zeiten? Weiß dieses alte Tier vielleicht mehr, als die drei Generationen, die jeweils in der Synagoge versammelt sind?

Vor vielen Jahren, so erzählt man, soll man wirklich versucht haben das Tier zu vertreiben. Es ist ja möglich daß es wahr ist, wahrscheinlicher aber ist es daß es sich nur um erfundene Geschichten handelt. Nachweisbar allerdings ist, daß man damals vom religionsgesetzlichen Standpunkt aus die Frage untersucht hat, ob man ein solches Tier im Gotteshause dulden darf. Man holte die Gutachten verschiedener berühmter Rabbiner ein, die Ansichten waren geteilt, die Mehrheit war für die Vertreibung und Neueinweihung des Gotteshauses, aber es war leicht von der Ferne zu dekretieren, in Wirklichkeit war es ja unmöglich, das Tier zu vertreiben.

Ich war in ein undurchdringliches Dornengebüsch geraten und rief laut den Parkwächter. Er kam gleich, konnte aber nicht zu mir vordringen. »Wie sind Sie denn dort mitten in das Dornengebüsch gekommen«, rief er, »können Sie nicht auf dem gleichen Weg wieder zurück?« »Unmöglich«, rief ich, »ich finde den Weg nicht wieder. Ich bin in Gedanken ruhig spazieren gegangen und plötzlich fand ich mich hier, es ist wie wenn das Gebüsch erst gewachsen wäre nachdem ich hier war. Ich komme nicht mehr hinaus, ich bin verloren.« »Sie sind wie ein Kind«, sagte der Wächter, »zuerst drängen Sie sich auf einem verbotenen Weg durch das wildeste Gebüsch und dann jammern Sie. Sie sind doch nicht in einem Urwald sondern im öffentlichen Park und man wird Sie herausholen.« »So ein Gebüsch gehört aber nicht in einen Park«, sagte ich, »und wie will man mich retten, es kann doch niemand herein. Will man es aber versuchen, dann muß man es gleich tun, es ist ja gleich Abend, die Nacht halte ich hier nicht aus, ich bin auch schon ganz zerkratzt von den Dornen und mein Zwicker ist mir hinuntergefallen und ich kann ihn nicht finden, ich bin ja halbblind ohne Zwicker.« »Das ist alles gut und schön«, sagte der Wächter, »aber ein Weilchen werden Sie sich noch gedulden müssen, ich muß doch zuerst Arbeiter holen, die den Weg aushacken, und vorher noch die Bewilligung des Herrn Parkdirektors einholen. Also ein wenig Geduld und Männlichkeit, wenn ich bitten darf.«

———

Es kam ein Herr zu uns, den ich schon öfters gesehn hatte, ohne ihm aber eine Bedeutung beizumessen. Er ging mit den Eltern ins Schlafzimmer, sie waren ganz gefangen von dem was er sprach und schlossen geistesabwesend die Tür hinter sich; als ich ihnen nachgehen wollte, hielt mich Frieda, die

Köchin zurück, natürlich schlug ich um mich und weinte, aber Frieda war die stärkste Köchin an die ich mich erinnern kann, sie verstand es, meine Hände mit unwiderstehlichem Griff zu pressen und dabei mich so weit vom Leib zu halten, daß ich sie mit den Füßen nicht erreichen konnte. Dann war ich wehrlos und konnte nur schimpfen. »Du bist wie ein Dragoner«, schrie ich, »schäm Dich, bist ein Mädchen und bist doch wie ein Dragoner.« Aber mit nichts konnte ich sie in Erregung bringen, sie war ein ruhiges, fast melancholisches Mädchen. Sie ließ erst von mir ab, als die Mutter aus dem Schlafzimmer herauskam, um etwas aus der Küche zu holen. Ich hing mich an den Rock der Mutter. »Was will der Herr?« fragte ich. »Ach«, sagte sie und küßte mich, »es ist nichts, er will nur, daß wir verreisen.« Da freute ich mich sehr, denn im Dorf, wo wir immer während der Ferien waren, war es viel schöner als in der Stadt. Aber die Mutter erklärte mir, daß ich nicht mitfahren könne, ich müsse doch in die Schule gehn, es seien ja keine Ferien und jetzt komme der Winter, auch würden sie nicht ins Dorf fahren, sondern in eine Stadt, viel weiter, doch verbesserte sie sich, als sie sah wie ich erschrak und sagte, nein, die Stadt sei nicht weiter, sondern viel näher als das Dorf. Und als ich es nicht recht glauben konnte, führte sie mich zum Fenster und sagte, die Stadt sei so nahe, daß man sie fast vom Fenster aus sehen könne, aber das stimmte nicht, wenigstens nicht an diesem trüben Tag, denn man sah nichts weiter als was man immer sah: die enge Gasse unten und die Kirche gegenüber. Dann ließ sie mich stehn, lief in die Küche, kam mit einem Glas Wasser, winkte Frieda ab, die wieder gegen mich losgehn wollte und schob mich vor sich her ins Schlafzimmer hinein. Dort saß der Vater müde im Lehnstuhl und langte schon nach dem Wasser. Als er mich sah, lächelte er und fragte, was ich dazu sage, daß sie verreisen würden. Ich sagte, daß ich sehr gern mitfahren würde. Er sagte aber, daß ich noch zu klein sei und es sei eine sehr anstrengende Reise. Ich fragte warum sie denn fahren müssen. Der Vater zeigte auf den Herrn. Der Herr hatte goldene Rockknöpfe und putzte eben einen mit dem Taschentuch. Ich bat ihn er möge die Eltern zuhause lassen, denn wenn sie wegfahren würden, müßte ich mit Frieda allein bleiben und das sei unmöglich

———————

Es rollen die Räder des goldenen Wagens, knirschend im Kies machen sie Halt, ein Mädchen will aussteigen, schon berührt ihre Fußspitze den Wagentritt, da sieht sie mich und schlüpft in den Wagen zurück.

———————

Das Synagogentier – Seligmann und Graubart – Ist das schon Ernst? – Der Bauarbeiter

———————

Es war einmal ein Geduldspiel, ein billiges einfaches Spiel, nicht viel größer als eine Taschenuhr und ohne irgendwelche überraschende Einrichtungen. In der rotbraun angestrichenen Holzfläche waren einige blaue Irrwege eingeschnitten die in eine kleine Grube mündeten. Die gleichfalls blaue Kugel war durch Neigen und Schütteln zunächst in einen der Wege zu bringen und dann in die Grube. War die Kugel in der Grube, dann war das Spiel zuende, wollte man es von neuem beginnen, mußte man die Kugel wieder aus der Grube schütteln. Bedeckt war das Ganze von einem starken gewölbten Glas, man konnte das Geduldspiel in die Tasche stecken und mitnehmen und wo immer man war, konnte man es hervornehmen und spielen.

    War die Kugel unbeschäftigt, so ging sie meistens, die

Hände auf dem Rücken, auf der Hochebene hin und her, die Wege vermied sie. Sie war der Ansicht, daß sie während des Spieles genug mit den Wegen gequält werde und daß sie reichlichen Anspruch darauf habe, wenn nicht gespielt würde, sich auf der freien Ebene zu erholen. Sie hatte einen breitspurigen Gang und behauptete, daß sie nicht für die schmalen Wege gemacht sei. Das war zum Teil richtig, denn die Wege konnten sie wirklich kaum fassen, es war aber auch unrichtig, denn tatsächlich war sie sehr sorgfältig der Breite der Wege angepaßt, bequem aber durften ihr die Wege nicht sein, denn sonst wäre es kein Geduldspiel gewesen.

Es wurde mir erlaubt in einen fremden Garten einzutreten. Beim Eingang waren einige Schwierigkeiten zu überwinden, aber schließlich stand hinter einem Tischchen ein Mann halb auf und steckte mir eine dunkelgrüne Marke, die von einer Stecknadel durchstochen war ins Knopfloch. Durch einen Blick verständigten wir uns darüber, daß ich jetzt eintreten könne. Aber nach paar Schritten erinnerte ich mich, daß ich noch nicht gezahlt hatte. Ich wollte umkehren, aber da sah ich eine große Dame in einem Reisemantel aus gelblich-grauem grobem Stoff eben bei dem Tischchen stehn und eine Anzahl winziger Münzen auf den Tisch zählen. »Das ist für Sie«, rief der Mann, der meine Unruhe wahrscheinlich bemerkt hatte, über den Kopf der tief hinabgebeugten Dame mir zu. »Für mich?« fragte ich ungläubig und sah hinter mich, ob nicht jemand anderer gemeint war. »Immer diese Kleinlichkeit«, sagte ein Herr, der vom Rasen herkam, langsam den Weg vor mir querte und wieder im Rasen weiterging. »Für Sie. Für wen denn sonst? Hier zahlt einer für den andern.« Ich dankte für die allerdings unwillig gegebene Auskunft, machte aber den Herrn darauf aufmerksam, daß ich für niemanden gezahlt hatte. »Für wen sollten Sie denn zahlen?« sagte der Herr im Weggehn. Jedenfalls wollte ich auf die Dame warten und mich mit ihr zu verständigen suchen, aber sie nahm einen andern Weg, mit ihrem Mantel rauschte sie dahin, zart flatterte hinter der mächtigen Gestalt ein bläulicher Hutschleier. »Sie bewundern Isabella«, sagte ein Spaziergänger neben mir und sah gleichfalls der Dame nach. Nach einer Weile sagte er: »Das ist Isabella.«

Die Heirat Lisbeth Seligmanns mit Franz Graubart war sehr sorgfältig vorbereitet.

Der Gefängniswärter wollte das Tor aufsperren, aber das Schloß war rostig, die Kräfte des alten Mannes genügten nicht, der Gehilfe mußte heran, er machte aber ein zweifelndes Gesicht, nicht wegen des rostigen Schlosses,

---

Die Helden wurden aus dem Gefängnis entlassen, sie ordneten sich ungeschickt in einer Reihe, durch die Haft hatten sie an Beweglichkeit sehr verloren. Mein Freund der Gefangenenaufseher, nahm aus seiner Aktenmappe das Heldenverzeichnis, es war das einzige Schriftstück in seiner Mappe, wie ich ohne jede Bosheit – es war doch keine Schreiberanstellung – bemerkte, und machte sich daran, die Helden einzeln aufzurufen und die Namen im Verzeichnis dann abzustreichen. Ich saß seitlich an seinem Schreibtisch und überblickte mit ihm die Reihe der Helden.

Entschuldigen Sie, daß ich plötzlich so zerstreut wurde. Sie machen mir die Mitteilung von Ihrer Verlobung, die erfreulichste Nachricht, die es geben kann, und ich werde plötzlich teilnahmslos und scheine mich mit ganz anderen Dingen zu beschäftigen. Es ist aber gewiß nur scheinbare Teilnahmslosigkeit, mir ist nämlich eine Geschichte eingefallen, eine alte Geschichte, die ich einmal in der Nähe, aber immerhin in aller Sicherheit miterlebt habe, in aller Sicherheit und doch beteiligter, als bei Dingen die mich geradezu betrafen. Es liegt das an der Sache, man konnte damals nicht unbeteiligt bleiben, selbst wenn man nur den letzten Zipfel der Geschichte zu sehen bekommen hätte.

Don Quichote mußte auswandern, ganz Spanien lachte über ihn, er war dort unmöglich geworden. Er reiste durch Südfrankreich, wo er hier und da liebe Leute traf, mit denen er sich anfreundete, überstieg mitten im Winter unter den größten Mühen und Entbehrungen die Alpen, zog dann durch die oberitalienische Tiefebene, wo er sich aber nicht wohlfühlte und kam endlich nach Mailand.

Auf den Gütern der M'schen Herrschaft hat sich die Einführung eines sogenannten Aufpeitschers sehr bewährt. Mit Erfolg wird diese Neueinrichtung anderswo allerdings nur dann nachgeahmt werden können, wenn man sich einer Person versichern kann, die für dieses Amt so vorzüglich geeignet ist, wie der Aufpeitscher in M. Der Fürst selbst hat ihn entdeckt, kurz vor der eigentlichen Erntearbeit geht der Fürst auf den Krückstock gestützt durch die Hauptstraße des Dorfes, er ist noch nicht alt, muß aber schon seit einigen Jahren den Krückstock benützen wegen irgendeines Beinleidens, das jetzt noch nicht arg ist, aber, wie die Ärzte befürchten sich gefährlich entwickeln kann. Wie nun der Fürst langsam dahin geht, hie und da auf den Stock gestützt auch stehn bleibt, die vorteilhafteste Einteilung der Erntearbeit überlegt – er ist ein sehr tätiger, mit sachlicher Freude tätiger Landwirt – und bei diesen Überlegungen immer wieder daran stößt, daß es trotz unsinnig steigender Löhne an Arbeitskräften fehlt oder vielmehr daß Arbeitskräfte eigentlich im Überfluß vorhanden wären, wenn nur diese Kräfte auch wirklich arbeiten wollten, wie es sein soll und wie es auf den Feldern der Bauern auch geschieht, aber auf den herrschaftlichen Feldern leider ganz und gar nicht, wie er alles dieses schon vielfach Durchdachte mit Zorn – auch macht sich der kranke Fuß bemerkbarer als sonst – wieder einmal durchdenkt, bemerkt er auf der Schwelle einer halb verfallenen Hütte einen Burschen, der ihm dadurch auffällt, daß er wohl schon zwanzig Jahre alt ist, aber bloßfüßig, in Schmutz und Fetzen wie ein kleiner unnützer Schuljunge aussieht.

———————

Es ist Isabella, der Apfelschimmel, das alte Pferd, ich hätte sie in der Menge nicht erkannt, sie ist eine Dame geworden, wir trafen einander letzthin in einem Garten bei einem Wohltätigkeitsfest. Es ist dort eine kleine, abseits liegende Baumgruppe, die einen kühlen beschatteten Wiesenplatz einschließt, mehrere schmale Wege durchziehen ihn, es ist zu Zeiten sehr angenehm dort zu sein. Ich kenne den Garten von früher her und als ich des Festes müde war, bog ich in jene Baumgruppe ein. Kaum trete ich unter die Bäume, sehe ich von der andern Seite eine große Dame mir entgegenkommen; ihre Größe machte mich fast bestürzt, es war niemand sonst in der Nähe, mit dem ich sie hätte vergleichen können, aber ich war überzeugt, daß ich keine Frau kannte, welche

dieser nicht um mehrere Kopflängen – im ersten Staunen
dachte ich gar um unzählige – nachstehen mußte. Aber als ich
näherkam, war ich bald beruhigt. Isabella, die alte Freundin!
»Wie bist Du denn aus deinem Stall entwichen?« »Ach, es
war nicht schwer, ich werde ja eigentlich nur gnadenweise
noch gehalten, meine Zeiten sind vorüber, erkläre ich meinem Herrn, daß ich, statt unnütz im Stall zu stehn, nun auch
noch ein wenig die Welt kennen lernen will, solange die
Kräfte reichen, erkläre ich das meinem Herrn, versteht er
mich, sucht einige Kleider der Seligen aus, hilft mir noch
beim Anziehn und entläßt mich mit guten Wünschen.« »Wie
schön Du bist!« sage ich, nicht ganz ehrlich, nicht ganz
lügnerisch

Auch Frieda wartet, aber nicht auf K; sie beobachtet den
Herrenhof und beobachtet K; sie darf ruhig sein, ihre Lage ist
günstiger, als sie selbst erwartet hat, sie kann neidlos zusehn,
wie Pepi sich abmüht, wie Pepi's Ansehen wächst, sie wird ja
zu rechter Zeit ein Ende machen, sie kann auch ruhig zusehn,
wie K. sich fern von ihr herumtreibt, dazu, daß er sie völlig
verläßt, wird sie es nicht kommen lassen.

Der allerunterste Raum des Oceandampfers, der das ganze
Schiff durchgeht, ist völlig leer, allerdings ist er kaum ein
Meter hoch. Die Konstruktion des Schiffes verlangt diesen
leeren Raum. Ganz leer ist er freilich nicht, er gehört den
Ratten

Ich kann die Untersuchung überall anfangen, wo es mir

Ich habe seit jeher einen gewissen Verdacht gegen mich gehabt. Aber es geschah nur hie und da, zeitweilig, lange Pausen waren dazwischen, hinreichend um zu vergessen. Es waren außerdem Geringfügigkeiten, die gewiß auch bei andern vorkommen und dort nichts Ernstliches bedeuten, etwa das Staunen über das eigene Gesicht im Spiegel, oder über das Spiegelbild des Hinterkopfes oder auch der ganzen Gestalt, wenn man plötzlich auf der Gasse an einem Spiegel vorüberkommt.

Ich habe seitjeher einen gewissen Verdacht gegen mich gehabt, einen Verdacht ähnlich etwa demjenigen, den ein angenommenes Kind gegen seine Pflegeeltern hat, auch wenn es sorgfältig in dem Glauben erhalten wird, daß die Pflegeeltern seine leiblichen Eltern sind. Es ist irgendein Verdacht da, mögen auch die Pflegeeltern das Kind wie ihr eigenes lieben und nichts an Zärtlichkeit und Geduld verabsäumen, es ist ein Verdacht, der sich vielleicht nur zeitweilig, nur nach langen Zwischenpausen, nur bei kleinen zufälligen Gelegenheiten äußert, der aber doch lebendig ist, wenn er einmal ruht, nicht verschwunden ist sondern Kräfte sammelt, in günstiger Stunde mit einem Sprung aus winzigem Unbehagen ein großer wilder böser keine Fessel mehr ertragender Verdacht werden kann und der bedenkenlos alles, den Verdächtigenden mit dem Verdächtigen gemeinsam zerstört. Ich fühle seine Regung wie die Schwangere die Bewegung des Kindes fühlt und ich weiß außerdem, daß ich seine wirkliche Geburt nicht überleben werde. Lebe schöner Verdacht, großer mächtiger Gott, und laß mich sterben, der ich Dich geboren habe, der Du Dich von mir gebären ließest.

Ich heiße Kalmus, es ist kein ungewöhnlicher Name und

doch reichlich sinnlos. Er hat mir immer zu denken gegeben. ›Wie?‹ sagte ich mir, ›Du heißt Kalmus? Stimmt denn das?‹ Es gibt viele Leute, selbst wenn man sich nur auf Deine große Verwandtschaft beschränkt, die Kalmus heißen und durch ihr Dasein diesem an sich sinnlosen Namen einen recht guten Sinn geben. Sie sind als Kalmus geboren und werden als solche in Frieden sterben, zumindest was den Frieden mit dem Namen betrifft.

Wie sich mein Leben verändert hat und wie es sich doch nicht verändert hat im Grunde! Wenn ich jetzt zurückdenke und die Zeiten mir zurückrufe, da ich noch inmitten der Hundeschaft lebte, teilnahm an allem was sie bekümmert, ein Hund unter Hunden, finde ich bei näherem Zusehn doch, daß hier seit jeher etwas nicht stimmte, eine kleine Bruchstelle vorhanden war, ein leichtes Unbehagen inmitten der ehrwürdigsten volklichen Veranstaltungen mich befiel, ja manchmal selbst im vertrauten Kreise, nein, nicht manchmal, sondern sehr oft, der bloße Anblick eines mir lieben Mithundes, der bloße Anblick, irgendwie neu gesehn, mich verlegen, erschrocken, hilflos, ja mich verzweifelt machte. Ich suchte mich gewissermaßen zu begütigen, Freunde, denen ich es eingestand halfen mir, es kamen wieder ruhigere Zeiten, Zeiten in denen zwar jene Überraschungen nicht fehlten, aber gleichmütiger aufgenommen, gleichmütiger ins Leben eingefügt wurden, vielleicht traurig und müde machten, aber im übrigen mich bestehen ließen als einen zwar ein wenig kalten, zurückhaltenden, ängstlichen, rechnerischen, aber alles in allem genommen doch regelrechten Hund. Wie hätte ich auch ohne diese Erholungspausen das Alter erreichen können, dessen ich mich jetzt erfreue, wie hätte ich mich durchringen können zu der Ruhe, mit der ich die Schrecken meiner Jugend betrachte und die Schrecken des Alters ertrage, wie hätte ich dazu kommen können, die Folgerungen aus meiner, wie ich zugebe, unglücklichen oder um es vorsichtiger auszudrücken nicht sehr glücklichen Anlage zu ziehn und fast völlig ihnen entsprechend zu leben. Zurückgezogen, einsam, nur mit meinen kleinen, hoffnungslosen, aber mir unentbehrlichen Untersuchungen beschäftigt, so lebe ich, habe aber dabei von der Ferne den Überblick über mein Volk nicht verloren, oft dringen Nachrichten zu mir und auch ich lasse hie und da von mir hören. Man behandelt mich mit Achtung, versteht meine Lebensweise nicht, aber nimmt sie mir nicht übel und selbst junge Hunde, die ich hie und da in der Ferne vorüberlaufen sehe, eine neue Generation, an deren Kindheit ich mich kaum dunkel erinnere, versagen mir nicht den ehrerbietigen Gruß. Man darf eben nicht außerachtlassen, daß ich trotz meiner Sonderbarkeiten, die offen zu Tage liegen, doch nicht völlig aus der Art schlage. Es ist ja, wenn ichs bedenke und dies zu tun habe ich Zeit und Lust und Fähigkeit, mit der Hundeschaft überhaupt sonderbar bestellt. Es giebt außer uns Hunden vielerlei Arten von Geschöpfen ringsumher, arme, geringe, stumme, nur auf gewisse Schreie eingeschränkte Wesen, viele unter uns Hunden studieren sie, haben ihnen Namen gegeben, suchen ihnen zu helfen, sie zu veredeln udgl., mir sind sie, wenn sie mich nicht etwa zu stören versuchen, gleichgültig, ich verwechsle sie, ich sehe über sie hinweg, eines aber ist zu auffallend, als daß es mir hätte entgehen können, wie wenig sie nämlich, mit uns Hunden verglichen, zusammenhalten, wie fremd sie aneinander vorübergehn, wie sie weder ein hohes noch ein niedriges Interesse verbindet, wie vielmehr jedes Interesse sie noch mehr von einander abhält, als es schon der gewöhnliche Zustand der Ruhe mit sich bringt. Wir Hunde dagegen! Man darf doch wohl sagen, daß wir alle förmlich in einem einzigen

Haufen leben, alle, so unterschieden wir sonst sind durch die unzähligen und tief gehenden Unterscheidungen, die sich im Laufe der Zeiten ergeben haben. Alle in einem Haufen! Es drängt uns zueinander und nichts kann uns hindern, diesem Drängen genugzutun, alle unsere Gesetze und Einrichtungen, die wenigen die ich noch kenne und die zahllosen, die ich vergessen habe, gehen zurück auf dieses höchste Glück dessen wir fähig sind, das warme Beisammensein. Nun aber das Gegenspiel hiezu. Kein Geschöpf lebt meines Wissens so weithin zerstreut wie wir Hunde, keines hat so viele, gar nicht übersehbare Unterschiede der Klassen, der Arten, der Beschäftigungen, wir die wir zusammenhalten wollen – und immer wieder gelingt es uns trotz allem, in überschwänglichen Augenblicken – gerade wir leben weit von einander getrennt, in eigentümlichen, schon dem Nebenhund oft unverständlichen Berufen, festhaltend an Vorschriften, die nicht die der Hundeschaft sind, ja eher gegen sie gerichtet. Was für schwierige Dinge das sind, Dinge, an die man lieber nicht rührt – ich verstehe auch diesen Standpunkt, verstehe ihn besser als den meinen – und doch Dinge, denen ich ganz und gar verfallen bin. Warum tue ich es nicht wie die andern, lebe einträchtig mit meinem Volke und nehme das was die Eintracht stört, stillschweigend hin, vernachlässige es als kleinen Fehler in der großen Rechnung und bleibe immer zugekehrt dem was glücklich bindet, nicht dem, was uns immer wieder unwiderstehlich aus dem Volkskreis zerrt. Ich erinnere mich an einen Vorfall aus meiner Jugend, ich war damals in einer jener seligen unerklärlichen Aufregungen, wie sie wohl jeder als Kind erlebt, ich war noch ein ganz junger Hund, alles gefiel mir, alles hatte Bezug zu mir, ich glaubte daß große Dinge um mich vorgehn, deren Anführer ich sei, denen ich meine Stimme leihen müsse, Dinge die elend am Boden liegen bleiben müßten, wenn ich nicht für sie lief, für sie meinen Körper schwenkte, nun, Phantasien der Kinder, die mit den Jahren sich verflüchtigen, aber damals waren sie sehr stark, ich war ganz in ihrem Bann und es geschah dann auch freilich etwas Außerordentliches, was den wilden Erwartungen Recht zu geben schien. An sich war es nichts Außerordentliches, später habe ich solche und noch merkwürdigere Dinge oft genug gesehn, aber damals traf es mich mit dem starken ersten unverwischbaren, für vieles folgende richtunggebenden Eindruck. Ich traf nämlich eine kleine Hundegesellschaft, vielmehr ich traf sie nicht, sie kam auf mich zu. Ich war damals lange durch die Finsternis gelaufen, in Vorahnung großer Dinge, eine Vorahnung, die freilich leicht täuschte, denn ich hatte sie immer, war lange durch die Finsternis gelaufen, kreuz und quer, geführt von nichts anderem als dem unbestimmten Verlangen, machte plötzlich Halt in dem Gefühl, hier sei ich am rechten Ort, sah auf und es war überheller Tag, nur ein wenig dunstig, ich begrüßte den Morgen mit wirren Lauten, da – als hätte ich sie herauf-beschworen – traten aus irgendwelcher Finsternis unter Hervorbringung eines entsetzlichen Lärms, wie ich ihn noch nie gehört hatte, sieben Hunde ans Licht. Hätte ich nicht deutlich gesehn daß es Hunde waren und daß sie selbst diesen Lärm mitbrachten, trotzdem ich nicht erkennen konnte, wie sie ihn erzeugten – ich wäre sofort weggelaufen, so aber blieb ich. Damals wußte ich noch fast nichts von der nur dem Hunde-geschlecht verliehenen Musikalität, sie war meiner sich erst entwickelnden Aufmerksamkeit entgangen, nur in Andeutungen hatte man mich darauf hinzuweisen versucht, umso überraschender, geradezu niederwerfend waren jene sieben großen Musikkünstler für mich. Sie redeten nicht, sie sangen nicht, sie schwiegen im allgemeinen fast mit einer gewissen Verbissenheit, aber aus dem leeren Raum zauberten sie die Musik empor. Alles war Musik. Das Heben und Niedersetzen ihrer Füße, bestimmte Wendungen des Kopfes, ihr Laufen und ihr Ruhen, die Stellungen, die sie zu einander einnahmen, die reigenmäßigen Verbindungen, die sie mit einander eingiengen, indem etwa einer die Vorderpfoten auf des andern Rücken stützte und sie es dann alle sieben so durchführten, daß der erste die Last aller andern trug, oder indem sie mit ihren nah am Boden hinschleichenden Körpern verschlungene Figuren bildeten und niemals sich irrten, nicht einmal der letzte, der noch ein wenig unsicher war, nicht immer gleich den Anschluß an die andern fand, gewissermaßen im Anschlagen der Melodie manchmal schwankte, aber doch unsicher war nur im Vergleich mit der großartigen Sicherheit der andern und selbst bei viel größerer, ja bei vollkommener Unsicherheit nichts hätte verderben können, wo die andern, große Meister, den Takt unerschütterlich hielten. Aber man sah sie ja kaum, man sah sie ja alle kaum. Sie waren hervorgetreten, man hatte sie innerlich begrüßt als Hunde, sehr beirrt war man zwar von dem Lärm, der sie begleitete, aber es waren doch Hunde, Hunde wie ich und Du, man beobachtete sie gewohnheitsmäßig, wie Hunde denen man auf dem Weg begegnet, man wollte sich ihnen nähern, Grüße tauschen, sie waren auch ganz nah, Hunde, zwar viel älter als ich und nicht von meiner langhaarigen wolligen Art, aber doch auch nicht allzu fremd an Größe und Gestalt, recht vertraut vielmehr, viele von solcher oder ähnlicher Art kannte ich, aber während man noch in solchen Überlegungen befangen war, nahm allmählich die Musik überhand, faßte einen förmlich, zog einen hinweg von diesen wirklichen kleinen Hunden und ganz wider Willen, sich sträubend mit allen Kräften, heulend als würde einem Schmerz bereitet, durfte man sich mit nichts anderem beschäftigen, als mit der von allen Seiten, von der Höhe, von der Tiefe, von überall her kommenden, den Zuhörer in die

Mitte nehmenden, überschüttenden, erdrückenden, über seiner Vernichtung noch, in solcher Nähe, daß es schon Ferne war, kaum hörbar noch Fanfaren blasenden Musik. Und wieder wurde man entlassen, weil man schon zu erschöpft, zu vernichtet, zu schwach war, um noch zu hören, man wurde entlassen und sah die sieben kleinen Hunde ihre Processionen führen, ihre Sprünge tun, man wollte sie, so ablehnend sie aussahn, anrufen, um Belehrung bitten, sie fragen, was sie denn hier machten – ich war ein Kind und glaubte immer und jeden fragen zu dürfen – aber kaum setzte ich an, kaum fühlte ich die gute vertraute hündische Verbindung mit den sieben, war wieder ihre Musik da, machte mich besinnungslos, drehte mich im Kreise herum, als sei ich selbst einer der Musikanten, während ich doch nur ihr Opfer war, warf mich hierhin und dorthin, so sehr ich auch um Gnade bat, und rettete mich schließlich vor ihrer eigenen Gewalt, indem sie mich in ein Gewirr von Hölzern drückte, das in jener Gegend ringsum sich erhob, ohne daß ich es bisher bemerkt hatte, mich jetzt fest umfieng, den Kopf mir niederduckte und mir, mochte dort im Freien die Musik noch donnern, die Möglichkeit gab, ein wenig zu verschnaufen. Wahrhaftig, mehr als über die Kunst der sieben Hunde, – sie war mir unbegreiflich, aber auch gänzlich unanknüpfbar außerhalb meiner Fähigkeiten – wunderte ich mich über ihren Mut, sich dem, was sie erzeugten, völlig und offen auszusetzen und über ihre Kraft, es ohne daß es ihnen das Rückgrat brach, ruhig zu ertragen. Freilich erkannte ich jetzt aus meinem Schlupfloch bei genauerer Beobachtung daß es nicht so sehr Ruhe, als äußerste Anspannung war, mit der sie arbeiteten, diese scheinbar so sicher bewegten Beine zitterten bei jedem Schritt in unaufhörlicher ängstlicher Zuckung, starr wie in Verzweiflung sah einer den andern an, und die immer wieder bewältigte Zunge hing doch gleich wieder schlapp aus den Mäulern. Es konnte nicht Angst wegen des Gelingens sein, was sie so erregte; wer solches wagte, solches zustandebrachte, der konnte keine Angst mehr haben, wovor denn Angst? Wer zwang sie denn zu tun, was sie hier taten? Und ich konnte mich nicht mehr zurückhalten, besonders da sie mir jetzt so unverständlich hilfsbedürftig erschienen, und so rief ich durch allen Lärm meine Fragen laut und fordernd hinaus. Sie aber – unbegreiflich! unbegreiflich! – sie antworteten nicht, taten als wäre ich nicht da, Hunde, die auf Hundeanruf gar nicht antworten, ein Vergehn gegen die guten Sitten, das dem kleinsten wie dem größten Hunde unter keinen Umständen verziehen wird. Waren es etwa doch nicht Hunde? Aber wie sollten es denn nicht Hunde sein, hörte ich doch jetzt bei genauerem Hinhorchen sogar leise Zurufe, mit denen sie einander befeuerten, auf Schwierigkeiten aufmerksam machten, vor Fehlern warnten, sah ich doch den letzten kleinsten Hund, dem die meisten Zurufe galten, öfters nach mir hinschielen, so als hätte er viel Lust mir zu antworten, bezwänge sich aber, weil es nicht sein dürfe. Aber warum durfte es nicht sein, warum durfte denn das, was unsere Gesetze bedingungslos immer verlangen, diesmal nicht sein? Das Herz empörte sich in mir, fast vergaß ich die Musik. Diese Hunde hier vergingen sich gegen das Gesetz. Mochten es noch so große Zauberer sein, das Gesetz galt auch für sie, das verstand ich Kind schon ganz genau. Und ich merkte von da aus noch mehr. Sie hatten wirklich Grund zu schweigen, vorausgesetzt daß sie aus Schuldgefühl schwiegen. Denn wie führten sie sich auf, vor lauter Musik hatte ich es bisher nicht bemerkt, sie hatten ja alle Scham von sich geworfen, die Elenden taten das gleichzeitig Lächerlichste und Unanständigste, sie gingen aufrecht auf den Hinterbeinen. Pfui Teufel! Sie entblößten sich und trugen ihre Blöße protzig zur Schau; sie taten sich darauf zugute und wenn sie einmal auf einen Augenblick dem guten Trieb gehorchten und die Vorderbeine senkten, erschraken sie förmlich als sei es ein Fehler, als sei die Natur ein Fehler, hoben wieder schnell die Beine und ihr Blick schien um Verzeihung dafür zu bitten, daß sie in ihrer Sündhaftigkeit ein wenig hatten innehalten müssen. War die Welt verkehrt? Wo war ich? Was war denn geschehn? Hier durfte ich um meines eigenen Bestandes willen nicht mehr zögern, ich machte mich los aus den umklammernden Hölzern, sprang mit einem Satz hervor und wollte zu den Hunden, ich kleiner Schüler mußte Lehrer sein, mußte ihnen begreiflich machen, was sie taten, mußte sie abhalten vor weiterer Versündigung. »So alte Hunde, so alte Hunde!« wiederholte ich mir immerfort. Aber kaum war ich frei und nur noch zwei, drei Sprünge trennten mich von den Hunden, war es wieder der Lärm, der seine Macht über mich bekam. Vielleicht hätte ich in meinem Eifer sogar ihm den ich doch nun schon kannte widerstanden, wenn nicht durch alle seine Fülle, die schrecklich war, aber vielleicht doch zu bekämpfen, ein klarer strenger immer sich gleichbleibender, förmlich aus großer Ferne unverändert ankommender Ton, vielleicht die eigentliche Melodie inmitten des Lärms, geklungen und mich in die Knie gezwungen hätte. Ach, was machten doch diese Hunde für eine betörende Musik. Ich konnte nicht weiter, ich wollte sie nicht mehr belehren, mochten sie weiter die Beine spreizen, Sünden begehn und andere zur Sünde des stillen Anschauens verlocken, ich war ein so kleiner Hund, wer konnte so Schweres von mir verlangen, ich machte mich noch kleiner als ich war, ich winselte, hätten mich damals die Hunde um meine Meinung gefragt, ich hätte ihnen vielleicht recht gegeben. Es dauerte übrigens nicht lange und sie verschwanden mit allem Lärm und allem Licht in der Finsternis, aus der sie gekommen waren.

Wie ich schon sagte: dieser ganze Vorfall enthält nichts Außergewöhnliches, im Verlauf eines langen Lebens begegnet einem mancherlei, was aus dem Zusammenhang genommen und mit den Augen eines Kindes angesehn noch viel erstaunlicher wäre. Überdies kann man es natürlich – wie der treffende Ausdruck lautet – »verreden«, so wie alles, dann zeigt sich, daß hier sieben Musiker zusammengekommen waren, um in der Stille des Morgens Musik zu machen, daß ein kleiner Hund sich hinverirrt hatte, ein lästiger Zuhörer, den sie durch besonders schreckliche oder erhabene Musik, leider vergeblich, zu vertreiben suchten. Er störte sie durch Fragen, hätten sie, die schon durch die bloße Anwesenheit des Fremdlings genug gestört waren, auch noch auf diese Belästigung eingehn und sie durch Antworten vergrößern sollen? Und wenn auch das Gesetz befiehlt, jedem zu antworten, ist denn ein solcher winziger hergelaufener Hund überhaupt ein nennenswerter Jemand. Und vielleicht verstanden sie ihn gar nicht, er lallte ja doch wohl seine Fragen recht unverständlich. Oder vielleicht verstanden sie ihn wohl und antworteten in Selbstüberwindung, aber er, der Kleine, der Musik-Ungewohnte, konnte die Antwort von der Musik nicht sondern. Und was die Hinterbeine betrifft, vielleicht gingen sie wirklich ausnahmsweise nur auf ihnen, es ist eine Sünde, wohl! Aber sie waren allein, sieben Freunde, unter Freunden, im vertraulichen Beisammensein, gewissermaßen in den eigenen vier Wänden, gewissermaßen ganz allein, denn Freunde sind doch keine Öffentlichkeit und wo keine Öffentlichkeit ist, bringt sie auch ein kleiner neugieriger Straßenhund nicht hervor, in diesem Fall also: ist es hier nicht so, als wäre nichts geschehn? Ganz so ist es nicht, aber nahezu und die Eltern sollten ihre Kleinen weniger herumlaufen und dafür besser schweigen und das Alter achten lehren.

Ist man so weit, dann ist der Fall erledigt. Freilich was für die Großen erledigt ist, ist es für die Kleinen noch nicht. Ich lief umher, erzählte und fragte, klagte an und forschte und wollte jeden hinziehn zu dem Ort wo alles geschehen war und wollte jedem zeigen, wo ich gestanden hatte und wo die sieben gewesen und wo und wie sie getanzt und musiciert hatten, und wäre jemand mit mir gekommen, statt daß mich jeder abgeschüttelt und ausgelacht hätte, ich hätte dann wohl meine Sündlosigkeit geopfert und mich auch auf die Hinterbeine zu stellen versucht, um alles genau zu verdeutlichen. Nun, einem Kinde nimmt man alles übel, verzeiht ihm aber schließlich auch alles. Ich aber habe dieses kindhafte Wesen behalten und bin darüber ein alter Hund geworden. So wie ich damals nicht aufhörte jenen Vorfall, den ich allerdings heute viel niedriger einschätze, laut zu besprechen, in seine Bestandteile zu zerlegen, an den Anwesenden zu messen ohne Rücksicht auf die Gesellschaft in der ich mich befand, nur immer mit der Sache beschäftigt, die ich lästig fand genau so wie jeder andere, die ich aber – das war der Unterschied – gerade deshalb restlos durch Untersuchung auflösen wollte, um den Blick endlich wieder freizubekommen für das gewöhnliche ruhige glückliche Leben des Tages, ganz so wie damals habe ich, wenn auch mit weniger kindlichen Mitteln – aber sehr groß ist der Unterschied nicht – in der Folgezeit gearbeitet und halte auch heute nicht weiter.

Mit jenem Koncert aber begann es. Ich klage nicht darüber, es ist mein eingeborenes Wesen das hier wirkt und das sich gewiß, wenn das Koncert nicht gewesen wäre, eine andere Gelegenheit gefunden hätte, um durchzubrechen, nur daß es so bald geschah, tat mir früher manchmal leid, es hat mich um einen großen Teil meiner Kindheit gebracht, das glückselige Leben der jungen Hunde, das mancher für sich jahrelang auszudehnen imstande ist, hat für mich nur wenige kurze Monate gedauert. Sei's darum! Es gibt wichtigere

Dinge als die Kindheit. Und vielleicht winkt mir im Alter, erarbeitet durch ein hartes Leben, mehr kindliches Glück, als ein wirkliches Kind zu ertragen die Kraft hätte, die ich dann aber haben werde.

Ich begann damals meine Untersuchungen mit den einfachsten Dingen, an Material fehlte es nicht, leider, der Überfluß ist es, der mich in dunklen Stunden verzweifeln läßt. Ich begann zu untersuchen wovon sich die Hundeschaft nährte. Das ist nun wenn man will natürlich keine einfache Frage, sie beschäftigt uns seit Urzeiten, sie ist der Hauptgegenstand unseres Nachdenkens, zahllos sind die Beobachtungen und Versuche und Ansichten auf diesem Gebiete, es ist eine Wissenschaft geworden, die in ihren ungeheueren Ausmaßen nicht nur über die Fassungskraft des einzelnen, sondern über jene aller Gelehrten insgesamt geht und ausschließlich von niemandem andern als von der gesamten Hundeschaft und selbst von dieser nur seufzend und nicht ganz vollständig getragen werden kann, immer wieder abbröckelt in altem längst besessenem Gut und mühselig ergänzt werden muß, von den Schwierigkeiten und kaum zu erfüllenden Voraussetzungen neuer Forschung ganz zu schweigen. Das alles wende man mir nicht ein, das alles weiß ich, wie nur irgendein Durchschnittshund, es fällt mir nicht ein mich in die wahre Wissenschaft zu mengen, ich habe alle Ehrfurcht vor ihr, die ihr gebürt, aber sie zu vermehren fehlt es mir an Wissen und Fleiß und Ruhe und – nicht zuletzt, besonders seit einigen Jahren – auch an Appetit. Ich schlinge das Essen herunter, wenn ich es finde, aber der geringsten vorgängigen geordneten landwirtschaftlichen Betrachtung ist es mir nicht wert. Mir genügt in dieser Hinsicht der Extrakt aller Wissenschaft, die kleine Regel, mit welcher die Mütter die Kleinen von ihren Brüsten ins Leben entlassen: »Mache alles naß, soviel Du kannst.« Und ist hier nicht wirklich fast alles enthalten? Was hat die Forschung, von unsern Urvätern angefangen, entscheidend Wesentliches dem hinzuzufügen? Einzelnheiten, Einzelnheiten und wie unsicher ist alles, diese Regel aber wird bestehn, solange wir Hunde sind. Sie betrifft unsere Hauptnahrung; gewiß, wir haben noch andere Hilfsmittel, aber im Notfall und wenn die Jahre nicht zu schlimm sind, könnten wir von dieser Hauptnahrung leben, diese Hauptnahrung finden wir auf der Erde, die Erde aber braucht unser Wasser, nährt sich von ihm und nur für diesen Preis gibt sie uns unsere Nahrung, deren Hervorkommen man allerdings, dies ist auch nicht zu vergessen, durch bestimmte Sprüche, Gesänge, Bewegungen beschleunigen kann. Das ist aber meiner Meinung nach alles, von dieser Seite her ist über diese Sache Grundsätzliches nicht mehr zu sagen. Hierin bin ich auch einig mit der großen Mehrzahl der Hundeschaft und von allen in dieser Hinsicht ketzerischen Ansichten wende ich mich streng ab. Wahrhaftig, es geht mir nicht um Besonderheiten, um Rechthaberei, ich bin glücklich, wenn ich mit den Volksgenossen übereinstimmen kann und in diesem Falle geschieht es. Meine eigenen Untersuchungen gehn aber in anderer Richtung. Der Augenschein lehrt mich, daß die Erde, wenn sie nach den Regeln der Wissenschaft besprengt und bearbeitet wird, die Nahrung hergibt undzwar in solcher Qualität, in solcher Menge, auf solche Art, an solchen Orten, zu solchen Stunden, wie es die gleichfalls von der Wissenschaft ganz oder teilweise festgestellten Gesetze verlangen. Das nehme ich hin, meine Frage aber ist: »Woher nimmt die Erde diese Nahrung?« Eine Frage, die man im allgemeinen nicht zu verstehen vorgibt und auf die man mir besten Falls antwortet: »Hast Du nicht genug zu essen, werden wir Dir von dem unsern geben.« Man beachte diese Antwort. Ich weiß: Es gehört nicht zu den Vorzügen der Hundeschaft, daß wir Speisen, die wir einmal erlangt haben, zur Verteilung bringen. Das Leben ist schwer, die Erde spröde, die Wissenschaft reich an Erkenntnissen, aber arm genug an praktischen Erfolgen; wer Speise hat behält sie; das ist nicht Eigennutz, sondern das Gegenteil, ist Hundegesetz, ist einstimmiger Volksbeschluß, hervorgegangen aus Überwindung der Eigensucht, denn die Besitzenden sind ja immer in der Minderzahl. Und darum ist jene Antwort: »Hast Du nicht genug zu essen, werden wir Dir von dem unsern geben« eine ständige Redensart, ein Scherzwort, eine Neckerei. Ich habe das nicht vergessen. Aber eine umso größere Bedeutung hatte es für mich, daß man mir gegenüber, damals als ich mich mit meinen Fragen in der Welt umhertrieb, den Spaß beiseite ließ; man gab mir zwar noch immer nichts zu essen – woher hätte man es gleich nehmen sollen? Und wenn man es gerade zufällig hatte, vergaß man natürlich in der Raserei des Hungers jede andere Rücksicht, aber das Angebot meinte man ernst und hie und da bekam ich dann wirklich eine Kleinigkeit, wenn ich schnell genug dabei war sie an mich zu reißen. Wie kam es daß man sich zu mir so besonders verhielt? Mich schonte, mich bevorzugte. Weil ich ein magerer schwacher Hund war, schlecht genährt und zu wenig um Ernährung besorgt? Aber es laufen viel schlecht genährte Hunde herum und man nimmt ihnen selbst die elendste Nahrung vor dem Mund weg, wenn man es kann, oft nicht aus Gier sondern meist aus Grundsatz. Nein, man bevorzugte mich, ich konnte es nicht so sehr mit Einzelnheiten belegen, als daß ich vielmehr den bestimmten Eindruck dessen hatte. Waren es also meine Fragen, über die man sich freute, die man für besonders klug ansah? Nein, man freute sich nicht und hielt sie alle für dumm. Und doch konnten es nur die Fragen sein, die mir die Aufmerksamkeit erwarben. Es war als wolle man lieber das Ungeheuerliche tun, mir den Mund mit Essen zustopfen – man tat es nicht, aber man wollte es – als meine

Frage dulden. Aber dann hätte man mich doch besser verjagen können und meine Fragen sich verbitten. Nein, das
wollte man nicht, man wollte zwar meine Fragen nicht
hören, aber gerade wegen dieser meiner Fragen wollte man
mich nicht verjagen. Es war, so sehr ich ausgelacht, als
dummes kleines Tier behandelt, hin- und hergeschoben
wurde, eigentlich die Zeit meines größten Ansehens, niemals
hat sich später etwas derartiges wiederholt, überall hatte ich
Zutritt, nichts wurde mir verwehrt, unter dem Vorwand
rauher Behandlung wurde mir eigentlich geschmeichelt.
Und alles also doch nur wegen meiner Fragen, wegen meiner
Ungeduld, wegen meiner Forschungsbegierde. Wollte man
mich damit einlullen, ohne Gewalt, fast liebend mich von
einem falschen Wege abbringen, von einem Wege, dessen
Falschheit doch nicht so über allem Zweifel stand, daß sie
erlaubt hätte Gewalt anzuwenden, auch hielt eine gewisse
Achtung und Furcht von Gewaltanwendung ab. Ich ahnte
schon damals etwas derartiges, heute weiß ich es genau, viel
genauer als die welche es damals taten, es ist wahr, man hat
mich ablocken wollen von meinem Wege. Es gelang nicht,
man erreichte das Gegenteil, meine Aufmerksamkeit ver-
schärfte sich. Es stellte sich mir sogar heraus, daß ich es war,
der die andern verlocken wollte und daß mir tatsächlich die
Verlockung bis zu einem gewissen Grade gelang. Erst mit der
Hilfe der Hundeschaft begann ich meine eigenen Fragen zu
verstehn. Wenn ich z. B. fragte: Woher nimmt die Erde diese
Nahrung?, kümmerte mich denn dabei, wie es den Anschein
haben konnte, die Erde, kümmerten mich etwa der Erde
Sorgen? Nicht im geringsten, das lag mir wie ich bald erkannte, völlig fern, mich kümmerten nur die Hunde, gar
nichts sonst. Denn was gibt es außer den Hunden? Wen kann
man sonst anrufen in der weiten leeren Welt? Alles Wissen,
die Gesamtheit aller Fragen und aller Antworten ist in den

Hunden enthalten. Wenn man nur dieses Wissen wirksam, wenn man es nur an den hellen Tag bringen könnte, wenn sie nur nicht so unendlich viel mehr wüßten, als sie zugestehn, als sie sich selbst zugestehn. Noch der redseligste Hund ist verschlossener, als es die Orte zu sein pflegen, wo die besten Speisen sind. Man umschleicht den Mithund, man schäumt von Begierde, man prügelt sich selbst mit dem eigenen Schwanz, man fragt, man bittet, man heult, man beißt und erreicht – nun erreicht das, was man auch ohne jede Anstrengung erreichen würde: liebevolles Anhören, freundliche Berührungen, ehrenvolle Beschnupperungen, innige Umarmungen, mein und Dein Heulen mischt sich in eins, alles ist darauf gerichtet, im Entzücken Vergessen zu finden, aber das eine das man vor allem erreichen wollte: Eingeständnis des Wissens, das bleibt versagt, auf diese Bitte, ob stumm, ob laut, antworten besten Falls, wenn man die Verlockung schon aufs äußerste getrieben hat, nur stumpfe Mienen, schiefe Blicke, verhängte, trübe Augen. Es ist nicht viel anders, als es damals war, da ich als Kind die Musikerhunde anrief und sie schwiegen. Nun könnte man sagen: »Du beschwerst Dich über Deine Mithunde, über ihre Schweigsamkeit hinsichtlich der entscheidenden Dinge, Du behauptest, sie wüßten mehr als sie eingestehn, mehr als sie im Leben gelten lassen wollen und dieses Verschweigen, dessen Grund und Geheimnis sie natürlich auch noch mitverschweigen, vergifte das Leben, mache es Dir unerträglich, Du müssest es ändern oder es verlassen, mag sein, aber Du bist doch selbst ein Hund, hast auch das Hunde-Wissen, nun, sprich es aus, nicht nur in Form der Frage, sondern als Antwort. Wenn Du es aussprichst, wer wird Dir widerstehen? Der große Chor der Hundeschaft wird einfallen, als hätte er darauf gewartet. Dann hast Du Wahrheit, Klarheit, Eingeständnis soviel Du nur willst. Das Dach dieses niedrigen Lebens, dem Du so

Schlimmes nachsagst, wird sich öffnen und wir werden alle, Hund bei Hund, aufsteigen in die hohe Freiheit. Und sollte das Letzte nicht gelingen, sollte es schlimmer werden als bisher, sollte die ganze Wahrheit unerträglicher sein als die halbe, sollte sich bestätigen daß die Schweigenden als Erhalter des Lebens im Rechte sind, sollte aus der leisen Hoffnung die wir jetzt noch haben, völlige Hoffnungslosigkeit werden, des Versuches ist das Wort doch wert, da Du, so wie Du leben darfst nicht leben willst. Nun also, warum machst Du den andern ihre Schweigsamkeit zum Vorwurf und schweigst selbst?« Leichte Antwort: Weil ich ein Hund bin. Im Wesentlichen genau so wie die andern fest verschlossen, Widerstand leistend den eigenen Fragen, hart aus Angst. Frage ich denn, genau genommen, zumindest seitdem ich erwachsen bin, die Hundeschaft deshalb, daß sie mir antwortet? Habe ich so törichte Hoffnungen? Sehe ich die Fundamente unseres Lebens, ahne ihre Tiefe, sehe die Arbeiter beim Bau, bei ihrem finstern Werk und erwarte noch immer, daß auf meine Fragen hin alles dies beendigt, zerstört, verlassen wird? Nein, das erwarte ich wahrhaftig nicht mehr. Mit meinen Fragen hetze ich nur noch mich selbst, will mich anfeuern durch das Schweigen, das allein ringsum mir noch antwortet. Wie lange wirst Du es ertragen, daß die Hundeschaft, wie Du Dir durch Deine Forschungen immer mehr zu Bewußtsein bringst, schweigt und immer schweigen wird? Wie lange wirst Du es ertragen, so lautet über allen Einzelfragen meine eigentliche Lebensfrage; sie ist nur an mich gestellt und belästigt keinen andern. Leider kann ich sie leichter beantworten als die Einzelfragen: Ich werde es voraussichtlich aushalten bis zu meinem natürlichen Ende, den unruhigen Fragen widersteht immer mehr die Ruhe des Alters. Ich werde wahrscheinlich schweigend, von Schweigen umgeben, friedlich sterben und ich sehe dem nahezu gefaßt entgegen. Ein be-

wunderungswürdig starkes Herz, eine vorzeitig nicht abzu-
nützende Lunge sind uns Hunden wie aus Bosheit mitgege-
ben, wir widerstehen allen Fragen, selbst den eigenen, Boll-
werk des Schweigens, das wir sind.

Immer mehr in letzter Zeit überdenke ich mein Leben,
suche den entscheidenden alles verschuldenden Fehler, den
ich vielleicht begangen habe und kann ihn nicht finden. Und
ich muß ihn doch begangen haben, denn hätte ich ihn nicht
begangen und hätte trotzdem durch die redliche Arbeit eines
langen Lebens, das was ich wollte nicht erreicht, so wäre
bewiesen, daß das was ich wollte unmöglich war und völlige
Hoffnungslosigkeit würde daraus folgen. Sieh das Werk Deines Lebens! Zuerst die Untersuchungen hinsichtlich der
Frage: Woher nimmt die Erde die Nahrung für uns. Ein
junger Hund, im Grunde natürlich gierig und lebenslustig,
verzichtete ich auf alle Genüsse, wich allen Vergnügungen im
Bogen aus, vergrub vor Verlockungen den Kopf zwischen
den Beinen und machte mich an die Arbeit. Es war keine
Gelehrtenarbeit, weder was die Gelehrsamkeit, noch was die
Methode, noch was die Absicht betrifft. Das waren wohl
Fehler, aber entscheidend können sie nicht gewesen sein. Ich
habe wenig gelernt, denn ich kam frühzeitig von der Mutter
fort, gewöhnte mich bald an Selbstständigkeit, führte ein
freies Leben und allzufrühe Selbstständigkeit ist dem syste-
matischen Lernen feindlich. Aber ich habe viel gesehen, gehört, mit vielen Hunden der verschiedensten Arten und Berufe gesprochen und alles wie ich glaube nicht schlecht aufge-
faßt und die Einzelbeobachtungen nicht schlecht verbunden,
das hat ein wenig die Gelehrsamkeit ersetzt, außerdem aber
ist Selbständigkeit, mag sie für das Lernen ein Nachteil sein,
für eigene Forschung ein großer Vorzug. Sie war in meinem
Fall umso nötiger, als ich nicht die eigentliche Methode der
Wissenschaft befolgen konnte, nämlich die Arbeiten der Vor-

gänger zu benützen und mit den zeitgenössischen Forschern mich zu verbinden. Ich war völlig auf mich allein angewiesen, begann mit dem allerersten Anfang und mit dem für die Jugend beglückenden, für das Alter dann aber äußerst niederdrückenden Bewußtsein, daß der zufällige Schlußpunkt den ich setzen werde, auch der endgültige sein müsse. War ich wirklich so allein mit meinen Forschungen, jetzt und seit jeher? Ja und nein. Es ist unmöglich, daß nicht immer und auch heute einzelne Hunde hier und dort in meiner Lage waren und sind. So schlimm kann es mit mir nicht stehn. Ich bin kein Haar breit außerhalb des Hundewesens. Jeder Hund hat wie ich den Drang zu fragen und ich habe wie jeder Hund den Drang zu schweigen. Jeder hat den Drang zu fragen. Hätte ich denn sonst durch meine Fragen auch nur die leichten Erschütterungen erreichen können, die mir oft mit Entzücken, übertriebenem Entzücken allerdings zu sehen vergönnt war. Und daß ich den Drang zu schweigen habe, bedarf leider keines besondern Beweises. Ich bin also grundsätzlich nicht anders als jeder andere Hund, darum wird mich trotz aller Meinungsverschiedenheiten und Abneigungen im Grunde jeder anerkennen und ich werde es mit jedem Hund nicht anders tun. Nur die Mischung der Elemente ist verschieden, ein persönlich sehr großer, volklich bedeutungsloser Unterschied. Und nun sollte die Mischung dieser immer vorhandenen Elemente innerhalb der Vergangenheit und Gegenwart niemals ähnlich der meinen ausgefallen sein und wenn man meine Mischung unglücklich nennen will, nicht auch noch viel unglücklicher? Das wäre gegen alle übrige Erfahrung. In den sonderbarsten Berufen sind wir Hunde beschäftigt, Berufe, an die man gar nicht glauben würde, wenn man nicht die vertrauenswürdigsten Nachrichten darüber hätte. Ich denke hier am liebsten an das Beispiel der Lufthunde. Als ich zum erstenmal von einem hörte, lachte ich, ließ es mir auf keine Weise einreden. Wie? Es sollte einen Hund von allerkleinster Art geben, nicht viel größer als mein Kopf, auch im hohen Alter nicht größer und dieser Hund, natürlich schwächlich, dem Anschein nach ein künstliches, unreifes, übersorgfältig frisiertes Gebilde, unfähig einen ehrlichen Sprung zu tun, dieser Hund sollte wie man erzählte, meistens hoch in der Luft sich fortbewegen, dabei aber keine sichtbare Arbeit machen sondern ruhn. Nein, solche Dinge mir einreden wollen, das hieß doch die Unbefangenheit eines jungen Hundes gar zu sehr ausnützen, glaubte ich. Aber kurz darauf hörte ich von anderer Seite von einem andern Lufthund erzählen. Hatte man sich vereinigt mich zum Besten zu halten? Dann aber sah ich die Musikerhunde und von dieser Zeit an hielt ich alles für möglich, kein Vorurteil beschränkte meine Fassungskraft, den unsinnigsten Gerüchten ging ich nach, verfolgte sie soweit ich konnte, das Unsinnigste erschien mir in diesem unsinnigen Leben wahrscheinlicher als das Sinnvolle und für meine Forschung besonders ergiebig. So auch die Lufthunde. Ich erfuhr vielerlei über sie, es gelang mir zwar bis heute keinen zu sehn, aber von ihrem Dasein bin ich schon längst fest überzeugt und in meinem Weltbild haben sie ihren wichtigen Platz. Wie meistens so auch hier ist es natürlich nicht die Kunst, die mich vor allem nachdenklich macht. Es ist wunderbar, wer kann das leugnen, daß diese Hunde in der Luft zu schweben imstande sind, im Staunen darüber bin ich mit der Hundeschaft einig. Aber viel wunderbarer ist für mein Gefühl die Unsinnigkeit, die schweigende Unsinnigkeit dieser Existenzen. Im Allgemeinen wird sie gar nicht begründet, sie schweben in der Luft und dabei bleibt es, das Leben geht weiter seinen Gang, hie und da spricht man von Kunst und Künstlern, das ist alles. Aber warum, grundgütige Hundeschaft, warum nur schweben diese Hunde? Was für einen Sinn hat ihr Beruf? Warum ist kein Wort der Erklärung von ihnen zu bekommen? Warum schweben sie dort oben, lassen die Beine, den Stolz des Hundes, verkümmern, sind getrennt von der nährenden Erde, säen nicht und ernten doch, werden angeblich sogar auf Kosten der Hundeschaft besonders gut genährt. Ich kann mir schmeicheln, daß ich durch meine Fragen in diese Dinge doch ein wenig Bewegung gebracht habe. Man beginnt zu begründen, eine Art Begründung zusammenzuhaspeln, man beginnt und wird allerdings auch über diesen Beginn nicht hinausgehn. Aber etwas ist es doch. Und es zeigt sich dabei zwar nicht die Wahrheit – niemals wird man soweit kommen – aber doch etwas von der tiefen Verwurzelung der Lüge. Alle unsinnigen Erscheinungen unseres Lebens und die unsinnigsten ganz besonders lassen sich nämlich begründen. Nicht vollständig natürlich – das ist der teuflische Witz – aber um sich gegen peinliche Fragen zu schützen, reichts hin. Die Lufthunde wieder als Beispiel genommen. Sie sind nicht hochmütig, wie man zunächst glauben könnte, sie sind vielmehr der Mithunde besonders bedürftig, versucht man sich in ihre Lage zu versetzen versteht mans. Sie müssen ja wenn sie es schon nicht offen tun können – das wäre Verletzung der Schweigepflicht – so doch auf irgendeine andere Art für ihre Lebensweise Verzeihung zu erlangen suchen oder wenigstens von ihr ablenken, sie vergessen machen, sie tun das, wie man mir erzählt, durch eine fast unerträgliche Geschwätzigkeit. Immerfort haben sie zu erzählen, teils von ihren philosophischen Überlegungen mit denen sie sich, da sie auf körperliche Anstrengung völlig verzichtet haben, fortwährend beschäftigen können, teils von den Beobachtungen, die sie von ihrem erhöhten Standort aus machen. Und trotzdem sie sich, was bei einem solchen Lotterleben selbstverständlich ist, durch Geisteskraft nicht sehr auszeichnen und ihre Philosophie so wertlos ist wie ihre Beobachtungen und die Wissenschaft kaum etwas davon verwenden kann und überhaupt auf so jämmerliche Hilfsquellen nicht angewiesen ist, trotzdem wird man, wenn man fragt, was die Lufthunde überhaupt sollen, immer wieder zur Antwort bekommen, daß sie zur Wissenschaft viel beitragen. »Das ist richtig«, sagt man darauf, »aber ihre Beiträge sind wertlos und lästig.« Die weitere Antwort ist Achselzucken, Ablenkung, Ärger oder Lachen, und in einem Weilchen, wenn man wieder fragt, erfährt man doch wiederum, daß sie zur Wissenschaft beitragen, und schließlich, wenn man nächstens gefragt wird und sich nicht sehr beherrscht, antwortet man das Gleiche. Und vielleicht ist es auch gut, nicht allzu hartnäckig zu sein und sich zu fügen, die schon bestehenden Lufthunde nicht in ihrer Lebensberechtigung anzuerkennen, was unmöglich ist, aber doch zu dulden. Aber mehr darf man nicht verlangen, das ginge zu weit und man verlangt es doch. Man verlangt die Duldung immer neuer Lufthunde, die heraufkommen. Man weiß gar nicht genau woher sie kommen. Vermehren sie sich durch Fortpflanzung? Haben sie denn noch die Kraft dazu, sie sind ja nicht viel mehr als ein schönes Fell, was soll sich hier fortpflanzen? Und wenn das Unwahrscheinliche möglich wäre, wann sollte es geschehn? Immer sieht man sie doch allein, selbstgenügsam oben in der Luft und wenn sie einmal zu laufen sich herablassen, geschieht es nur ein kleines Weilchen lang, paar gezierte Schritte und immer wieder nur streng allein und in angeblichen Gedanken, von denen sie sich, selbst wenn sie sich anstrengen, nicht losreißen können, wenigstens behaupten sie das. Wenn sie sich aber nicht fortpflanzen, wäre es denkbar, daß sich Hunde finden, welche freiwillig das ebenerdige Leben aufgeben, freiwillig Lufthunde werden und um den Preis der Bequemlichkeit und einer gewissen Kunstfertigkeit dieses öde Leben dort auf den Kissen wählen? Das ist nicht denkbar, weder Fortpflanzung noch freiwilliger Anschluß ist denkbar. Die Wirklichkeit aber zeigt, daß es doch immer wieder neue Lufthunde gibt; daraus ist zu schließen, daß mögen auch die Hindernisse unserem Verstande unüberwindbar scheinen eine einmal vorhandene Hundeart sei sie auch noch so sonderbar nicht ausstirbt, zumindest nicht leicht, zumindest nicht ohne daß in jeder Art etwas wäre, das sich lange erfolgreich wehrt. Muß ich das, wenn es für eine so abseitige sinnlose äußerlich allersonderbarste, lebensunfähige Art wie die der Lufthunde gilt, nicht auch für meine Art annehmen? Dabei bin ich äußerlich gar nicht sonderbar, gewöhnlicher Mittelstand der wenigstens hier in der Gegend sehr häufig ist, durch nichts besonders hervorragend, durch nichts besonders verächtlich, in meiner Jugend und noch teilweise im Mannesalter, solange ich mich nicht vernachlässigte und viel Bewegung machte, war ich sogar ein recht hübscher Hund, besonders meine Vorderansicht wurde gelobt, die schlanken Beine, die schöne Kopfhaltung, aber auch mein grau-weiß-gelbes, nur in den Haarspitzen sich ringelndes Fell war sehr gefällig, das alles ist nicht sonderbar, sonderbar ist nur mein Wesen, aber auch dieses, wie ich niemals außer Acht lassen darf, im allgemeinen Hundewesen wohl begründet. Wenn nun sogar der Lufthund nicht allein bleibt, hier und dort in der großen Hundewelt immer wieder sich einer findet und sie sogar aus dem Nichts immer wieder neuen Nachwuchs holen dann kann auch ich die Zuversicht haben, daß ich nicht verlassen bin. Freilich ein besonderes Schicksal müssen meine Artgenossen haben und ihr Dasein wird mir niemals sichtbar helfen, schon deshalb nicht weil ich sie kaum je erkennen werde. Wir sind die welche das Schweigen drückt, welche es förmlich aus Lufthunger durchbrechen wollen, den andern scheint im Schweigen wohl zu sein, zwar hat es nur diesen Anschein, so wie bei den Musikhunden, die scheinbar ruhig musicierten,

in Wirklichkeit aber sehr aufgeregt waren, aber dieser Anschein ist stark, man versucht ihm beizukommen, er spottet
jedes Angriffs. Wie helfen sich nun meine Artgenossen? Wie
sehen ihre Versuche, dennoch zu leben, aus? Das mag verschieden sein. Ich habe es mit meinen Fragen versucht, solange ich jung war. Ich könnte mich also vielleicht an die
halten, welche viel fragen und da hätte ich dann meine Artgenossen. Ich habe auch das eine Zeitlang mit Selbstüberwindung versucht, mit Selbstüberwindung, denn mich kümmern ja vor allem die welche antworten sollen, die welche
mir immerfort mit Fragen, die ich meist nicht beantworten
kann, dazwischenfahren, sind mir widerwärtig. Und dann
wer fragt denn nicht gern solange er jung ist, wie soll ich aus
den vielen Fragern die richtigen herausfinden. Eine Frage
klingt wie die andere, auf die Absicht kommt es an, die aber
ist verborgen, oft auch dem Frager. Und überhaupt, das
Fragen ist ja eine Eigentümlichkeit der Hundeschaft, alle
fragen durcheinander, es ist, als sollte damit die Spur der
richtigen Frager verwischt werden. Nein unter den Fragern,
den Jungen, finde ich meine Artgenossen nicht und unter den
Schweigern, den Alten, zu denen ich jetzt gehöre, ebensowenig. Aber was sollen denn die Fragen, ich bin ja mit ihnen
gescheitert, wahrscheinlich sind meine Genossen viel klüger
als ich und wenden ganz andere vortreffliche Mittel an, um
dieses Leben zu ertragen, Mittel freilich, die wie ich aus
eigenem hinzufüge, vielleicht ihnen zur Not helfen, beruhigen, einschläfern, artverwandelnd wirken, aber in der Allgemeinheit ebenso ohnmächtig sind, wie die meinen, denn
soviel ich auch ausschaue, einen Erfolg sehe ich nicht. Ich
fürchte, an allem andern werde ich meine Artgenossen eher
erkennen, als am Erfolg. Wo sind dann aber meine Artgenossen? Ja das ist die Klage, das ist sie eben. Wo sind sie? Überall
und nirgends. Vielleicht ist es mein Nachbar, drei Sprünge

weit von mir, wir rufen einander oft zu, er kommt auch zu mir herüber, ich zu ihm nicht. Ist er mein Artgenosse? Ich weiß nicht, ich erkenne zwar nichts dergleichen an ihm, aber möglich ist es. Möglich ist es, aber doch ist nichts unwahrscheinlicher; wenn er fern ist, kann ich zum Spiel mit Zuhilfenahme aller Phantasie manches mich verdächtig Anheimelnde an ihm herausfinden, steht er dann aber vor mir, sind alle meine Erfindungen zum Lachen. Ein alter Hund, noch etwas kleiner als ich, der ich kaum Mittelgröße habe, braun, kurzhaarig, mit müde hängendem Kopf, mit schlürfenden Schritten, das linke Hinterbein schleppt er überdies infolge einer Krankheit ein wenig nach. So nah wie mit ihm verkehre ich schon seit lange mit niemandem, ich bin froh daß ich ihn doch noch leidlich ertrage und wenn er fortgeht schreie ich ihm die freundlichsten Dinge nach, freilich nicht aus Liebe, sondern zornig auf mich, weil ich ihn, wenn ich ihm nachsehe, doch wieder nur ganz abscheulich finde, wie er sich wegschleicht mit dem nachschleppenden Fuß und dem viel zu niedrigen Hinterteil. Manchmal ist mir als wollte ich mich selbst verspotten, wenn ich ihn in Gedanken meinen Genossen nenne. Auch in unsern Gesprächen verrät er nichts von irgendeiner Genossenschaft, zwar ist er klug und, für unsere Verhältnisse hier, gebildet genug und ich könnte viel von ihm lernen, aber suche ich Klugheit und Bildung? Wir unterhalten uns gewöhnlich über örtliche Fragen und ich staune dabei, durch meine Einsamkeit in dieser Hinsicht hellsichtiger gemacht, wieviel Geist selbst für einen gewöhnlichen Hund, selbst bei durchschnittlich nicht allzu ungünstigen Verhältnissen nötig ist, um sein Leben zu fristen und sich vor den größten üblichen Gefahren zu schützen. Die Wissenschaft gibt zwar die Regeln, aber sie auch nur von der Ferne und in den gröbsten Hauptzügen zu verstehn ist gar nicht leicht und wenn man sie verstanden hat, kommt erst das eigentlich

Schwere, sie nämlich auf die örtlichen Verhältnisse anzuwenden, hier kann kaum jemand helfen, fast jede Stunde gibt neue Aufgaben und jedes neue Fleckchen Erde seine besondern; daß er für die Dauer irgendwo eingerichtet ist und daß sein Leben nun gewissermaßen von selbst verläuft, kann niemand von sich behaupten, nicht einmal ich, dessen Bedürfnisse sich förmlich von Tag zu Tag verringern. Und alle diese unendliche Mühe – zu welchem Zweck? Doch nur um sich immer weiter zu vergraben im Schweigen und um niemals und von niemand mehr herausgeholt werden zu können. Man rühmt oft den allgemeinen Fortschritt der Hundeschaft durch die Zeiten und meint damit wohl hauptsächlich den Fortschritt der Wissenschaft. Gewiß, die Wissenschaft schreitet fort, das ist unaufhaltsam, sie schreitet sogar mit Beschleunigung fort, immer schneller, aber was ist daran zu rühmen? Es ist so wie wenn man jemanden deshalb rühmen wollte, weil er mit zunehmenden Jahren älter wird und infolgedessen immer schneller der Tod sich nähert. Das ist ein natürlicher und überdies ein häßlicher Vorgang an dem ich nichts zu rühmen finde. Ich sehe nur Verfall, wobei ich aber nicht meine, daß frühere Generationen im Wesen besser waren, sie waren nur jünger, das war ihr großer Vorzug, ihr Gedächtnis war noch nicht so überlastet wie das heutige, es war noch leichter sie zum Sprechen zu bringen und wenn es auch niemandem gelungen ist, die Möglichkeit war größer, diese größere Möglichkeit ist ja das, was uns beim Anhören jener alten, doch eigentlich einfältigen Geschichten so erregt. Hie und da hören wir ein andeutendes Wort und möchten fast aufspringen, fühlten wir nicht die Last der Jahrhunderte auf uns. Nein, was ich auch gegen meine Zeit einzuwenden habe, die früheren Generationen waren nicht besser als die neueren, ja in gewissem Sinn waren sie viel schlechter und schwächer. Die Wunder gingen freilich auch damals nicht frei über die Gassen zum beliebigen Einfangen, aber die Hunde waren, ich kann es nicht anders ausdrücken, noch nicht so hündisch wie heute, das Gefüge der Hundeschaft war noch locker, das wahre Wort hätte damals noch eingreifen, den Bau bestimmen, umstimmen, nach jedem Wunsche ändern, in sein Gegenteil verkehren können und jenes Wort war da, war zumindest nahe, schwebte auf der Zungenspitze, jeder konnte es erfahren, wo ist es heute hingekommen, heute könnte man schon ins Gekröse greifen und würde es nicht finden. Unsere Generation ist vielleicht verloren, aber sie ist unschuldiger, als die damalige. Das Zögern meiner Generation kann ich verstehn, es ist ja auch gar kein Zögern mehr, es ist das Vergessen eines vor tausend Nächten geträumten und tausendmal vergessenen Traumes, wer will uns gerade wegen des tausendsten Vergessens zürnen? Aber auch das Zögern unserer Urväter glaube ich zu verstehn, wir hätten wahrscheinlich nicht anders gehandelt, fast möchte ich sagen, wohl uns, daß nicht wir es waren, die die Schuld auf uns laden mußten, daß wir vielmehr in einer schon von anderen verfinsterten Welt in fast schuldlosem Schweigen dem Tode zueilen dürfen. Als unsere Urväter abirrten, dachten sie wohl kaum an ein endloses Irren, sie sahen ja förmlich noch den Kreuzweg, es war leicht wann immer zurückzukehren und wenn sie zurückzukehren zögerten, so nur deshalb, weil sie noch eine kurze Zeit sich des Hundelebens freuen wollten, es war noch gar kein eigentliches Hundeleben und schon schien es ihnen berauschend schön, wie mußte es erst später werden, wenigstens noch ein kleines Weilchen später und so irrten sie weiter. Sie wußten nicht, was wir bei Betrachtung des Geschichtsverlaufs ahnen können, daß die Seele sich früher wandelt, als das Leben und daß sie, als sie das Hundeleben zu freuen begann, schon eine recht althündische Seele haben mußten und gar nicht mehr so nahe dem Ausgangspunkt

73

waren, wie ihnen schien oder wie ihr in allen Hundefreuden schwelgendes Auge sie glauben machen wollte. Wer kann heute noch von Jugend sprechen. Sie waren die eigentlichen jungen Hunde, aber ihr einziger Ehrgeiz war leider darauf gerichtet alte Hunde zu werden, etwas was ihnen freilich nicht mißlingen konnte, wie alle folgenden Generationen beweisen und unsere, die letzte, am besten. – Über alle diese Dinge rede ich natürlich mit meinem Nachbar nicht, aber ich muß oft an sie denken, wenn ich ihm gegenüber sitze, diesem typisch alten Hund, oder die Schnauze in sein Fell vergrabe, das schon einen Anhauch jenes Geruches hat, den abgezogene Felle haben. Es wäre sinnlos, über jene Dinge zu reden, übrigens mit ihm wie mit jedem andern. Ich weiß wie das Gespräch verlaufen würde. Er hätte einige kleine Einwände hie und da, schließlich würde er zustimmen – Zustimmung ist die beste Waffe – und die Sache wäre begraben, warum sie also überhaupt erst aus ihrem Grab bemühn? Und trotzallem, es gibt doch vielleicht eine über bloße Worte hinausgehende tiefere Übereinstimmung mit meinem Nachbar. Ich kann nicht aufhören das zu behaupten, trotzdem ich keine Beweise dafür habe und vielleicht dabei nur einer einfachen Täuschung unterliege, weil er eben seit langem der einzige ist mit dem ich verkehre und ich mich also an ihn halten muß. »Bist Du doch vielleicht mein Genosse? Auf Deine Art? Und schämst Dich, weil Dir alles mißlungen ist? Sieh, mir ist es ebenso gegangen. Wenn ich allein bin, heule ich darüber, komm, zu zweit ist es süßer.« So denke ich manchmal und sehe ihn dabei fest an. Er senkt dann den Blick nicht, aber auch zu entnehmen ist ihm nichts, stumpf sieht er mich an und wundert sich warum ich schweige und unsere Unterhaltung unterbrochen habe. Aber vielleicht ist gerade dieser Blick seine Art zu fragen und ich enttäusche ihn, so wie er mich enttäuscht. In meiner Jugend hätte ich ihn, wenn mir damals nicht andere Fragen wichtiger gewesen wären und ich allein mir reichlich genügt hätte, vielleicht laut gefragt, hätte eine matte Zustimmung bekommen, also weniger als heute, da er schweigt. Aber schweigen nicht alle ebenso? Was hindert mich zu glauben, daß alle meine Genossen sind, daß ich nicht nur hie und da einen Mitforscher hatte, der mit seinen winzigen Ergebnissen versunken und vergessen ist und zu dem ich auf keine Weise mehr gelangen kann durch das Dunkel der Zeiten oder das Gedränge der Gegenwart, daß ich vielmehr in allen seitjeher Genossen habe, die sich alle bemühn nach ihrer Art, alle erfolglos nach ihrer Art, alle schweigend oder listig plappernd nach ihrer Art, wie es diese hoffnungslose Forschung mit sich bringt. Dann hätte ich mich aber auch gar nicht absondern müssen, hätte ruhig unter den andern bleiben können, hätte nicht wie ein unartiges Kind durch die Reihen der Erwachsenen mich hinausdrängen müssen, die ja ebenso hinaus wollen wie ich und an denen mich nur ihr Verstand beirrt, der ihnen sagt, daß niemand hinauskommt und daß alles Drängen töricht ist.

Solche Gedanken sind allerdings deutlich die Wirkung meines Nachbars, er verwirrt mich, er macht mich ganz melancholisch; und ist für sich fröhlich genug, wenigstens höre ich ihn, wenn er in seinem Bereich ist, schreien und singen, daß es mir lästig ist. Es wäre gut auch auf diesen letzten Verkehr zu verzichten, nicht vagen Träumereien nachzugehn, wie sie jeder Hundeverkehr, so abgehärtet man zu sein glaubt, unvermeidlich erzeugt und die kleine Zeit die mir bleibt, ausschließlich für meine Forschungen zu verwenden. Ich werde wenn er

⟨Fortsetzung auf Seite 76⟩

⟨*Fortsetzung von Seite 75*⟩ nächstens kommt, mich verkriechen und schlafend stellen und das so lange wiederholen, bis er ausbleibt.

Auch ist in meine Forschungen Unordnung gekommen, ich lasse nach, ich ermüde, ich trotte nur noch mechanisch, wo ich begeistert lief. Ich denke zurück an die Zeit, als ich die Frage: »Woher nimmt die Erde unsere Nahrung?« zu untersuchen begann. Freilich lebte ich damals mitten im Volk, drängte mich dorthin wo es am dichtesten war, wollte alle zu Zeugen meiner Arbeiten machen, diese Zeugenschaft war mir sogar wichtiger als meine Arbeit, da ich ja noch irgendeine allgemeine Wirkung erwartete. Davon erhielt ich natürlich eine große Befeuerung, die nun für mich Einsamen vorbei ist. Damals aber war ich so stark, daß ich etwas tat, was unerhört ist, allen unsern Grundsätzen widerspricht und an das sich gewiß jeder Augenzeuge von damals als an etwas Unheimliches erinnert. Ich fand in der Wissenschaft, die sonst zu grenzenloser Specialisierung strebt, in einer Hinsicht eine merkwürdige Vereinfachung. Sie lehrt daß in der Hauptsache die Erde unsere Nahrung hervorbringt und gibt dann, nachdem sie diese Voraussetzung gemacht hat, die Methoden an, mit welchen sich die verschiedenen Speisen in bester Art und größter Fülle erreichen lassen. Nun ist es freilich richtig, daß die Erde die Nahrung hervorbringt, daran kann kein Zweifel sein, aber so einfach, wie es gewöhnlich dargestellt wird, jede weitere Untersuchung ausschließend, ist es nicht. Man nehme doch nur die primitivsten Vorfälle her die sich täglich wiederholen. Wenn wir gänzlich untätig wären, wie ich es nun schon fast bin, nach flüchtiger Bodenbearbeitung uns zusammenrollen würden und warten was kommt, so würden wir allerdings, vorausgesetzt daß sich überhaupt etwas ergeben würde, die Nahrung auf der Erde finden. Aber das ist doch nicht der Regelfall. Wer sich nur ein wenig Unbefangenheit gegenüber der Wissenschaft bewahrt hat – und deren sind freilich wenige, denn die Kreise, welche die Wissenschaft zieht, werden immer größer – wird, auch wenn er gar nicht auf besondere Beobachtungen ausgeht leicht erkennen, daß der Hauptteil der Nahrung, die dann auf der Erde liegt, von oben herabkommt, wir fangen ja je nach unserer Geschicklichkeit und Gier das Meiste sogar ab ehe es die Erde berührt. Damit sage ich noch nichts gegen die Wissenschaft, die Erde bringt ja auch diese Nahrung natürlich hervor, ob sie die eine aus sich heraufzieht oder die andere aus der Höhe herabruft, ist ja vielleicht kein wesentlicher Unterschied und die Wissenschaft welche festgestellt hat, daß in beiden Fällen Bodenbearbeitung nötig ist, muß sich vielleicht mit jenen Unterscheidungen nicht beschäftigen, heißt es doch: »Hast Du den Fraß im Maul, so hast Du für diesmal alle Fragen gelöst.« Nur scheint es mir, daß die Wissenschaft sich in verhüllter Form doch wenigstens teilweise mit diesen Dingen beschäftigt, da sie ja doch zwei Hauptmethoden der Nahrungsbeschaffung kennt, nämlich die eigentliche Bodenbearbeitung und dann die Ergänzungs- und Verfeinerungsarbeit in Form von Spruch, Tanz und Gesang. Ich finde darin eine zwar nicht vollständige, aber doch genug deutliche, meiner Unterscheidung entsprechende Zweiteilung. Die Bodenbearbeitung dient meiner Meinung nach zur Erzielung von beiderlei Nahrung und bleibt immer unentbehrlich, Spruch, Tanz und Gesang aber betreffen weniger die Bodennahrung im engeren Sinn, sondern dienen hauptsächlich dazu die Nahrung von oben herabzuziehn. In dieser Auffassung bestärkt mich die Tradition. Hier scheint das Volk die Wissenschaft richtigzustellen ohne es zu wissen und ohne daß die Wissenschaft sich zu wehren wagt. Wenn wie die Wissenschaft will, jene Ceremonien nur dem Boden dienen sollten, etwa um ihm die Kraft zu geben, die Nahrung von oben zu holen, so müßten sie sich doch folgerichtig völlig am Boden vollziehn, dem Boden müßte alles zugeflüstert, vorgesungen, vorgetanzt werden. Die Wissenschaft verlangt wohl auch meines Wissens nichts anderes. Und nun das Merkwürdige, das Volk richtet sich mit allen seinen Ceremonien in die Höhe. Es ist das keine Verletzung der Wissenschaft, sie verbietet es nicht, läßt dem Landwirt darin die Freiheit, sie denkt bei ihren Lehren nur an den Boden und führt der Landwirt ihre auf den Boden sich beziehenden Lehren aus ist sie zufrieden, aber ihr Gedankengang sollte meiner Meinung nach eigentlich mehr verlangen. Und ich, der ich niemals tiefer in die Wissenschaft eingeweiht worden bin, kann mir gar nicht vorstellen, wie die Gelehrten es dulden können, daß unser Volk, leidenschaftlich wie es nun einmal ist, die Zaubersprüche aufwärts ruft, unsere alten Volksgesänge in die Lüfte klagt und Sprungtänze aufführt, als ob es sich den Boden vergessend für immer empor schwingen wollte. Von der Betonung dieser Widersprüche ging ich aus, ich beschränkte mich, wann immer nach den Lehren der Wissenschaft die Erntezeit sich näherte, völlig auf den Boden, ich scharrte ihn im Tanz, ich verdrehte den Kopf, um nur dem Boden möglichst nahe zu sein, ich machte mir später eine Grube für die Schnauze und sang so und deklamierte daß nur der Boden es hörte und niemand sonst neben oder über mir. Die Forschungsergebnisse waren gering, manchmal bekam ich das Essen nicht und schon wollte ich jubeln über meine Entdeckung, aber dann kam das Essen doch wieder, so als wäre man zuerst beirrt gewesen durch meine sonderbare Aufführung, erkenne aber jetzt den Vorteil, den sie bringe und verzichte gern auf meine Schreie und Sprünge, oft kam das Essen sogar reichlicher als früher, aber dann blieb es doch auch wieder gänzlich aus. Ich machte mit einem Fleiß, der an jungen Hunden bisher unbekannt gewesen war, genaue Aufstellungen aller meiner Versuche, glaubte schon hie und da eine Spur zu finden, die mich weiter führen könnte, aber dann verlief sie sich doch wieder ins Unbestimmte. Es kam mir hiebei unstreitig auch meine ungenügende wissenschaftliche Vorbereitung in die Quere. Wo hatte ich die Bürgschaft, daß z. B. das Ausbleiben des Essens nicht durch mein Experiment, sondern durch unwissenschaftliche Bodenbearbeitung bewirkt war und traf das zu, dann waren alle meine Schlußfolgerungen haltlos. Unter gewissen Bedingungen hätte ich ein fast ganz präcises Experiment erreichen können, wenn es mir nämlich gelungen wäre ganz ohne Bodenbearbeitung einmal nur durch aufwärts gerichtete Ceremonie das Herabkommen des Essens und dann durch ausschließliche Boden-Ceremonie das Ausbleiben des Essens zu erreichen. Ich versuchte auch derartiges, aber ohne festen Glauben und nicht mit vollkommenen Versuchsbedingungen, denn meiner unerschütterlichen Meinung nach ist wenigstens eine gewisse Bodenbearbeitung immer nötig und selbst wenn die Ketzer, die es nicht glauben, recht hätten, ließe es sich doch nicht beweisen, da die Bodenbesprengung unter einem Drang geschieht und sich in gewissen Grenzen gar nicht vermeiden läßt. Ein anderes allerdings etwas abseitiges Experiment glückte mir besser und machte einiges Aufsehen. Anschließend an das übliche Abfangen der Nahrung aus der Luft beschloß ich die Nahrung zwar nicht niederfallen zu lassen, sie aber auch nicht abzufangen. Zu diesem Zwecke machte ich immer wenn die Nahrung kam einen kleinen Luftsprung, der aber so berechnet war daß er nicht ausreichte; meistens fiel sie ja dann doch stumpf-gleichgültig zu Boden und ich warf mich wütend auf sie, in der Wut nicht nur des Hungers sondern auch der Enttäuschung. Aber in vereinzelten Fällen geschah doch etwas anderes, etwas eigentlich Wunderbares, die Speise fiel nicht, sondern folgte mir in der Luft, die Nahrung verfolgte den Hungrigen. Es geschah nicht lange, eine kurze Strecke nur, dann fiel sie doch oder verschwand gänzlich oder – der häufigste Fall – meine Gier beendete vorzeitig das Experiment und ich fraß die Sache auf. Immerhin, ich war damals glücklich, durch meine Umgebung ging ein Raunen, man war unruhig und aufmerksam geworden, ich fand meine Bekannten zugänglicher meinen Fragen, in ihren Augen sah ich irgendein Hilfe suchendes Leuchten, mochte es auch nur der Widerschein meiner eigenen Blicke sein, ich wollte nichts anderes, ich war zufrieden. Bis ich dann freilich erfuhr – und die andern erfuhren es mit mir – daß dieses Experiment in der Wissenschaft längst beschrieben ist, viel großartiger schon gelungen ist als mir, zwar schon lange nicht gemacht worden ist wegen der Schwierigkeit der Selbstbeherrschung die es verlangt, aber wegen seiner angeblichen wissenschaftlichen Bedeutungslosigkeit auch nicht wiederholt werden muß. Es beweise nur das, was man schon wußte, daß der Boden die Nahrung nicht nur gerade abwärts von oben holt, sondern auch schräg, ja sogar in Spiralen. Da stand ich nun, aber entmutigt war ich nicht, dazu war ich noch zu jung, im Gegenteil, ich wurde dadurch aufgemuntert zu der vielleicht größten Leistung meines Lebens. Ich glaubte nicht der wissenschaftlichen Entwertung meines Experiments, aber hier hilft kein Glauben, sondern nur der Beweis und den wollte ich antreten und wollte damit auch dieses ursprünglich etwas abseitige Experiment ins volle Licht, in den Mittelpunkt der Forschung stellen. Ich wollte beweisen, daß wenn ich vor der

Nahrung zurückwich, nicht der Boden sie schräg zu sich herabzog, sondern ich es war, der sie hinter mir her lockte. Dieses Experiment konnte ich allerdings nicht weiter ausbauen, den Fraß vor sich zu sehn und dabei wissenschaftlich experimentieren, das hält man für die Dauer nicht aus. Aber ich wollte etwas anderes tun, ich wollte solange ich es aushielt völlig fasten, allerdings dabei auch jeden Anblick der Nahrung, jede Verlockung vermeiden. Wenn ich mich so zurückzog, mit geschlossenen Augen liegen blieb Tag und Nacht, weder um das Aufheben noch um das Abfangen der Nahrung mich kümmerte und wie ich nicht zu behaupten wagte, aber leise hoffte, ohne alle sonstige Maßnahmen nur auf die unvermeidliche unrationelle Bodenbesprengung hin, und stilles Aufsagen der Sprüche und Lieder (den Tanz wollte ich unterlassen um mich nicht zu schwächen) die Nahrung von oben selbst herabkäme und, ohne sich um den Boden zu kümmern, an mein Gebiß klopfen würde, um eingelassen zu werden, – wenn dies geschah, dann war die Wissenschaft zwar nicht widerlegt, denn sie hat genug Elasticität für Ausnahmen und Einzelfälle, aber was würde das Volk sagen, das glücklicher Weise nicht soviel Elasticität hat? Denn es würde das ja auch kein Ausnahmsfall von der Art sein, wie sie die Geschichte überliefert, daß etwa einer wegen körperlicher Krankheit oder wegen Trübsinn sich weigert die Nahrung vorzubereiten, zu suchen, aufzunehmen und dann die Hundeschaft in Beschwörungsformeln sich vereinigt und dadurch ein Abirren der Nahrung von ihrem gewöhnlichen Weg geradewegs in das Maul des Kranken erreicht. Ich war dagegen in voller Kraft und Gesundheit, mein Appetit so prächtig, daß er mich tagelang hinderte an etwas anderes zu denken als an ihn, ich unterzog mich, mochte man es glauben oder nicht, dem Fasten freiwillig, war selbst imstande für das Herabkommen der Nahrung zu sorgen und wollte es auch tun, brauchte also auch keine Hilfe der Hundeschaft und verbat sie mir sogar auf das Entschiedenste. Ich suchte mir einen geeigneten Ort in einem entlegenen Gebüsch, wo ich keine Eßgespräche, kein Schmatzen und Knochenknacken hören würde, fraß mich noch einmal völlig satt und legte mich dann hin. Ich wollte womöglich die ganze Zeit mit geschlossenen Augen verbringen; solange kein Essen kommen sollte, würde es für mich ununterbrochen Nacht sein, mochte es Tage und Wochen dauern. Dabei durfte ich allerdings, dies war eine große Erschwerung, wenig oder am besten gar nicht schlafen, denn ich mußte ja nicht nur die Nahrung herabbeschwören sondern auch auf der Hut sein, daß ich die Ankunft der Nahrung nicht etwa gar verschlafe, andererseits wiederum war Schlaf sehr willkommen, denn schlafend würde ich viel länger hungern können, als im Wachen. Aus diesen Gründen beschloß ich die Zeit vorsichtig einzuteilen und viel zu schlafen, aber immer nur ganz kurze Zeit. Ich erreichte dies dadurch, daß ich den Kopf im Schlaf immer auf einen schwachen Ast stützte, der bald einknickte und mich dadurch weckte. So lag ich, schlief oder wachte, träumte oder sang still für mich hin. Die erste Zeit verging ereignislos, noch war es vielleicht dort, woher die Nahrung kommt, irgendwie unbemerkt geblieben, daß ich mich hier gegen den üblichen Verlauf der Dinge stemmte, und so blieb alles still. Ein wenig störte mich in meiner Anstrengung die Befürchtung daß die Hunde mich vermissen, bald auffinden und etwas gegen mich unternehmen würden. Eine zweite Befürchtung war, daß auf die bloße Besprengung hin, der Boden, trotzdem es ein nach der Wissenschaft unfruchtbarer Boden war, die sogenannte Zufalls-Nahrung hergeben und ihr Geruch mich verführen würde. Aber vorläufig geschah nichts dergleichen und ich konnte weiterhungern. Abgesehn von diesen Befürchtungen war ich zunächst ruhig, wie ich es an mir noch nie bemerkt hatte. Trotzdem ich hier eigentlich an der Aufhebung der Wissenschaft arbeitete, erfüllte mich Behagen und fast die sprichwörtliche Ruhe des wissenschaftlichen Arbeiters. In meinen Träumereien erlangte ich von der Wissenschaft Verzeihung, es fand sich in ihr auch ein Raum für meine Forschungen, trostreich klang es mir in den Ohren, daß ich, mögen auch meine Forschungen noch so erfolgreich werden und besonders dann, keineswegs für das Hundeleben verloren sei, die Wissenschaft sei mir freundlich geneigt, sie selbst werde die Deutung meiner Ergebnisse vornehmen und dieses Versprechen bedeute schon die Erfüllung selbst, ich werde, während ich mich bisher im Innersten ausgestoßen fühlte und die Mauern meines Volkes berannte wie ein Wilder, in großen Ehren aufgenommen werden, die ersehnte Wärme versammelter Hundeleiber werde mich umströmen, hochgepriesen werde ich auf den Schultern meines Volkes schwanken. Merkwürdige Wirkung des ersten Hungerns. Meine Leistung erschien mir so groß, daß ich aus Rührung und aus Mitleid mit mir selbst dort in dem stillen Gebüsch zu weinen anfing, was allerdings nicht ganz verständlich war, denn wenn ich den verdienten Lohn erwartete, warum weinte ich dann? Wohl nur aus Behaglichkeit. Niemals hat mir mein Weinen gefallen. Immer nur wenn mir behaglich war, selten genug, habe ich geweint. Damals ging es freilich bald vorüber. Die schönen Bilder verflüchtigten sich allmählich mit dem Ernster-werden des Hungers, es dauerte nicht lange und ich war, nach schneller Verabschiedung aller Phantasien und aller Rührung, völlig allein mit dem in den Eingeweiden brennenden Hunger. »Das ist der Hunger«, sagte ich mir damals unzähligemal, so als wollte ich mich glauben machen, Hunger und ich seien noch immer zweierlei und ich könnte ihn abschütteln wie einen lastigen Liebhaber, aber in Wirklichkeit waren wir höchst schmerzlich Eines und wenn

83

ich mir erklärte: »Das ist der Hunger«, so war es eigentlich der Hunger der sprach und sich damit über mich lustig machte. Eine böse, böse Zeit! Mich schauert wenn ich an sie denke, freilich nicht nur wegen des Leides, das ich damals durchlebt habe, sondern vor allem deshalb, weil ich damals nicht fertig geworden bin, weil ich dieses Leiden noch einmal werde durchkosten müssen, wenn ich etwas erreichen will, denn das Hungern halte ich noch heute für das letzte und stärkste Mittel meiner Forschung. Durch das Hungern geht der Weg, das Höchste ist nur der höchsten Leistung erreichbar, wenn es erreichbar ist, und diese höchste Leistung ist bei uns freiwilliges Hungern. Wenn ich also jene Zeiten durchdenke – und für mein Leben gern wühle ich in ihnen – durchdenke ich auch die Zeiten die mir drohen. Es scheint, daß man fast ein Leben verstreichen lassen muß, ehe man sich von einem solchen Versuch erholt, meine ganzen Mannesjahre trennen mich von jenem Hungern, aber erholt bin ich noch nicht. Ich werde wenn ich nächstens das Hungern beginne, vielleicht mehr Entschlossenheit haben als früher, infolge meiner größeren Erfahrung und besserer Einsicht in die Notwendigkeit des Versuches, aber meine Kräfte sind geringer noch von damals her, zumindest werde ich schon ermatten in der bloßen Erwartung der bekannten Schrecken. Mein schwächerer Appetit wird mir nicht helfen, er entwertet nur ein wenig den Versuch und wird mich wahrscheinlich noch zwingen länger zu hungern als es damals nötig gewesen wäre. Über diese und andere Voraussetzungen glaube ich mir klar zu sein, an Vorversuchen hat es ja nicht gefehlt in dieser langen Zwischenzeit, oft genug habe ich das Hungern förmlich angebissen, war aber noch nicht stark zum Äußersten und die unbefangene Angriffslust der Jugend ist natürlich für immer dahin. Sie schwand schon damals inmitten des Hungerns. Mancherlei Überlegungen quälten mich. Drohend erschienen mir unsere Urväter. Ich halte sie zwar, wenn ich es auch öffentlich nicht zu sagen wage, für schuld an allem, sie haben das Hundeleben verschuldet, und ich könnte also ihren Drohungen leicht mit Gegendrohungen antworten, aber vor ihrem Wissen beuge ich mich, es kam aus Quellen, die wir nicht mehr kennen, deshalb würde ich auch, sosehr es mich gegen sie anzukämpfen drängt, niemals ihre Gesetze geradezu überschreiten, nur durch die Gesetzes-Lücken, für die ich eine besondere Witterung habe schwärme ich aus. Hinsichtlich des Hungerns berufe ich mich auf das berühmte Gespräch, im Laufe dessen einer unserer Weisen die Absicht aussprach, das Hungern zu verbieten, worauf ein Zweiter davon abriet mit der Frage: »Wer wird denn jemals hungern?« und der Erste sich überzeugen ließ und das Verbot zurückhielt. Nun entsteht aber wieder die Frage: »Ist nun das Hungern nicht eigentlich doch verboten?« Die große Mehrzahl der Kommentatoren verneint sie, sieht das Hungern für freigegeben an, hält es mit dem zweiten Weisen und befürchtet deshalb auch von einer irrtümlichen Kommentierung keine schlimmen Folgen. Dessen hatte ich mich wohl vergewissert ehe ich mit dem Hungern begann. Nun aber, als ich mich im Hunger krümmte, schon in einiger Geistesverwirrung immerfort bei meinen Hinterbeinen Rettung suchte und sie verzweifelt leckte, kaute, aussaugte bis zum After hinauf, erschien mir die allgemeine Deutung jenes Gespräches ganz und gar falsch, ich verfluchte die kommentatorische Wissenschaft, ich verfluchte mich der ich mich von ihr hatte irreführen lassen, das Gespräch enthielt ja, wie ein Kind erkennen mußte – freilich ein hungerndes – mehr als nur ein einziges Verbot des Hungerns, der erste Weise wollte das Hungern verbieten, was ein Weiser will, ist schon geschehn, das Hungern war also verboten, der zweite Weise stimmte ihm nicht nur zu, sondern hielt das Hungern sogar für unmöglich, wälzte also auf das erste Verbot noch ein zweites, das Verbot der Hundenatur selbst, der Erste erkannte dies an und hielt das ausdrückliche Verbot zurück, d. h. er gebot den Hunden nach Darlegung alles dessen, Einsicht zu üben und sich selbst das Hungern zu verbieten. Also ein dreifaches Verbot statt des üblichen einen und ich hatte es verletzt. Nun hätte ich ja wenigstens jetzt verspätet gehorchen und zu hungern aufhören können, aber mitten durch den Schmerz ging auch eine Verlockung, weiter zu hungern und ich folgte ihr, lüstern wie einem unbekannten Hund. Ich konnte nicht aufhören, vielleicht war ich auch schon zu schwach um auf-zustehn und in bewohnte Gegenden mich zu retten. Ich wälzte mich hin und her auf der Waldstreu, schlafen konnte ich nicht mehr, ich hörte überall Lärm, die während meines bisherigen Lebens schlafende Welt schien durch mein Hun-gern erwacht zu sein, ich bekam die Vorstellung, daß ich nie mehr werde fressen können, denn dadurch mußte ich die freigelassen lärmende Welt wieder zum Schweigen bringen und das würde ich nicht imstande sein, den größten Lärm allerdings hörte ich in meinem Bauche, ich legte oft das Ohr an ihn und muß entsetzte Augen gemacht haben, denn ich konnte kaum glauben was ich hörte. Und da es nun zu arg wurde, schien der Taumel auch meine Natur zu ergreifen, sie machte sinnlose Rettungsversuche, ich begann Speisen zu riechen, auserlesene Speisen, die ich längst nicht mehr gegessen hatte, Freuden meiner Kindheit, ja ich roch den Duft der Brüste meiner Mutter; ich vergaß meinen Entschluß Gerü-chen Widerstand leisten zu wollen oder richtiger, ich vergaß ihn nicht, mit dem Entschluß, so als sei es ein Entschluß der dazu gehöre, schleppte ich mich nach allen Seiten, immer nur paar Schritte und schnupperte, so als suchte ich die Speisen nur, um mich vor ihnen zu hüten. Daß ich nichts fand, enttäuschte mich nicht, die Speisen waren da, nur waren sie immer paar Schritte zu weit, die Beine knickten mir vorher ein. Gleichzeitig allerdings wußte ich, daß gar nichts da war, daß ich die kleinen Bewegungen nur machte aus Angst vor dem endgiltigen Zusammenbrechen auf einem Platz, den ich nicht mehr verlassen würde. Die letzten Hoffnungen schwanden, die letzten Verlockungen, elend würde ich hier zugrundegehn, was sollten meine Forschungen, kindliche Versuche aus kindlich glücklicher Zeit, hier und jetzt war Ernst, hier hätte die Forschung ihren Wert beweisen können, aber wo war sie? Hier war nur ein hilflos ins Leere schnappender Hund, der zwar noch krampfhaft eilig ohne es zu wissen immerfort den Boden besprengte, aber in seinem Gedächtnis aus dem ganzen Wust der Zaubersprüche nicht das geringste mehr auftreiben konnte, nicht einmal das Verschen, mit dem sich die Neugeborenen unter ihre Mutter ducken. Es war mir, als sei ich hier nicht durch einen kurzen Lauf von den Brüdern getrennt, sondern unendlich weit fort von allen, und als stürbe ich eigentlich gar nicht durch Hunger sondern infolge meiner Verlassenheit. Es war doch ersichtlich, daß sich niemand um mich kümmerte, niemand unter der Erde, niemand auf ihr, niemand in der Höhe, ich ging an ihrer Gleichgültigkeit zugrunde, ihre Gleichgültigkeit sagte: er stirbt und so würde es geschehn. Und stimmte ich nicht bei? Sagte ich nicht das Gleiche? Hatte ich nicht diese Verlassenheit gewollt? Wohl, ihr Hunde, aber nicht um hier so zu enden, sondern um zur Wahrheit hinüber zu kommen, aus dieser Welt der Lüge, wo sich niemand findet, von dem man Wahrheit erfahren kann, auch von mir nicht, eingeborenem Bürger der Lüge. Vielleicht war die Wahrheit gar nicht mehr allzuweit, nur für mich zu weit, der ich versagte und starb. Vielleicht war sie nicht allzuweit, und ich also nicht so verlassen wie ich dachte, nicht von den andern verlassen, nur von mir, der ich versagte und starb. Doch man stirbt nicht so eilig wie ein nervöser Hund glaubt. Ich fiel nur in Ohnmacht und als ich aufwachte und die Augen erhob, stand ein fremder Hund vor mir. Ich fühlte keinen Hunger, ich war sehr kräftig, in den Gelenken federte es meiner Meinung nach, wenn ich auch keinen Versuch machte, es durch Aufstehn zu erproben. Ich sah an und für sich nicht mehr als sonst, ein schöner aber nicht allzu ungewöhnlicher Hund stand vor mir, das sah ich, nichts anderes und doch glaubte ich mehr an ihm zu sehn als sonst. Unter mir lag Blut, im ersten Augenblick dachte ich, es sei Speise, ich merkte aber gleich, daß es Blut war, das ich ausgebrochen hatte. Ich wandte mich davon ab und dem fremden Hunde zu. Er war mager, hochbeinig, braun, hie und da weiß gefleckt und hatte einen schönen, starken, forschenden Blick. »Was machst Du hier?« sagte er, »Du mußt von hier fortgehn.« »Ich kann jetzt nicht fortgehn«, sagte ich, ohne weitere Erklärung, denn wie hätte ich ihm alles erklären sollen, auch schien er in Eile zu sein. »Bitte, geh fort«, sagte er und hob unruhig ein Bein nach dem andern. »Laß mich«, sagte ich, »geh und kümmere Dich nicht um mich, die andern kümmern sich auch nicht um mich.« »Ich bitte Dich um Deinetwillen«, sagte er. »Bitte mich aus welchem Grunde Du willst«, sagte ich, »ich kann nicht gehn selbst wenn ich wollte.« »Daran fehlt es nicht«, sagte er lächelnd. »Du kannst gehn. Eben weil Du schwach zu sein scheinst, bitte ich Dich, daß Du jetzt langsam fortgehst, zögerst Du wirst Du später laufen müssen.« »Laß das meine Sorge sein«, sagte ich. »Es ist auch meine«, sagte er, traurig wegen meiner Hartnäckigkeit, und wollte nun offenbar mich also schon vorläufig hier lassen, aber die Gelegenheit benützen und sich liebend an mich heranmachen. Zu anderer Zeit hätte ich es gerne geduldet von dem Schönen, damals aber, ich begriff es nicht, faßte mich ein Entsetzen davor, »Weg«, schrie ich, umso lauter, als ich mich anders nicht verteidigen konnte. »Ich lasse Dich ja«, sagte er, langsam zurücktretend. »Du bist sonderbar. Gefalle ich Dir denn nicht?« »Du wirst mir gefallen, wenn Du fortgehst und mich in Ruhe läßt«, sagte ich, aber ich war meiner nicht mehr so sicher, wie ich ihn glauben machen wollte. Irgendetwas sah oder hörte ich an ihm mit meinen durch das Hungern geschärften Sinnen, es war erst in den Anfängen, es wuchs, es näherte sich und ich wußte schon: dieser Hund hat allerdings die Macht dich fortzutreiben, wenn Du Dir jetzt auch noch nicht vorstellen kannst, wie Du Dich jemals wirst erheben können. Und ich sah ihn, der auf meine grobe Antwort nur sanft den Kopf geschüttelt hatte, mit immer größerer Begierde an. »Wer bist Du?« fragte ich. »Ich bin ein Jäger«, sagte er. »Und warum willst Du mich nicht hier lassen?« fragte ich. »Du störst mich«, sagte er. »Ich kann nicht jagen, wenn Du hier bist.« »Versuch es«, sagte ich, »vielleicht wirst Du doch jagen können.« »Nein«, sagte er, »es tut mir leid, aber Du mußt fort.« »Laß heute das Jagen!« bat ich. »Nein«, sagte er, »ich muß jagen.« »Ich muß fortgehn, Du mußt jagen«, sagte ich, »lauter müssen. Verstehst Du es, warum wir müssen?« »Nein«, sagte er, »es ist daran aber auch nichts zu verstehn, es sind selbstverständliche natürliche Dinge.« »Doch nicht«, sagte ich, »es tut Dir ja leid, daß Du mich verjagen mußt, und dennoch tust Du es.« »So ist es«, sagte er. »So ist es«, wiederholte ich ärgerlich, »das ist keine Antwort. Welcher Verzicht fiele Dir leichter, der Verzicht auf die Jagd oder darauf mich wegzutreiben?« »Der Verzicht auf die Jagd«, sagte er ohne Zögern. »Nun also«, sagte ich, »hier ist doch ein Widerspruch.« »Was für ein Widerspruch denn?« sagte er. »Du lieber kleiner Hund, verstehst Du denn wirklich nicht daß ich muß? Verstehst Du denn das Selbstverständliche nicht?« Ich antwortete nichts mehr, denn ich merkte – und neues Leben durchfuhr mich dabei, Leben wie es der Schrecken gibt – ich merkte an unfaßbaren Einzelheiten, die vielleicht niemand außer mir hätte merken können, daß der Hund aus der Tiefe der Brust zu einem Gesange anhob. »Du wirst singen«, sagte ich. »Ja«, sagte er ernst, »ich werde singen, bald, aber noch nicht.« »Du beginnst schon«, sagte ich. »Nein«, sagte er, »noch nicht. Aber mach Dich bereit.« »Ich höre es schon, trotzdem Du es leugnest«, sagte ich zitternd. Er schwieg. Und ich glaubte damals etwas zu erkennen, was kein Hund je vor mir erfahren hat, wenigstens findet sich in der Überlieferung nicht die leiseste Andeutung dessen, und ich versenkte eilig in unendlicher Angst und Scham das Gesicht in der Blutlache vor mir. Ich glaubte nämlich zu erkennen, daß der Hund schon sang ohne es noch zu wissen, ja mehr noch, daß die Melodie, von ihm getrennt, nach eigenem Gesetz durch die Lüfte schwebte und über ihn hinweg, als gehöre er nicht dazu, nach mir, nur nach mir hin zielte. Heute leugne ich natürlich alle derartigen Erkenntnisse und schreibe sie meiner damaligen Überreiztheit zu, aber wenn es auch ein Irrtum war, so hat er doch eine gewisse Großartigkeit, ist die einzige wenn auch nur scheinbare Wirklichkeit die ich aus der Hungerzeit in diese Welt herübergerettet habe und zeigt zumindest, wie weit bei völligem Außer-sich-sein wir gelangen können. Und ich war wirklich völlig außer mir. Unter gewöhnlichen Umständen wäre ich schwer krank gewesen, unfähig mich zu rühren, aber der Melodie, die nun bald der Hund als die seine zu übernehmen schien, konnte ich nicht widerstehn. Immer stärker wurde sie; ihr Wachsen hatte vielleicht keine Grenzen und schon jetzt sprengte sie mir fast das Gehör. Das Schlimmste aber war, daß sie nur meinetwegen vorhanden zu sein schien, diese Stimme, vor deren Erhabenheit der Wald verstummte, nur meinetwegen, wer war ich, der ich noch immer hier zu bleiben wagte und mich vor ihr breitmachte in meinem Schmutz und Blut. Schlotternd erhob ich mich, sah an mir herab, »dieses wird doch nicht laufen«, dachte ich noch, aber schon flog ich von der Melodie gejagt in den herrlichsten Sprüngen dahin. Meinen Freunden erzählte ich nichts, gleich bei meiner Ankunft hätte ich wahrscheinlich alles erzählt, aber da war ich zu schwach, später schien es mir wieder nicht mitteilbar. Andeutungen, die zu unterdrücken ich mich nicht bezwingen konnte verloren sich spurlos in den Gesprächen. Körperlich erholte ich mich übrigens in wenigen Stunden, geistig trage ich noch heute die Folgen.

Meine Forschungen aber erweiterte ich auf die Musik der Hunde. Die Wissenschaft war gewiß auch hier nicht untätig, die Wissenschaft von der Musik ist, wenn ich gut berichtet bin, vielleicht noch umfangreicher, als jene von der Nahrung und jedenfalls fester begründet. Es ist das dadurch zu erklären, daß auf diesem Gebiet leidenschaftsloser gearbeitet werden kann als auf jenem, und daß es sich hier mehr um bloße Beobachtungen und Systemisierungen handelt, dort dagegen vor allem um praktische Folgerungen. Damit hängt zusammen, daß der Respekt vor der Musikwissenschaft größer ist als vor der Nahrungswissenschaft, die erstere aber niemals so tief ins Volk dringen konnte wie die zweite. Auch ich stand der Musikwissenschaft, ehe ich die Stimme im Wald gehört hatte, fremder gegenüber als irgendeiner andern. Zwar hatte mich schon das Erlebnis mit den Musikhunden auf sie hingewiesen, aber ich war damals noch zu jung, auch ist es nicht leicht an diese Wissenschaft auch nur heran zu kommen, sie gilt als besonders schwierig und schließt sich vornehm gegen die Menge ab. Auch war zwar die Musik bei jenen Hunden das zunächst Auffallendste gewesen, aber wichtiger als die Musik schien mir ihr verschwiegenes Wesen, für ihre schreckliche Musik fand sich vielleicht überhaupt keine Ähnlichkeit anderswo, ich konnte sie eher vernachlässigen, aber ihr Wesen begegnete mir von damals an in allen Hunden überall. In das Wesen der Hunde einzudringen, schienen mir aber Forschungen über die Nahrung am geeignetesten und ohne Umweg zum Ziele führend. Vielleicht hatte ich darin Unrecht. Ein Grenzgebiet der beiden Wissenschaften lenkte allerdings schon damals meinen Verdacht auf sich. Es ist die Lehre von dem die Nahrung herabrufenden Gesang. Wieder ist es hier für mich sehr störend, daß ich auch in die Musikwissenschaft niemals ernstlich eingedrungen bin und mich in dieser Hinsicht beiweitem nicht einmal zu den von der Wissenschaft immer besonders verachteten Halbgebildeten rechnen kann. Dies muß mir immer gegenwärtig bleiben. Vor einem Gelehrten würde ich, ich habe leider dafür Beweise, auch in der leichtesten wissenschaftlichen Prüfung sehr schlecht bestehn. Das hat natürlich, von den schon erwähnten Lebensumständen abgesehn, seinen Grund zunächst in meiner wissenschaftlichen Unfähigkeit, geringen Denkkraft, schlechtem Gedächtnis, und vor allem in dem Außerstandesein, das wissenschaftliche Ziel mir immer vor Augen zu halten. Das alles gestehe ich mir offen ein, sogar mit einer gewissen Freude. Denn der tiefere Grund meiner wissenschaftlichen Unfähigkeit scheint mir ein Instinkt und wahrlich kein schlechter Instinkt zu sein. Wenn ich bramarbasieren wollte, könnte ich sagen, daß gerade dieser Instinkt meine wissenschaftlichen Fähigkeiten zerstört hat, denn es wäre doch eine zumindest sehr merkwürdige Erscheinung, daß ich, der ich in den gewöhnlichen täglichen Lebensdingen, die gewiß nicht die einfachsten sind, einen erträglichen Verstand zeige und vor allem, wenn auch nicht die Wissenschaft, so doch die Gelehrten sehr gut verstehe, was an meinen Resultaten nachprüfbar ist, von vornherein unfähig gewesen sein sollte, die Pfote auch nur zur ersten Stufe der Wissenschaft zu erheben. Es war der Instinkt, der mich vielleicht gerade um der Wissenschaft willen, aber einer andern Wissenschaft als sie heute geübt wird, einer allerletzten Wissenschaft, die Freiheit höher schätzen ließ als alles andere. Die Freiheit! Freilich die Freiheit, wie sie heute möglich ist, ein kümmerliches Gewächs. Aber immerhin Freiheit, immerhin ein Besitz.

Ich entlief ihr. Ich lief den Abhang hinunter. Das hohe Gras hinderte mich im Laufen. Sie stand oben bei einem Baum und sah mir nach.

———————

Hier ist es unerträglich. Gestern sprach ich mit Jericho. Er sitzt in eine Ecke gedrückt und liest die Zeitung. Ich sagte: »Jericho, werden Sie für mich stimmen?« Er schüttelte nur den Kopf und las weiter. Ich sagte: »Ich will Ihre Stimme nicht als irgendeine beliebige Stimme. Ich werde doch keinesfalls genug Stimmen haben, mein Mißerfolg ist sicher. Aber

———————

Damals zur Zeit der Wahlen

———————

Ich war einmal auch mitten in der Wahlbewegung. Das ist aber nun schon viele Jahre her. Ein Kandidat hatte mich für die Wahlperiode zu schriftlichen Arbeiten aufgenommen. Ich erinnere mich natürlich nur noch sehr undeutlich an das Ganze

———————

Was baust Du? Ich will einen Gang graben. Es muß ein Fortschritt geschehn. Zu hoch oben ist mein Standort.

———————

Wir graben den Schacht von Babel.

———————

Nur drei Zickzackstriche blieben von ihm zurück. Wie war er vergraben gewesen in seine Arbeit. Und wie war er in Wirklichkeit gar nicht vergraben gewesen.

———————

Ein Strohhalm? Mancher hält sich an einem Bleistiftstrich über Wasser. Hält sich? Träumt als Ertrunkener von einer Rettung.

———————

Der Tod mußte ihn aus dem Leben herausheben, so wie man einen Krüppel aus dem Rollwagen hebt. Er saß so fest und schwer in seinem Leben wie der Krüppel im Rollwagen

Wie sich mein Leben verändert hat und wie es sich doch nicht
verändert hat im Grunde! Wenn ich jetzt zurückdenke und die
Zeiten mir zurückrufe, da ich noch inmitten der Hundeschaft
lebte, teilnahm an allem was sie bekümmert, ein Hund unter
Hunden, finde ich bei näherem Zusehn leicht, daß hier seit
jeher etwas nicht stimmte, immer eine kleine Bruchstelle
vorhanden war, ein leichtes Unbehagen inmitten der ehrwürdigsten volklichen Veranstaltungen mich befiel, ja
manchmal selbst im vertrauten Kreise, nein, nicht manchmal, sondern sehr oft, der bloße Anblick eines mir lieben
Mithundes, der bloße Anblick irgendwie neu gesehn, mich
verlegen, erschrocken, hilflos, ja mich verzweifelt machte.
Ich suchte mich gewissermaßen zu begütigen; Freunde, denen ich es eingestand, halfen mir; es kamen wieder ruhigere
Zeiten, Zeiten, in denen zwar jene Überraschungen nicht
fehlten, aber gleichmütiger aufgenommen, gleichmütiger
ins Leben eingefügt wurden, vielleicht traurig und müde
machten, aber im übrigen mich vor den andern bestehen
ließen, als einen zwar ein wenig kalten, zurückhaltenden,
ängstlichen, rechnerischen, aber alles in allem genommen
doch regelrechten Hund. Wie hätte ich auch ohne diese Erholungspausen das Alter erreichen können, dessen ich mich
jetzt erfreue, wie hätte ich mich durchringen können zu der
Ruhe, mit der ich die Schrecken meiner Jugend betrachte und
die Schrecken des Alters ertrage, wie hätte ich dazu kommen
können, die Folgerungen aus meiner, wie ich zugebe, unglücklichen oder, um es vorsichtiger auszudrücken, nicht
sehr glücklichen Anlage zu ziehn und ihnen entsprechend zu
leben, soweit die Kräfte reichen. Zurückgezogen, einsam,
nur mit meinen kleinen, dilettantischen, hoffnungslosen,
aber mir unentbehrlichen, also doch wohl trotz allem ge-
heime Hoffnung gebenden Untersuchungen beschäftigt, so
lebe ich, habe aber dabei von der Ferne den Überblick über

mein Volk nicht verloren, oft dringen Nachrichten zu mir, allerdings allmählich seltener, und auch ich lasse manchmal von mir hören. Man behandelt mich mit Achtung, man versteht meine Lebensweise nicht, aber nimmt sie mir nicht übel, und selbst junge Hunde, die ich hie und da in der Ferne vorüberlaufen sehe, eine neue Generation, an deren Kindheit ich mich kaum dunkel erinnere, versagen mir nicht den ehrerbietigen Gruß.

Man darf eben nicht außer Acht lassen, daß ich trotz meiner Sonderbarkeiten, die offen zutage liegen, doch bei weitem nicht völlig aus der Art schlage. Es ist ja, wenn ich's bedenke – und dies zu tun habe ich Zeit und Lust und Fähigkeit – mit der Hundeschaft überhaupt sonderbar bestellt. Es gibt außer uns Hunden vielerlei Arten von Geschöpfen ringsumher, arme, geringe, stumme, nur auf gewisse Schreie eingeschränkte Wesen; viele unter uns Hunden studieren sie, haben ihnen Namen gegeben, suchen ihnen zu helfen, sie zu erziehn, zu veredeln udgl.; mir sind sie gleichgültig, wenn sie mich nicht etwa zu stören versuchen oder ein guter Bissen von ihnen zu erhoffen ist (in unserer Gegend ist dies sehr selten), ich verwechsle sie, ich sehe über sie hinweg, eines ist aber zu auffallend, als daß es selbst mir hätte entgehen können, wie wenig sie nämlich, mit uns Hunden verglichen, zusammenhalten, wie fremd und stumm und mit einer geheimen Feindseligkeit sie aneinander vorübergehn, wie nur das gemeinste Interesse sie ein wenig äußerlich verbinden kann und wie selbst aus diesem Interesse oft noch Haß und Streit entsteht. Wir Hunde dagegen! Man darf doch wohl sagen, daß wir alle förmlich in einem einzigen Haufen leben, alle, so unterschieden wir sonst sind durch die unzähligen und tief gehenden Unterscheidungen, die sich im Laufe der Zeiten ergeben haben. Alle in einem Haufen! Es drängt uns zueinander und nichts kann uns hindern, diesem Drängen immer wieder Ausdruck zu geben; alle unsere Gesetze und Einrichtungen, die wenigen, die ich noch kenne und die zahllosen, die ich vergessen oder nie erfahren habe, gehen zurück auf diese Sehnsucht nach dem größten Glück, dessen wir fähig sind, dem warmen Beisammensein. Nun aber das Gegenspiel hiezu. Kein Geschöpf lebt meines Wissens so weithin zerstreut wie wir Hunde, keines hat soviele gar nicht übersehbare Unterschiede der Klassen, der Arten, der Beschäftigungen; wir die wir zusammenhalten wollen – und immer wieder gelingt es uns trotz allem, wenn auch nur im Kleinen und selbst dies nur in überschwänglichen Augenblicken – gerade wir leben weit von einander getrennt, in eigentümlichen, oft schon dem Nebenhund unverständlichen Berufen, festhaltend an Vorschriften, die nicht die der Hundeschaft sind, ja eher gegen sie gerichtet.

Was für schwierige Dinge das sind, Dinge, an die man lieber nicht rührt – ich verstehe auch diesen Standpunkt, verstehe ihn besser als den meinen – und doch Dinge, denen ich ganz und gar verfallen bin. Warum tue ich es nicht wie die andern, lebe einträchtig mit meinem Volke und nehme das was die Eintracht stört, stillschweigend hin; vernachlässige es als kleinen Fehler in der großen Rechnung und bleibe immer zugekehrt dem, was glücklich bindet, nicht dem was, freilich immer wieder unwiderstehlich, uns aus dem Volkskreis zerrt.

Meine nie mehr ganz zu stillende Unruhe begann, nach mancherlei Andeutungen in noch früherer Zeit, mit einem bestimmten Vorfall in meiner Jugend. Ich war damals in einer jener seligen unerklärlichen Aufregungen, wie sie wohl jeder als Kind erlebt; ich war noch ein ganz junger Hund, etwa am Ende des Knabenalters; alles gefiel mir, alles hatte Bezug zu mir; ich glaubte daß große Dinge um mich vorgehn, deren Anführer ich sei, denen ich meine Stimme leihen müsse;

Dinge, die elend am Boden liegen bleiben müßten, wenn ich nicht für sie lief, für sie meinen Körper schwenkte, nun, Phantasien der Kinder, die mit den Jahren sich verflüchtigen, aber damals waren sie sehr stark, ich war ganz in ihrem Bann und es geschah dann auch freilich etwas Außerordentliches, was den wilden Erwartungen Recht zu geben schien. An sich war es nichts Außerordentliches, später habe ich solche und noch viel merkwürdigere Dinge oft genug gesehn, aber damals traf es mich mit dem starken, ersten, unverwischbaren, Richtung gebenden Eindruck.

Ich begegnete nämlich einer kleinen Hundegesellschaft, vielmehr ich begegnete ihr nicht, sie kam auf mich zu. Ich war damals lange durch die Finsternis gelaufen, in Vorahnung großer Dinge – eine Vorahnung, die freilich leicht täuschte, denn ich hatte sie immer – war lange durch die Finsternis gelaufen, kreuz und quer, blind und taub für alles, geführt von nichts, als dem unbestimmten Verlangen, machte plötzlich Halt in dem Gefühl, hier sei ich am rechten Ort, sah auf und es war überheller Tag, nur ein wenig dunstig, alles voll durcheinanderwogender berauschender Gerüche, ich begrüßte den Morgen mit wirren Lauten, da – als hätte ich sie heraufbeschworen – traten aus irgendwelcher Finsternis unter Hervorbringung eines entsetzlichen Lärms, wie ich ihn noch nie gehört hatte, sieben Hunde ans Licht.

Hätte ich nicht deutlich gesehn, daß es Hunde waren und daß sie selbst diesen Lärm mitbrachten, trotzdem ich nicht erkennen konnte wie sie ihn erzeugten – ich wäre sofort weggelaufen, so aber blieb ich. Damals wußte ich noch fast nichts von der nur dem Hundegeschlecht verliehenen schöpferischen Musikalität, sie war meiner sich erst langsam entwickelnden Beobachtungskraft bisher entgangen, natürlicher Weise, hatte mich doch die Musik schon seit meiner

Säuglingszeit umgeben, als ein mir selbstverständliches unentbehrliches Lebenselement, welches von meinem sonstigen Leben zu sondern nichts mich zwang; nur in Andeutungen, dem kindlichen Verstand entsprechend, hatte man mich darauf hinzuweisen versucht, umso überraschender, geradezu niederwerfend waren jene sieben großen Musikkünstler für mich.

Sie redeten nicht, sie sangen nicht, sie schwiegen im allgemeinen fast mit einer gewissen Verbissenheit, aber aus dem leeren Raum zauberten sie die Musik empor. Alles war Musik. Das Heben und Niedersetzen ihrer Füße, bestimmte Wendungen des Kopfes, ihr Laufen und ihr Ruhen, die Stellungen die sie zueinander einnahmen, die reigenmäßigen Verbindungen, die sie mit einander eingingen, indem etwa einer die Vorderpfoten auf des andern Rücken stützte und sie sich dann so ordneten, daß der erste aufrecht die Last aller andern trug oder indem sie mit ihren nah am Boden hinschleichenden Körpern verschlungene Figuren bildeten und niemals sich irrten; nicht einmal der letzte, der noch ein wenig unsicher war, nicht immer gleich den Anschluß an die andern fand, gewissermaßen im Anschlagen der Melodie manchmal schwankte, aber doch unsicher war nur im Vergleich mit der großartigen Sicherheit der andern und selbst bei viel größerer, ja bei vollkommener Unsicherheit nichts hätte verderben können, wo die andern, große Meister, den Takt unerschütterlich hielten.

Aber man sah sie ja kaum, man sah sie ja alle kaum. Sie waren hervorgetreten, man hatte sie innerlich begrüßt als Hunde, sehr beirrt war man zwar von dem Lärm, der sie begleitete, aber es waren doch Hunde, Hunde wie ich und Du, man beobachtete sie gewohnheitsmäßig, wie Hunde, denen man auf dem Weg begegnet, man wollte sich ihnen nähern, Grüße tauschen, sie waren auch ganz nah, Hunde,

zwar viel älter als ich und nicht von meiner langhaarigen
wolligen Art, aber doch auch nicht allzu fremd an Größe und
Gestalt, recht vertraut vielmehr, viele von solcher oder ähnlicher

Den Atem ziehst Du ein.

───────────

Die Möglichkeit erstickt

───────────

Winterliches Land. Ich erkannte es kaum wieder.

───────────

Die Säule steht. Der hinter Wolken fliegende Mond.

───────────

Ich spielte auf dem Klavier. Alte kleine Dinge aus der Jugendzeit. Über das damals Gelernte bin ich nie mehr hinausgekommen.

───────────

Es kamen zwei Soldaten aus dem Tal heraufgestiegen

───────────

Trübung, Trübung und was sich zwischen ihnen hindurchzwängt an bleichem Licht.

───────────

»Hast Du die Kleine nicht im Wald getroffen?« »Du ließest sie allein gehn?« »Ich hatte keine Zeit.«

───────────

Die zum Sterben Bereiten, sie lagen am Boden, sie lehnten an den Möbeln, sie klapperten mit den Zähnen, sie tasteten, ohne sich vom Platz zu rühren, die Wand ab.

───────────

Ich höre Dir zu. Ach höre nicht zu

———————

Es ist etwa fünf Jahre her, daß wir einander in Dresden, in der
———straße trafen.

———————

Blütenweiß, blütenweiß

———————

Nur ein Strich

———————

Das Teater ist leer. Es ist am Vormittag. Der Souffleur hat
gestern abend

———————

Im großen Sprung fiel fast

———————

Mein linker Arm beim Erwachen als Holzspielzeug oder
Fetisch bemalt und grausam zerschnitzt

Verrammle das Tor.

Bilder von der Verteidigung eines Hofes

Es war ein einfacher und lückenloser Holzzaun von nicht ganz Manneshöhe. Dahinter standen drei Männer, deren Gesichter man über den Zaun hinausragen sah, der mittlere war der größte, die beiden anderen, um mehr als einen Kopf kleiner, drängten sich an ihn, es war eine einheitliche Gruppe. Diese drei Männer verteidigten den Zaun oder vielmehr den ganzen Hof, der von ihm umschlossen war. Es waren noch andere Männer da, aber unmittelbar beteiligten sie sich an der Verteidigung nicht. Einer saß an einem Tischchen mitten im Hof, da es warm war, hatte er sich den Uniformrock ausgezogen und über die Sessellehne gehängt. Er hatte vor sich einige kleine Zettel, die er mit großen, breiten, viel Tinte verbrauchenden Schriftzügen beschrieb. Hie und da sah er auf eine kleine Zeichnung, die weiter oben mit Reißnägeln an der Tischplatte befestigt war, es war ein Plan des Hofes und der Mann, welcher der Kommandant war, verfaßte nach diesem Plane die Anordnung für die Verteidigung. Manchmal richtete er sich halb auf, um nach den drei Verteidigern zu sehn und über den Zaun hinweg ins freie Land. Auch was er dort sah nutzte er für seine Anordnungen aus. Er arbeitete eilig, wie es die gespannte Lage erforderte. Ein kleiner bloßfüßiger Junge, der in der Nähe im Sande spielte, trug, wenn es so weit war und der Kommandant ihn rief, die Zettel aus. Doch mußte ihm der Kommandant immer zuerst mit dem Uniformrock die vom feuchten Sande schmutzigen Hände reinigen, ehe er ihm die Zettel gab. Der Sand war feucht vom

Wasser das aus einem großen Bottich aufspritzte, in welchem ein Mann Militärwäsche wusch, auch eine Leine hatte er von einer Latte des Zauns zu einem schwachen Lindenbaum gezogen, der verlassen im Hof stand. Auf dieser Leine war Wäsche zum Trocknen ausgehängt und als jetzt der Kommandant sein Hemd, das ihm schon am schwitzenden Leibe klebte, plötzlich über den Kopf hin auszog und mit kurzem Zuruf dem Mann beim Bottich zuwarf, nahm dieser ein trockenes Hemd von der Leine und übergab es seinem Vorgesetzten. Nicht weit vom Bottich im Baumschatten saß ein junger Mann schaukelnd auf einem Sessel, unbekümmert um alles was ringsumher geschah, die Blicke verloren zum Himmel und zum Flug der Vögel gerichtet und übte auf einem Waldhorn militärische Signale. Das war notwendig wie etwas anderes, aber manchmal wurde es dem Kommandanten zuviel, dann winkte er, ohne von seiner Arbeit aufzusehn, dem Trompeter zu, daß er aufhöre, und als das nicht half drehte er sich um und schrie ihn an, dann war ein Weilchen lang Stille, bis der Trompeter leise, zum Versuch nur, wieder zu blasen begann und, als es ihm durchging, allmählich wieder den Ton zur früheren Stärke anschwellen ließ. Der Vorhang des Giebelfensters war herabgelassen, was nichts Auffallendes hatte, denn alle Fenster auf dieser Hausseite waren irgendwie verdeckt, um sie vor dem Einblick und Angriff der Feinde zu schützen, aber hinter jenem Vorhang duckte sich die Tochter des Pächters, blickte auf den Trompeter hinunter und die Klänge des Waldhorns entzückten sie so, daß sie manchmal nur mit geschlossenen Augen, die Hand am Herzen, sie in sich aufnehmen konnte. Eigentlich hätte sie in der großen Stube im Hinterhaus die Mägde beaufsichtigen sollen, die dort Charpie zupften, aber sie hatte es dort, wohin die Töne nur schwach, niemals Befriedigung bringend, immer nur Sehnsucht erweckend, gedrungen waren, nicht ausgehalten und sich durch das verlassene dumpfe Haus hier heraufgestohlen. Manchmal beugte sie sich auch ein wenig weiter vor, um zu sehn, ob der Vater noch bei seiner Arbeit sitze und nicht etwa das Gesinde revidieren gegangen sei, denn dann wäre auch ihres Bleibens hier nicht mehr gewesen. Nein, er saß noch immer, aus seiner Pfeife paffend, auf der Steinstufe vor der Haustür und schnitt Schindeln, ein großer Haufe fertiger und halbfertiger Schindeln sowie rohen Materials lag um ihn herum. Das Haus und das Dach würde leider unter dem Kampfe leiden und man mußte Vorsorge treffen. Aus dem Fenster neben der Haustür, das bis auf eine kleine Lücke mit Brettern verschlagen war, kam Rauch und Lärm, dort war die Küche und die Pächterin beendigte eben mit den Militärköchen das Mittagessen. Der große Herd reichte dafür nicht aus, es waren daher auch noch zwei Kessel aufgestellt worden, aber auch sie genügten nicht, wie sich jetzt zeigte: dem Kommandanten war es sehr wichtig, die Mannschaft reichlich zu nähren. Man hatte sich deshalb entschlossen noch einen dritten Kessel zur Hilfe zu nehmen, da er aber ein wenig schadhaft war, war ein Mann auf der Gartenseite des Hauses damit beschäftigt, ihn zuzulöten. Er hatte es ursprünglich vor dem Hause zu machen gesucht, aber der Kommandant hatte das Hämmern nicht ertragen können und man hatte den Kessel wegrollen müssen. Die Köche waren sehr ungeduldig, immer wieder schickten sie jemanden nachzusehn, ob der Kessel schon fertig sei, aber er war noch nicht fertig, für das heutige Mittagessen kam er nicht mehr in Betracht und man würde sich einschränken müssen. Zuerst wurde dem Kommandanten serviert. Trotzdem er es sich einigemale und sehr ernsthaft verbeten hatte, ihm etwas besonderes zu kochen, hatte sich die Hausfrau nicht entschließen können, ihm die gewöhnliche Mannschaftskost zu geben, auch wollte sie es niemand anderem anvertrauen ihn zu bedienen, zog eine schöne weiße Schürze an, stellte auf ein silbernes Tablett den Teller mit kräftiger Hühnersuppe und trug es dem Kommandanten in den Hof hinaus, da man nicht erwarten konnte, daß er seine Arbeit unterbrechen und ins Haus essen gehn werde. Er erhob sich gleich, sehr höflich, als er die Hausfrau selbst herankommen sah, mußte ihr aber sagen, daß er keine Zeit zum Essen habe, weder Zeit noch Ruhe, die Hausfrau bat mit geneigtem Kopf, Tränen in den aufwärts schauenden Augen und erreichte damit, daß der Kommandant noch immer stehend, aus dem noch immer in den Händen der Hausfrau befindlichen Teller lächelnd einen Löffel voll Suppe nahm. Damit war aber auch der äußersten Höflichkeit Genüge getan, der Kommandant verbeugte sich und setzte sich zu seiner Arbeit, er merkte wahrscheinlich kaum, daß die Hausfrau noch ein Weilchen lang neben ihm stand und dann seufzend in die Küche zurückging. Ganz anders aber war der Appetit der Mannschaften. Kaum erschien in der Lücke des Küchenfensters das wild-bärtige Gesicht eines Kochs, der mit einer Pfeife das Zeichen gab, daß das Mittagessen ausgeteilt werde, wurde es überall lebendig, lebendiger als es dem Kommandanten lieb war. Aus einem Holzschuppen zogen zwei Soldaten einen Handwagen, der eigentlich nur ein großes Faß darstellte, in welches aus der Küchenlücke in breitem Strom die Suppe geschüttet wurde für jene Mannschaften, welche ihren Platz nicht verlassen durften und denen daher das Essen zugeführt wurde. Zuerst fuhr das Wägelchen zu den Verteidigern am Zaun, es wäre dies wohl auch geschehn ohne daß der Kommandant mit dem Finger ein Zeichen hätte geben müssen, denn jene drei waren augenblicklich am meisten dem Feind ausgesetzt und das verstand auch der einfache Mann zu würdigen, vielleicht mehr als der Offizier, aber dem Kommandanten lag vor allem daran, die Verteilung zu beschleunigen und die lästige Unterbrechung der Verteidigungsarbeiten, welche das Essen verursachte, möglichst abzukürzen, sah er doch wie selbst die drei, sonst musterhafte Soldaten, sich jetzt mehr um den Hof und das Wägelchen als um das Vorfeld des Zaunes bekümmerten. Sie wurden schnell aus dem Wägelchen versorgt, das dann weiter den Zaun entlang geführt wurde, denn alle zwanzig Schritte etwa hockten unten am Zaun drei Soldaten, bereit, wenn es nötig werden sollte, so wie jene ersten drei aufzustehn und sich dem Feind zu zeigen. Inzwischen kam in langer Reihe aus dem Haus die Reserve zur Küchenlücke, jeder Mann die Schüssel in der Hand. Auch der Trompeter näherte sich, zog zum Leidwesen der Pächterstochter, die nun wieder zu den Mägden zurückkehrte, die Schüssel unter seinem Sessel hervor und brachte statt ihrer sein Waldhorn dort unter. Und in dem Wipfel der Linde begann ein Rauschen, denn dort saß ein Soldat, der die Feinde durch ein Fernrohr zu beobachten hatte, und der trotz seiner wichtigen unentbehrlichen Arbeit von dem Führer des Suppenwagens wenigstens vorläufig vergessen worden war. Das erbitterte ihn umso mehr, als sich einige Soldaten, nichtstuerische Reservemannschaften, um die Mahlzeit besser zu genießen, rund um den Stamm niedergesetzt hatten und der Dampf und Duft der Suppe zu ihm emporstieg. Zu schreien wagte er nicht, aber im Gezweig schlug er um sich und stieß mehrmals das Fernrohr, um auf sich aufmerksam zu machen, durch das Laubwerk hinab. Alles vergebens. Er gehörte zu den Abnehmern des Wägelchens und mußte warten, bis es nach beendigter Rundfahrt zu ihm kam. Das dauerte freilich lange, denn der Hof war groß, wohl vierzig Posten zu drei Mann waren zu versorgen, und als das Wägelchen, von den übermüdeten Soldaten gezogen, endlich zur Linde kam, war schon nur wenig im Faß und besonders die Fleischstücke waren spärlich. Zwar nahm der Späher den Rest noch gern

an, als er ihm in einer Schüssel mit einer Hakenstange herauf-
gereicht wurde, glitt dann aber ein wenig am Stamm herab
und stieß wütend – dies war sein Dank – den Fuß in das
Gesicht des Soldaten, der ihn bedient hatte. Dieser, begreif-
licherweise außer sich vor Erregung, ließ sich von seinem
Kameraden hochheben, war im Nu oben im Baum und nun
begann ein von unten unsichtbarer Kampf, der sich nur im
Schwanken der Äste, dumpfem Stöhnen, Umherfliegen der
Blätter äußerte, bis dann endlich das Fernrohr zu Boden fiel
und nun sofort Ruhe eintrat. Der Kommandant hatte, von
andern Dingen sehr in Anspruch genommen – draußen im
Felde schien verschiedenes vorzugehn – glücklicherweise
nichts bemerkt, still kletterte der Soldat herunter, freund-
schaftlichst wurde das Fernrohr hinaufgereicht und alles war
wieder gut, nicht einmal von der Suppe war nennenswert
viel verlorengegangen, denn der Späher hatte vor dem
Kampf die Schüssel an den obersten Zweigen sorgfältig
windsicher befestigt.

Ich schreibe nun nieder was ich gehört habe, was mir anvertraut worden ist. Doch ist es mir nicht anvertraut worden als Geheimnis, das ich bewahren müsse, anvertraut unmittelbar, wurde mir nur die Stimme die sprach, das Übrige ist kein Geheimnis, ist vielmehr Spreu und das was nach allen Seiten fliegt, wenn Arbeit getan wird, ist das was mitgeteilt werden kann und um die Barmherzigkeit bittet, mitgeteilt zu werden, denn es hat nicht die Kraft verlassen stillzubleiben, wenn das, was ihm Leben gab, verrauscht ist.

Gehört habe ich aber folgendes:

Irgendwo in Südböhmen auf einer waldigen Anhöhe, etwa zwei Kilometer von einem Fluß entfernt, den man leicht von hier aus sehen würde, wenn nicht der Wald die Aussicht benähme, liegt ein kleines Haus. Dort wohnt ein alter Mann. Äußere Würde des Alters ist ihm nicht zuteil geworden. Er ist klein, das eine Bein ist gerade, das andere aber stark nach außen gebogen. Das Gesicht ist schütter aber überall von weißem, gelbem, hie und da auch wohl schwärzlichem Bart bewachsen, die Nase ist plattgedrückt und ruht auf der ein wenig vorgeworfenen Oberlippe, von ihr fast geschlossen, auf. Die Lider hängen tief über den kleinen

Besonders in den ersten Gymnasialklassen kam ich sehr schlecht fort. Für meine Mutter, die schweigsame stolze, ihr unruhiges Wesen immerfort mit äußerster Kraft beherrschende Frau, war das eine Qual. Sie hatte von meinen Fähigkeiten große Vorstellungen, die sie aber aus Scham niemandem eingestand und für deren Besprechung und Bekräftigung sie deshalb auch keinen Vertrauten hatte, umso quälender waren für sie meine Mißerfolge, die allerdings nicht verschwiegen werden konnten, sich gewissermaßen von selbst eingestanden und eine widerliche Menge Vertrauter erzeugten, nämlich das ganze Professorenkollegium und die Mitschülerschaft. Ich wurde ihr ein trauriges Rätsel. Sie strafte mich nicht, sie zankte nicht; daß ich es an Fleiß wenigstens nicht allzusehr fehlen ließ, sah sie; zuerst glaubte sie an eine Verschwörung der Professoren gegen mich und diesen Glauben hat sie niemals ganz verlassen, aber der Übertritt in ein anderes Gymnasium und mein fast noch schlechteres Fortkommen an diesem, erschütterten ihren Glauben an die Feindseligkeit der Professoren doch ein wenig, den Glauben an mich allerdings nicht. Ich aber lebte unter ihren traurig fragenden Blicken mein unbefangenes Kinderleben weiter. Ich hatte keinen Ehrgeiz; fiel ich nicht durch, war ich zufrieden und wäre ich durchgefallen, eine Drohung die während des ganzen Schuljahres nicht aufhörte,

---

In der Stadt wird immerfort gebaut. Nicht um sie zu erweitern, sie genügt den Bedürfnissen, seit langer Zeit sind ihre

Grenzen unverändert, ja es scheint eine gewisse Scheu davor zu bestehn sie zu vergrößern, lieber schränkt man sich ein, verbaut Plätze und Gärten, setzt neue Stockwerke auf alte Häuser, aber tatsächlich sind diese Neubauten auch gar nicht der Hauptteil des fortwährenden Baubetriebs. Dieser richtet sich vielmehr, um es vorläufig so auszudrücken, darauf das Bestehende zu sichern. Nicht daß man früher schlechter gebaut hätte als heute und die alten Fehler nun immerfort verbessern müßte. Eine gewisse Nachlässigkeit – es ist schwer zu sondern, was daran Leichtsinn, was schwerblütige Unruhe ist – herrscht zwar bei uns immer, aber gerade beim Bauen hat sie die wenigste Gelegenheit sich zu äußern. Wir sind doch in dem Land der Steinbrüche, bauen fast nur aus Stein, selbst Marmor steht zur Verfügung und was beim Bauen die Menschen versäumen mögen, macht die Beständigkeit und Unverrückbarkeit des Materials wieder gut. Auch gibt es in Hinsicht des Bauens keinen Unterschied zwischen den Zeiten, von altersher gelten die gleichen Bauregeln und wenn sie infolge des Volkscharakters nicht immer streng beachtet werden, so geschieht auch dies unverändert und gilt für die ältesten Bauten wie für die neuesten. So steht z. B. auf dem Romberg vor der Stadt eine Ruine, es sind die Reste eines Landhauses, das hier vor mehr als tausend Jahren gebaut worden sein soll. Ein reicher, alt und einsam gewordener Kaufmann soll es sich haben erbauen lassen, gleich nach seinem Tode soll es verfallen sein, es findet sich bei uns nicht leicht einer, der so weit außerhalb der Stadt wohnen wollte. So war der Bau der Zerstörung durch die Jahrhunderte preisgegeben und deren Arbeit ist allerdings sorgfältiger als die der Bauleute. Wenn man heute an einem stillen Sonntag – man wird auch auf dem Weg durch das Gestrüpp des Bergabhanges kaum durch Begegnungen gestört – dort hinauf wandert und die Reste betrachtet, findet man nur paar

Grundmauern, die höchste noch erreicht nicht Manneshöhe, dann ist irgendwo in das harte Erdreich durch den Druck der Zeiten ein feines, vielfach gebrochenes Säulchen eingebettet und von altem fast schwarzem Epheu überzogen blinkt mehr erraten als erkannt ein wertloser Torso einer Statue hervor. Das ist wohl alles, bis auf zwei, drei kleine, förmlich zusammengewachsene felsenharte Schutthaufen und auf dem Abhang hie und da paar in den Boden eingegrabene Steine. Sonst ist alles weggeräumt, unverständlich wohin, so als wäre es vom Wind zerzaust und in die Lüfte verstreut worden.

———————

Armes verlassenes Haus! Warst Du je bewohnt, dann sind die Spuren dessen unbegreiflich gut verwischt

———————

Ich war völlig verirrt in einem Wald. Unverständlich verirrt, denn noch vor kurzem war ich zwar nicht auf einem Weg, aber in der Nähe des Weges gegangen, der mir auch immer sichtbar geblieben war. Nun aber war ich verirrt, der Weg war verschwunden, alle Versuche ihn wiederzufinden waren mißlungen. Ich setzte mich auf einen Baumstumpf und wollte meine Lage überdenken, aber ich war zerstreut, dachte immer an anderes, als an das Wichtigste, träumte an den Sorgen vorbei. Dann fielen mir die reichbehängten Heidelbeerpflanzen rings um mich auf, ich pflückte von ihnen und aß.

———————

Ich wohnte im Hotel Edthofer, Albian oder Cyprian Edthofer oder noch anders, ich kann mich an den ganzen Namen nicht mehr erinnern, ich würde es wohl auch nicht wieder auffinden, trotzdem es ein sehr großes Hotel war, übrigens auch vorzüglich eingerichtet und bewirtschaftet. Ich weiß auch nicht mehr, warum ich, trotzdem ich kaum länger als eine Woche dort gewohnt habe, fast jeden Tag das Zimmer wechselte, ich wußte daher oft meine Zimmernummer nicht und mußte, wenn ich während des Tages oder am Abend nachhause kam das Stubenmädchen nach meiner jeweiligen Zimmernummer fragen. Allerdings lagen alle Zimmer, die für mich in Betracht kamen, in einem Stock und überdies auf einem Gang. Es waren nicht viele Zimmer, herumirren mußte ich nicht. War etwa nur dieser Gang für Hotelzwecke bestimmt, das übrige Haus aber für Mietwohnungen oder anderes? Ich weiß es nicht mehr, vielleicht wußte ich es auch damals nicht, ich kümmerte mich nicht darum. Aber es war doch unwahrscheinlich, daß große Haus trug in großen, weit von einander befestigten, nicht sehr leuchtenden, eher rötlich-matten Metallbuchstaben das Wort Hotel und den Namen des Besitzers. Oder sollte nur der Name des Besitzers dort gestanden sein ohne die Bezeichnung Hotel? Es ist möglich und das würde dann freilich vieles erklären. Aber noch heute aus der unklaren Erinnerung heraus würde ich mich doch eher dafür entscheiden, daß Hotel dort gestanden ist. Es verkehrten viele Offiziere im Haus. Ich war natürlich meist den ganzen Tag in der Stadt, hatte allerlei zu tun und so vieles zu sehn und hatte also nicht viel Zeit das Hotelgetriebe zu beobachten, aber Offiziere sah ich dort oft. Allerdings war nebenan eine Kaserne, vielmehr sie war nicht eigentlich nebenan, die Verbindung zwischen dem Hotel und der Kaserne muß anders gewesen sein, sie war sowohl loser als enger. Das ist heute nicht mehr leicht zu beschreiben, ja schon damals wäre es nicht leicht gewesen, ich habe mich nicht ernstlich bemüht, das festzustellen, trotzdem mir die Unklarheit manchmal Schwierigkeiten verursachte. Manchmal nämlich wenn ich zerstreut von dem Lärm der Großstadt nachhause kam, konnte ich den Eingang zum Hotel nicht gleich finden. Es ist richtig, der Eingang zum Hotel scheint sehr klein gewesen zu sein, ja es hat vielleicht – trotzdem das freilich sonderbar gewesen wäre – gar keinen eigentlichen Hoteleingang gegeben, sondern man mußte wenn man ins Hotel wollte, durch die Tür der Restauration gehn. Nun mag es also so gewesen sein, aber selbst die Tür der Restauration konnte ich nicht immer auffinden. Manchmal wenn ich vor dem Hotel zu stehen glaubte, stand ich in Wahrheit vor der Kaserne, es war zwar ein ganz anderer Platz, stiller, reiner als der vor dem Hotel, ja totenstill und vornehm-rein, aber doch so, daß man die zwei verwechseln konnte. Man mußte erst um eine Ecke gehn und dann erst war man vor dem Hotel. Aber es scheint mir jetzt, daß es manchmal, freilich nur manchmal anders war, daß man auch von jenem stillen Platz aus – etwa mithilfe eines Offiziers, der den gleichen Weg ging – die Hoteltür gleich finden konnte undzwar nicht etwa eine andere, eine zweite Tür, sondern eben die eine gleiche Tür, welche auch den Eingang zur Restauration bildete, eine schmale, innen mit einem schönen weißen bänderge-schmückten Vorhang verdeckte, äußerst hohe Tür. Dabei waren Hotel und Kaserne zwei grundverschiedene Gebäude, das Hotel hoch im üblichen Hotelstil, allerdings mit einem Einschlag von Zinshaus, die Kaserne dagegen ein romani-sches Schlößchen, niedrig aber weiträumig. Die Kaserne erklärte die fortwährende Anwesenheit von Offizieren, da-gegen habe ich Mannschaften nie gesehn. Wie ich es erfahren habe, daß das scheinbare Schlößchen eine Kaserne war, weiß ich nicht mehr, Ursache mich mit ihr zu beschäftigen, hatte ich aber wie erwähnt öfters, wenn ich, ärgerlich die Hotel-türe suchend, mich auf dem stillen Platze herumtrieb. War ich aber einmal oben im Gang, war ich geborgen. Ich fühlte mich dort sehr heimisch und war glücklich in der großen fremden Stadt einen solchen behaglichen Ort gefunden zu haben.

———————

Ich suchte ein Kraut im Walde

———————

Man hat mich gewarnt, rechtzeitig, ja sogar sehr vorzeitig. Merkwürdig ist die feine Witterung mancher Leute.

Es ist jetzt an vierzig Jahre her, daß ich in das Tuchgeschäft Seligmann eintrat. Damals führte noch der alte Seligmann das Geschäft in voller Kraft

———————

Warum machst du mir Vorwürfe böser Mann? Ich kenne Dich nicht, ich sehe Dich jetzt zum ersten Mal. Du hättest mir Geld gegeben, daß ich Dir aus diesem Geschäft Zuckerwerk hole? Nein, das ist gewiß ein Irrtum, Du hast mir kein Geld gegeben. Verwechselst Du mich nicht mit meinem Kameraden Fritz? Er sieht mir aber allerdings nicht ähnlich. Davor daß Du es dem Lehrer in der Schule sagen wirst, fürchte ich mich gar nicht. Er kennt mich und wird die Anschuldigung nicht glauben. Und meine Eltern werden Dir das Geld ganz gewiß nicht ersetzen, warum denn auch? Da ich doch nichts von Dir bekommen habe. Und nun laß mich gehn. Nein Du darfst mir nicht nachgehn, sonst sage ich es dem Polizeimann. Ah, zum Polizeimann willst du nicht gehn,

Fort von hier, nur fort von hier! Du mußt mir nicht sagen, wohin Du mich führst. Wo ist Deine Hand, ach ich kann sie im Dunkel nicht ertasten. Hielte ich doch nur schon Deine Hand, ich glaube Du würdest mich dann nicht verwerfen. Hörst Du mich? Bist Du überhaupt im Zimmer. Vielleicht bist Du gar nicht hier. Was sollte Dich auch herlocken in das Eis und den Nebel des Nordens, wo man Menschen gar nicht vermuten sollte. Du bist nicht hier, Du bist ausgewichen diesen Orten. Ich aber stehe und falle mit der Entscheidung darüber, ob du hier bist oder nicht

———————

Daß Leute die hinken dem Fliegen näher zu sein glauben als Leute die gehn. Und dabei spricht sogar manches für ihre Meinung. Wofür spräche nicht manches?

———————

Traurig lief des Alten Magd vom Berg, trug den Korb mit Äpfeln voll beladen

———————

Ich habe meinen Verstand in die Hand vergraben, fröhlich, aufrecht trage ich den Kopf, aber die Hand hängt müde hinab, der Verstand zieht sie zur Erde. Sieh nur die kleine, harthäutige, aderndurchzogene, faltenzerrissene, hochädrige, fünffingrige Hand, wie gut daß ich den Verstand in diesen unscheinbaren Behälter retten konnte. Besonders vorzüglich ist, daß ich zwei Hände habe. Wie im Kinderspiel frage ich: In welcher Hand habe ich meinen Verstand, niemand kann es erraten, denn ich kann durch Falten der Hände im Nu den Verstand aus einer Hand in die andere übertragen.

———————

Wiederum, wiederum, weit verbannt, weit verbannt.
Berge, Wüste, weites Land
gilt es zu durchwandern

———————

Sieh nur sieh nur immer wieder reift des bösen Mannes Kleid.

———————

Ein Wolkenring, schwebend

———————

Ich bin ein Jagdhund, Karo ist mein Name. Ich hasse alle und alles. Ich hasse meinen Herrn, den Jäger, hasse ihn trotzdem er, die zweifelhafte Person dessen gar nicht wert ist.

Träumend hing die Blume am hohen Stengel. Abenddämmerung umzog sie.

Es war kein Balkon, nur statt des Fensters eine Tür, die hier im dritten Stockwerk unmittelbar ins Freie führte. Sie war jetzt offen an dem Frühlingsabend. Ein Student ging lernend im Zimmer auf und ab, kam er zur Fenstertür strich er immer mit der Sohle draußen über ihre Schwelle, so wie man flüchtig mit der Zunge an etwas Süßem leckt, das man sich für spätere Zeiten zurückgelegt hat.

Die Mannigfaltigkeiten, die sich mannigfaltig drehen in den Mannigfaltigkeiten des einen Augenblicks, in dem wir leben. Und noch immer ist der Augenblick nicht zuende, sieh nur!

Fern, fern geht die Weltgeschichte vor sich, die Weltgeschichte Deiner Seele.

Die allgemeine Geschäftslage ist so schlecht, daß ich manchmal, wenn ich im Bureau Zeit erübrige, selbst die Mustertasche nehme, um wichtigere Kunden persönlich zu besuchen. Unter anderem hatte ich mir schon längst vorgenommen, einmal zu K. zu gehn, mit dem ich früher in ständiger Geschäftsverbindung gewesen bin, die sich aber im letzten

Jahr aus mir unbekannten Gründen fast gelöst hat. Für solche Dinge müssen auch gar nicht eigentliche Gründe vorhanden sein, in den heutigen labilen Verhältnissen entscheidet hier oft ein Nichts, eine Stimmung und ebenso kann auch wieder ein Nichts, ein Wort das Ganze wieder in Ordnung bringen. Es ist aber umständlich zu K. vorzudringen, er ist ein alter Mann, in letzter Zeit sehr kränklich und wenn er auch noch die geschäftlichen Angelegenheiten in seiner Hand zusammenhält, so kommt er doch selbst kaum mehr ins Geschäft, will man mit ihm sprechen, muß man in seine Wohnung gehn und einen derartigen Geschäftsgang schiebt man natürlich gern möglichst lang hinaus. Gestern abend nach sechs Uhr machte ich mich aber doch auf den Weg, es war freilich keine Besuchszeit mehr, aber die Sache war ja nicht gesellschaftlich, sondern kaufmännisch zu beurteilen. Ich hatte Glück, K. war zuhause, er war eben, wie man mir im Vorzimmer sagte, mit seiner Frau von einem Spaziergang zurückgekommen und jetzt im Zimmer seines Sohnes, der unwohl war und im Bett lag. Ich wurde aufgefordert, auch hinzugehn; zuerst zögerte ich, dann aber überwog das Verlangen, die leidige Angelegenheit möglichst schnell zu beenden und ich ließ mich so wie ich war im Mantel, Hut und Mustertasche in der Hand, durch ein dunkles Zimmer in ein matt beleuchtetes führen in welchem eine kleine Gesellschaft beisammen war. Wohl instinktmäßig fiel mein Blick zuerst auf einen mir nur allzugut bekannten Geschäftsagenten, der zum Teil mein Konkurrent ist. So hatte er sich also noch vor mir heraufgeschlichen. Er saß bequem knapp beim Bett des Kranken, so als wäre er der Arzt, in seinem schönen offnen aufgebauschten Mantel saß er großmächtig da; seine Frechheit ist unübertrefflich, etwas ähnliches mochte auch der Kranke denken, der mit ein wenig fiebergeröteten Wangen dalag und manchmal nach ihm hinsah. Er ist übrigens nicht mehr jung, der Sohn, ein Mann in meinem Alter mit einem kurzen, infolge der Krankheit etwas verwilderten Vollbart. Der alte K., ein großer, starker Mann, aber durch sein schleichendes Leiden zu meinem Erstaunen recht abgemagert, gebückt und unsicher geworden, stand noch so wie er eben gekommen war in seinem Pelz da und murmelte etwas gegen den Sohn hin. Seine Frau, klein und gebrechlich, aber äußerst lebhaft, wenn auch nur soweit es ihren Mann betraf – uns andere sah sie kaum – war damit beschäftigt, ihm den Pelz auszuziehn, was infolge des Größenunterschiedes der Beiden einige Schwierigkeiten machte, aber schließlich doch gelang. Vielleicht lag übrigens die eigentliche Schwierigkeit darin, daß K. sehr ungeduldig war und unruhig mit tastenden Händen immerfort nach dem Lehnstuhl verlangte, den ihm dann auch, nachdem der Pelz ausgezogen war, seine Frau schnell zuschob. Sie selbst nahm den Pelz, unter dem sie fast verschwand und trug ihn hinaus.

Nun schien mir endlich meine Zeit gekommen oder vielmehr sie war nicht gekommen und würde hier wohl auch niemals kommen, wenn ich aber überhaupt noch etwas versuchen wollte, mußte es gleich geschehn, denn meinem Gefühl nach konnten hier die Voraussetzungen für eine geschäftliche Aussprache nur noch immer schlechter werden und mich hier für alle Zeiten festzusetzen wie es der Agent scheinbar beabsichtigte, das war nicht meine Art; übrigens wollte ich auf ihn nicht die geringste Rücksicht nehmen. So begann ich denn kurzerhand, trotzdem ich merkte, daß K. gerade Lust hatte sich ein wenig mit seinem Sohn zu unterhalten, meine Sache vorzutragen. Leider habe ich die Gewohnheit, wenn ich mich ein wenig in Erregung gesprochen habe – und das geschieht sehr bald und geschah in diesem Krankenzimmer noch früher als sonst – aufzustehen und während des Redens auf und ab zu gehn. Im eigenen Bureau eine ganz gute Einrichtung, ist es in einer fremden Wohnung doch ein wenig lästig. Ich konnte mich aber nicht beherrschen, besonders da mir die gewohnte Zigarette fehlte. Nun, jeder hat seine schlechten Gewohnheiten, dabei lobe ich noch die meinen im Vergleiche zu jenen des Agenten. Was soll man z. B. dazu sagen, daß er seinen Hut, den er auf dem Knie hält und dort langsam hin und her schiebt, von Zeit zu Zeit plötzlich ganz unerwartet aufsetzt; er nimmt ihn zwar gleich wieder ab, als sei ein Versehen geschehn, hat ihn aber doch einen Augenblick lang auf dem Kopf gehabt und das wiederholt er immer wieder von Zeit zu Zeit. Eine solche Aufführung ist doch wahrhaftig unerlaubt zu nennen. Mich stört es nicht, ich gehe auf und ab, bin ganz von meinen Dingen in Anspruch genommen und sehe über ihn hinweg, es mag aber Leute geben, welche dieses Hutkunststück gänzlich aus der Fassung bringen kann. Allerdings beachte ich im Eifer nicht nur eine solche Störung nicht, sondern überhaupt niemanden, ich sehe zwar was vorgeht, nehme es aber, solange ich nicht fertig bin oder solange ich keine Einwände höre, gewissermaßen nicht zur Kenntnis. So merkte ich z. B. wohl daß K. sehr wenig aufnahmsfähig war; er hatte die Seitenlehnen erfaßt, drehte sich unbehaglich hin und her, blickte nicht einmal zu mir auf sondern sinnlos suchend im Zimmer umher und sein Gesicht schien so unbeteiligt, als dringe kein Laut meiner Rede, ja nicht einmal ein Gefühl meiner Anwesenheit zu ihm. Dieses ganze mir wenig Hoffnung gebende krankhafte Benehmen sah ich zwar, sprach aber trotzdem weiter, so als hätte ich doch noch die Aussicht durch meine Worte, durch meine vorteilhaften Angebote – ich erschrak selbst über die Zugeständnisse die ich machte, Zugeständnisse, die niemand verlangte – alles schließlich wieder ins Gleichgewicht zu bringen. Eine gewisse Genugtuung gab es mir auch, daß der Agent, wie ich flüchtig bemerkte, endlich seinen Hut ruhen ließ und die Arme über der Brust verschränkte; meine Ausführungen die ja auch zum großen Teil für ihn berechnet waren, schienen seinen Plänen einen empfindlichen Stich zu geben. Es gibt also noch Heilmittel gegen schlechte Gewohnheiten. Dieser Erfolg freute mich ein wenig und ich hätte in diesem Wohlgefühl wohl noch lange fortgesprochen, wenn nicht der Sohn, den ich als für mich nebensächliche Person bisher vernachlässigt hatte, plötzlich sich im Bett halb erhoben und mit drohender Faust mich zum Schweigen gebracht hätte. Er wollte offenbar noch etwas sagen, etwas zeigen, konnte es aber nicht zustandebringen. Ich hielt alles zuerst für Fieberwahn, aber als ich nach K. hinblickte verstand ich es besser. K. saß mit offenen glasigen nur für die Sekunde noch dienstbaren Augen da, zittrig, nach vorne geneigt, als hielte oder schlüge ihn jemand im Nacken, die Unterlippe, ja der Unterkiefer selbst mit weit entblößtem Zahnfleisch hing unbeherrscht hinab, das ganze Gesicht war aus den Fugen, noch atmete er, wenn auch schwer, dann aber fiel er zurück gegen die Lehne, schloß die Augen, der Ausdruck irgendeiner großen Anstrengung fuhr flüchtig über sein Gesicht und nun stand deutlich der Atem still. Ich faltete die Hände. Nun also, es war vorüber. Ein alter Mann. Mochte uns das Sterben nicht schwerer werden. Vorläufig freilich lebten wir noch. Wie vieles war zu tun und was in der Eile zunächst? Ich sah mich nach Hilfe um, aber der Sohn hatte sich die Decke über den Kopf gezogen, man hörte sein endloses Schluchzen. Der Agent, kalt wie ein Frosch, saß fest in seinem Sessel, zwei Schritte gegenüber K. und schien sichtlich entschlossen nichts zu tun, als den Zeitablauf abzuwarten. Ich also, nur ich blieb übrig, etwas zu tun und jetzt gleich das Schwerste, nämlich der kleinen Frau irgendwie, auf eine erträgliche Art, also eine Art die es in der Welt nicht gab, die Nachricht zu vermitteln. Schnell sprang ich noch zu dem Alten, faßte nach der leblos hängenden, kalten, mich durchschauernden Hand; da war kein Puls mehr. Und schon hörte ich die eifrigen trippelnden Schritte aus dem Nebenzimmer. Sie brachte ein auf dem Ofen durchwärmtes Nachthemd das sie ihrem Mann jetzt anziehen wollte. Sie war noch immer im Straßenanzug, sie hatte noch keine Zeit gehabt sich umzukleiden. »Er ist eingeschlafen«, sagte sie lächelnd und kopfschüttelnd, als sie uns so still fand. Und mit dem unendlichen Vertrauen des Unschuldigen nahm sie die gleiche Hand, die ich eben mit Widerwillen in der meinen gehalten hatte, küßte sie wie in kleinem ehelichen Spiel und – wie mögen wir die Augen aufgerissen haben! – K. bewegte sich, gähnte laut, ließ sich das Hemd anziehn, duldete mit ärgerlich-ironischem Gesicht die zärtlichen Vorwürfe seiner Frau, wegen der Überanstrengung auf dem allzu großen Spaziergang und sagte dagegen, um sein Einschlafen anders zu erklären, merkwürdiger Weise etwas von Langerweile. Damit er sich auf dem Weg in ein anderes Zimmer nicht verkühle, legte er sich vorläufig zu seinem Sohn ins Bett; neben die Füße des Sohnes wurde auf zwei von der Frau schnell herbeigebrachten Polstern sein Kopf gebettet. Ich fand nach dem Vorangegangenen nichts mehr Sonderbares daran. Nun verlangte er die Abendzeitung, nahm sie ohne Rücksicht auf die Gäste vor, las freilich noch nicht, sondern sah nur in sie und sagte uns dabei mit einem erstaunlichen geschäftlichen Scharfblick einiges recht Unangenehme über unsere Angebote, während er mit der einen Hand immerfort wegwerfende Bewegungen machte und durch Zungenschnalzen den schlechten Geschmack im Munde andeutete, den ihm unser geschäftliches Gebahren verursachte. Der Agent konnte sich nicht enthalten einige unpassende Bemerkungen vorzubringen, er fühlte wohl sogar in seinem groben Sinn daß hier zu dem was geschehen war irgendein Ausgleich geschaffen werden mußte, aber auf seine Art ging es freilich am allerwenigsten. Ich verabschiedete mich schnell, ich war dem Agenten fast dankbar, ohne seine Anwesenheit hätte ich nicht schon die Entschlußkraft gehabt fortzugehn.

Im Vorzimmer traf ich noch die alte Frau, ich sagte, während ich ihre armselige Gestalt überblickte, aus meinen Gedanken heraus: »Sie erinnern mich ein wenig an meine Mutter. Was man dazu auch sagen mag: die konnte Wunder tun. Was wir schon zerstört hatten machte sie noch gut. Ich habe sie schon in der Kinderzeit verloren.« Ich sprach absichtlich übertrieben deutlich und langsam, denn ich vermutete daß die alte Frau schwerhörig sei. Sie war wohl taub, denn sie fragte ohne Übergang: »Wie finden Sie das Aussehn meines Mannes?« Aus paar Abschiedsworten merkte ich übrigens, daß sie mich mit dem Agenten verwechselte; ich wollte gern glauben, daß sie sonst zutraulicher gewesen wäre.

Dann ging ich die Treppe hinunter. Der Abstieg war schwerer als früher der Aufstieg und nicht einmal dieser war leicht gewesen. Ach, was für mißlungene Geschäftswege es gibt und man muß die Last weitertragen.

Wir legten an. Ich stieg ans Land, es war ein kleiner Hafen, ein kleiner Ort. Einige Leute lungerten auf den Marmorfliesen umher, ich sprach sie an, verstand aber nicht ihre Rede. Es war wohl ein italienischer Dialekt. Ich rief meinen Steuermann herüber, er versteht italienisch, aber die Leute hier verstand auch er nicht, er stellte in Abrede daß es italienisch sei. Doch bekümmerte mich das alles ernstlich nicht, mein einziges Verlangen war mich einmal von der unendlichen Seefahrt ein wenig auszuruhn und dazu taugte dieser Ort so gut wie ein anderer. Ich ging noch einmal auf das Schiff um die nötigen Anordnungen zu geben. Alle Leute sollten vor-

läufig an Bord bleiben, nur der Steuermann sollte mich begleiten, allzulange war ich des festen Bodens entwöhnt und
neben der Sehnsucht nach ihm beherrschte mich auch eine
gewisse nicht abzuschüttelnde Angst vor ihm, deshalb sollte
mich der Steuermann begleiten. Ich ging auch noch hinunter
in die Frauenkabine. Dort säugte meine Frau unsern Jüng-
sten, ich streichelte ihr sanftes erhitztes Gesicht und machte
ihr Mitteilung von meinen Absichten. Sie lächelte zustim-
mend zu mir auf

Nun also, nun also, Ihr andern nimmermehr, was treibt des
Mondes Blässe, was treibt des Schmiedes Esse

Nimmermehr, nimmermehr, kehrst Du wieder in die
Städte, nimmermehr, nimmermehr tönt die große Glocke
über Dir

Sage, wie geht es Dir in jener Welt?
Die Frage nach meinem Befinden beantworte ich entgegen
der Sitte offen und sachlich. Es geht mir gut, denn anders als
früher lebe ich nun in großer Gesellschaft, in vielfachen Be-
ziehungen und bin imstande durch meine Kenntnisse, durch
meine Antworten der Menge, die sich zum Verkehr mit mir
drängt, zu genügen, wenigstens kommt sie immer wieder
leidenschaftlich wie das erstemal. Und auch ich wiederhole:
Kommet, Ihr werdet mich immer bereit finden. Zwar verstehe ich nicht immer was Ihr wissen wollt, aber wahrscheinlich ist das gar nicht nötig. Meine Existenz ist Euch wichtig
und deshalb auch meine Äußerungen, da sie meine Existenz
bekräftigen. Ich irre in diesen Annahmen wohl nicht, lasse

mich deshalb in meinen Antworten gehn und hoffe Euch damit Freude zu machen.

In Deiner Antwort ist uns einiges unklar, willst Du es uns der Reihe nach näher erklären.

Ihr Ängstlichen, Ihr Höflichen, Ihr Kinder, fragt nur, fraget! Du sprichst von einer großen Gesellschaft in der Du Dich bewegst, was für eine Gesellschaft denn?

Ihr doch, Ihr selbst. Euere kleine Tischgesellschaft und in einer andern Stadt eine andere und so in vielen Städten.

Das also nennst Du: sich-in-Gesellschaft-bewegen. Aber warte: Du bist doch wie Du sagtest unser alter Schulkollege Kriehuber. Bist Dus oder nicht?

Wohl, ich bin es.

Nun also, als unser alter Freund besuchst Du uns und wir die wir Deinen Verlust nicht vergessen können, ziehn Dich durch unser Verlangen herbei und erleichtern Dir den Weg. Ist es so?

Ja, ja, natürlich.

Aber Du hast doch ein zurückgezogenes Leben geführt, wir glauben nicht daß Du außerhalb unserer Stadt überhaupt Freunde oder Bekannte gehabt hast. Wen besuchst Du also in jenen Städten und wer ruft Dich in sie?

———————

Ich muß doch so gern ich es vermeiden wollte die Lästigkeit fortzusetzen, die ich für Sie mit meinem vordringlichen Widerspruch – es war nicht Widerspruch, so weit komme ich nicht, es war nur Widerstreben – gegen Schweiger begonnen habe, doch die Sache noch einmal aufnehmen. Das Gespräch damals am Abend lag nachher zu schwer auf mir, die ganze Nacht über und hätte nicht am Morgen eine unerwartete Zufälligkeit mich ein wenig abgelenkt, ich hätte Ihnen gewiß gleich schreiben müssen.

Das für mich Quälende des Abends – ich sah das Gespräch von allem Anfang an, vom Öffnen der Tür an sich nähern, das war bös, es brachte mich fast um die ganze Freude über Ihren Besuch – lag für mich darin, daß ich eigentlich nichts gegen den Schweiger gesagt, nur ein weniges geschwätzt habe und im übrigen nur bockig gewesen bin, während das was Sie zur Verteidigung von Einzelnheiten sagten, ausgezeichnet, für mich unerwartet war und völlig zutraf. Überzeugen aber konnte es mich nicht, ich bin hier völlig unüberzeugbar, noch lange ehe ich zu den Einzelnheiten komme. Wenn ich aber trotzdem meine Einwände nicht begreiflich machen kann, nicht einmal mir selbst, so hat das seinen Grund in meiner Schwäche, welche sich nicht nur im Denken und Sprechen äußert, sondern auch in Anfällen einer Art wacher Ohnmacht. Ich versuche z. B. etwas gegen das Stück zu sagen und schon in den zweiten Satz beginnt sich die Ohnmacht mit Fragen zu drängen, wie: »Worüber sprichst Du? Um was handelt es sich? Was ist das, Literatur? Woher kommt es? Welchen Nutzen bringt es? Was für fragwürdige Dinge! Leg zu dieser Fragwürdigkeit noch die Fragwürdigkeit Deiner Reden und es entsteht ein Ungeheuer. Wie bist Du auf diese hohen nichtsnutzigen Wege gekommen? Verdient das ernste Frage, ernste Antwort? Vielleicht, aber nicht Deine, das ist Sache höherer Regenten. Schnell zurück!« Und dieses Zurück bedeutet, daß ich gleich in völliger Finsternis bin, aus der mich nicht des Gegensprechers Hilfe und niemandes Hilfe hinausführen kann. Sie scheinen derartiges an sich gar nicht zu kennen trotzdem Sie den Spiegelmensch geschrieben haben. Freilich gebe ich auch in ruhendem Zustand dem Zwischenredner Recht, Sie waren manchmal zu streng zu ihm, er ist ja nichts anderes, als der Wind, der mit den luftigen Existenzen spielt, er verlängert das Leben der fallenden Blätter.

Trotz allem aber will ich doch noch versuchen, nicht ganz stumm zu bleiben und kurz zu sagen, worin mich Schweiger beleidigt.

Vor allem fühle ich eine Verschleierung darin, daß Schweiger zu einem allerdings tragischen Einzelfall degradiert ist; die Gegenwärtigkeit des ganzen Stückes verbietet das. Wenn man ein Märchen erzählt, dann wissen alle, daß man sich fremden Mächten anvertraut und die heutigen Gerichte ausgeschaltet hat. Hier weiß man das aber nicht. Das Stück will den Eindruck erwecken, daß nur heute, gerade an diesem Abend mehr zufällig als absichtlich der Fall Schweiger verhandelt wird, daß ebenso gut z. B. die Vorgänge in einem ganz anders gearteten Nachbarhaus hätten vorgenommen werden können. Diese Behauptung des Stückes kann ich aber nicht glauben, wenn in den andern Häusern dieser katholischen österreichischen Stadt, die rings um Schweiger aufgebaut ist, überhaupt jemand wohnt, dann wohnt in jedem Haus Schweiger, niemand sonst. Auch die andern Personen des Stückes haben keine eigene Wohnung, sie wohnen mit Schweiger und sind seine Begleiterscheinungen. Schweiger und Anna haben ja nicht einmal die Möglichkeit sich irgendwo auf ein glückliches Ehepaar zu berufen, das wird ehrlich stillschweigend zugestanden, vielleicht ist das was sie wollen allgemein unmöglich, niemand im Stück hätte die Kraft das zu widerlegen, woher die vielen Kinder auf dem Donauschiff stammen ist ein Rätsel. Warum also das Städtchen, warum Österreich, warum der kleine darin versunkene Einzelfall.

Aber Sie machen ihn noch vereinzelter. Es ist als könnten Sie ihn gar nicht genug vereinzelt machen. Sie erfinden die Geschichte von dem Kindermord. Das halte ich für eine Entwürdigung der Leiden einer Generation. Wer hier nicht mehr zu sagen hat als die Psychoanalyse dürfte sich nicht einmischen. Es ist keine Freude sich mit der Psychoanalyse abzugeben und ich halte mich von ihr möglichst fern, aber sie ist zumindest so existent wie diese Generation. Das Judentum bringt seit jeher seine Leiden und Freuden fast gleichzeitig mit dem zugehörigen Raschi-Kommentar hervor, so auch hier.

Ein Kommentar

Es war sehr früh am Morgen, die Straßen rein und leer, ich ging zum Bahnhof. Als ich eine Turmuhr mit meiner Uhr verglich, sah ich daß schon viel später war als ich geglaubt hatte, ich mußte mich sehr beeilen, der Schrecken über diese Entdeckung ließ mich im Weg unsicher werden, ich kannte mich in dieser Stadt noch nicht sehr gut aus, glücklicherweise war ein Schutzmann in der Nähe, ich lief zu ihm und fragte ihn atemlos nach dem Weg. Er lächelte und sagte: »Von mir willst Du den Weg erfahren?« »Ja«, sagte ich, »da ich ihn selbst nicht finden kann.« »Gibs auf, gibs auf«, sagte er und wandte sich mit einem großen Schwunge ab, so wie Leute, die mit ihrem Lachen allein sein wollen.

―――――――

Der Buchhändler öffnete am Morgen seinen Laden, dann kehrte er ihn aus. Er war ein Anfänger, hatte noch keinen Gehilfen und mußte alle Arbeit selbst tun. Ganz ausnahmsweise trat heute schon zu dieser frühen Stunde ein Käufer ein. Er war in großer Eile, er schien auf die Eröffnung des Ladens schon gewartet zu haben. Der Buchhändler stellte den Besen in die Ecke.

Ich war letzthin in M. Es handelte sich um eine Besprechung mit K. Es war keine eigentlich dringliche Angelegenheit, sie hätte sich wohl, wenn auch langsamer – aber da sie nicht dringlich war, wäre das kein Schaden gewesen – recht gut schriftlich erledigen lassen, aber es traf sich gerade, daß ich freie Zeit hatte und Lust bekam mit K. schnell ohne viel Umstände ins Reine zu kommen, auch kannte ich M. dessen Besichtigung mir einmal empfohlen worden war noch nicht, so entschloß ich mich kurzer Hand hinzufahren, leider – es erübrigte keine Zeit mehr dazu – ohne mich vorher zu vergewissern ob ich K. jetzt in M. auch antreffen werde. Tatsächlich war K. nicht zuhause. Seine Schwester, ein altes Fräulein, klein, schwach, sehr beweglich, überaus freundlich, teilte mir dies unter vielfachen Äußerungen des Bedauerns inmitten einer großzimmrigen von Sauberkeit blinkenden Wohnung mit

Viele beklagten sich, daß die Worte der Weisen immer wieder nur Gleichnisse seien, aber unverwendbar im täglichen Leben und nur dieses allein haben wir. Wenn der Weise sagt: »Gehe hinüber« so meint er nicht, daß man auf die andere Straßenseite hinüber gehn solle, was man immerhin noch leisten könnte, wenn das Ergebnis des Weges wert wäre, sondern er meint irgendein sagenhaftes Drüben, etwas was wir nicht kennen, was auch von ihm nicht näher zu bezeichnen ist und was uns also hier gar nichts helfen kann. Alle diese Gleichnisse wollen eigentlich nur sagen, daß das Unfaßbare unfaßbar ist und das haben wir gewußt. Aber das womit wir uns eigentlich jeden Tag abmühn, sind andere Dinge.

Darauf sagte einer: Warum wehrt Ihr Euch? Würdet Ihr den Gleichnissen folgen, dann wäret Ihr selbst Gleichnisse geworden und damit schon der täglichen Mühe frei.

Ein anderer sagte: Ich wette daß auch das ein Gleichnis ist.

Der erste sagte: Du hast gewonnen.

Der zweite sagte: Aber leider nur im Gleichnis.

Der erste sagte: Nein, in Wirklichkeit; im Gleichnis hast Du verloren.

Auf Balzacs Spazierstockgriff: Ich breche alle Hindernisse, auf meinem: mich brechen alle Hindernisse. Gemeinsam ist das »alle«.

Kampf – Dirigierung des Kampfes – Hilfe am –

Geständnis, unbedingtes Geständnis, aufspringendes Tor, es erscheint im Innern des Hauses die Welt, deren trüber Abglanz bisher draußen lag.

Das Ehepaar

Das Ehepaar

Die allgemeine Geschäftslage ist so schlecht, daß ich manchmal, wenn ich im Bureau Zeit erübrige, selbst die Mustertasche nehme, um die Kunden persönlich zu besuchen. Unter
anderem hatte ich mir schon längst vorgenommen, einmal zu
K. zu gehn, mit dem ich früher in ständiger Geschäftsverbindung gewesen bin, die sich aber im letzten Jahr aus mir unbekannten Gründen fast gelöst hat. Für solche Störungen müssen auch gar nicht eigentliche Gründe vorhanden sein; in den
heutigen labilen Verhältnissen entscheidet hier oft ein Nichts,
eine Stimmung und ebenso kann auch ein Nichts, ein Wort
das Ganze wieder in Ordnung bringen. Es ist aber ein wenig
umständlich zu K. vorzudringen; er ist ein alter Mann, in
letzter Zeit sehr kränklich und wenn er auch noch die geschäftlichen Angelegenheiten in seiner Hand zusammenhält,
so kommt er doch selbst kaum mehr ins Geschäft; will man
mit ihm sprechen, muß man in seine Wohnung gehn und einen derartigen Geschäftsgang schiebt man gern hinaus.

Gestern abend nach sechs Uhr machte ich mich aber doch
auf den Weg; es war freilich keine Besuchszeit mehr, aber die
Sache war ja nicht gesellschaftlich sondern kaufmännisch zu
beurteilen. Ich hatte Glück, K. war zuhause; er war eben, wie
man mir im Vorzimmer sagte, mit seiner Frau von einem
Spaziergang zurückgekommen und jetzt im Zimmer seines
Sohnes, der unwohl war und im Bett lag. Ich wurde aufgefordert, auch hinzugehn; zuerst zögerte ich, dann aber überwog das Verlangen, den leidigen Besuch möglichst schnell zu

133

beenden, und ich ließ mich, so wie ich war, im Mantel, Hut und Mustertasche in der Hand, durch ein dunkles Zimmer in ein matt beleuchtetes führen, in welchem eine kleine Gesellschaft beisammen war.

Wohl instinktmäßig fiel mein Blick zuerst auf einen mir nur allzugut bekannten Geschäftsagenten, der zum Teil mein Konkurrent ist. So hatte er sich denn also noch vor mir heraufgeschlichen. Er saß bequem knapp beim Bett des Kranken, so als wäre er der Arzt; in seinem schönen, offenen, aufgebauschten Mantel saß er großmächtig da; seine Frechheit ist unübertrefflich; etwas ähnliches mochte auch der Kranke denken, der mit ein wenig fiebergeröteten Wangen dalag und manchmal nach ihm hinsah. Er ist übrigens nicht mehr jung, der Sohn, ein Mann in meinem Alter mit einem kurzen, infolge der Krankheit etwas verwilderten Vollbart. Der alte K., ein großer, breitschultriger Mann, aber durch sein schleichendes Leiden zu meinem Erstaunen recht abgemagert, gebückt und unsicher geworden, stand noch, so wie er eben gekommen war, in seinem Pelz da und murmelte etwas gegen den Sohn hin. Seine Frau, klein und gebrechlich, aber äußerst lebhaft, wenn auch nur soweit es ihn betraf – uns andere sah sie kaum – war damit beschäftigt, ihm den Pelz auszuziehn, was infolge des Größenunterschiedes der Beiden einige Schwierigkeiten machte, aber schließlich doch gelang. Vielleicht lag übrigens die eigentliche Schwierigkeit darin, daß K. sehr ungeduldig war und unruhig mit tastenden Händen immerfort nach dem Lehnstuhl verlangte, den ihm dann auch, nachdem der Pelz ausgezogen war, seine Frau schnell zuschob. Sie selbst nahm den Pelz, unter dem sie fast verschwand, und trug ihn hinaus.

Nun schien mir endlich meine Zeit gekommen oder vielmehr, sie war nicht gekommen und würde hier wohl auch niemals kommen; wenn ich aber überhaupt noch etwas versuchen wollte, mußte es gleich geschehn, denn meinem Gefühl nach konnten hier die Voraussetzungen für eine geschäftliche Aussprache nur noch immer schlechter werden; mich hier aber für alle Zeiten festzusetzen, wie es der Agent scheinbar beabsichtigte, das war nicht meine Art; übrigens wollte ich auf ihn nicht die geringste Rücksicht nehmen. So begann ich denn kurzerhand, trotzdem ich merkte, daß K. gerade Lust hatte, sich ein wenig mit seinem Sohn zu unterhalten, meine Sache vorzutragen. Leider habe ich die Gewohnheit, wenn ich mich ein wenig in Erregung gesprochen habe – und das geschieht sehr bald und geschah in diesem Krankenzimmer noch früher als sonst – aufzustehn und während des Redens auf- und abzugehn. Im eigenen Bureau eine recht gute Einrichtung, ist es in einer fremden Wohnung doch ein wenig lästig. Ich konnte mich aber nicht beherrschen, besonders da mir die gewohnte Cigarette fehlte. Nun, jeder hat seine schlechten Gewohnheiten, dabei lobe ich noch die meinen im Vergleich zu denen des Agenten. Was soll man z. B. dazu sagen, daß er seinen Hut, den er auf dem Knie hält und dort langsam hin und herschiebt, manchmal, plötzlich, ganz unerwartet aufsetzt; er nimmt ihn zwar gleich wieder ab, als sei ein Versehn geschehn, hat ihn aber doch einen Augenblick lang auf dem Kopf gehabt, und das wiederholt er immer wieder von Zeit zu Zeit. Eine solche Aufführung ist doch wahrhaftig unerlaubt zu nennen. Mich stört es nicht, ich gehe auf und ab, bin ganz von meinen Dingen in Anspruch genommen und sehe über ihn hinweg, es mag aber Leute geben, welche dieses Hutkunststück gänzlich aus der Fassung bringen kann. Allerdings beachte ich im Eifer nicht nur eine solche Störung nicht, sondern überhaupt niemanden, ich sehe zwar was vorgeht, nehme es aber, solange ich nicht fertig bin oder solange ich nicht geradezu Einwände höre, gewissermaßen nicht zur Kenntnis. So merkte ich z. B.

wohl, daß K. sehr wenig aufnahmsfähig war; die Hände an den Seitenlehnen drehte er sich unbehaglich hin und her, blickte nicht zu mir auf, sondern sinnlos suchend ins Leere und sein Gesicht schien so unbeteiligt, als dringe kein Laut meiner Rede, ja nicht einmal ein Gefühl meiner Anwesenheit zu ihm. Dieses ganze, mir wenig Hoffnung gebende krankhafte Benehmen sah ich zwar, sprach aber trotzdem weiter, so als hätte ich doch noch Aussicht durch meine Worte, durch meine vorteilhaften Angebote – ich erschrak selbst über die Zugeständnisse, die ich machte, Zugeständnisse, die niemand verlangte – alles schließlich wieder ins Gleichgewicht zu bringen. Eine gewisse Genugtuung gab es mir auch, daß der Agent, wie ich flüchtig bemerkte, endlich seinen Hut ruhen ließ und die Arme über der Brust verschränkte; meine Ausführungen, die ja auch zum Teil für ihn berechnet waren, schienen seinen Plänen einen empfindlichen Stich zu geben. Und ich hätte in dem dadurch erzeugten Wohlgefühl vielleicht noch lange fortgesprochen, wenn nicht der Sohn, den ich als für mich nebensächliche Person bisher vernachlässigt hatte, plötzlich sich im Bette halb erhoben und mit drohender Faust mich zum Schweigen gebracht hätte. Er wollte offenbar noch etwas sagen, etwas zeigen, hatte aber nicht genug Kraft. Ich hielt das alles zuerst für Fieberwahn, aber als ich unwillkürlich gleich darauf nach dem alten K. hinblickte, verstand ich es besser.

K. saß mit offenen, glasigen, aufgequollenen, nur für die Minute noch dienstbaren Augen da, zitternd nach vorne geneigt, als hielte oder schlüge ihn jemand im Nacken, die Unterlippe, ja der Unterkiefer selbst mit weit entblößtem Zahnfleisch hing unbeherrscht hinab, das ganze Gesicht war aus den Fugen; noch atmete er, wenn auch schwer, dann aber wie befreit fiel er zurück gegen die Lehne, schloß die Augen, der Ausdruck irgendeiner großen Anstrengung fuhr noch über sein Gesicht und dann war es zuende. Schnell sprang ich zu ihm, faßte die leblos hängende, kalte, mich durchschauernde Hand; da war kein Puls mehr. Nun also, es war vorüber. Freilich, ein alter Mann. Mochte uns das Sterben nicht schwerer werden. Aber wie vieles war jetzt zu tun! Und was in der Eile zunächst? Ich sah mich nach Hilfe um; aber der Sohn hatte die Decke über den Kopf gezogen, man hörte sein endloses Schluchzen; der Agent, kalt wie ein Frosch, saß fest in seinem Sessel, zwei Schritte gegenüber K. und war sichtlich entschlossen, nichts zu tun, als den Zeitablauf abzuwarten; ich also, nur ich blieb übrig etwas zu tun und jetzt gleich das Schwerste, nämlich der Frau irgendwie, auf eine erträgliche Art, also eine Art, die es in der Welt nicht gab, die Nachricht zu vermitteln. Und schon hörte ich die eifrigen schlürfenden Schritte aus dem Nebenzimmer.

Sie brachte – noch immer im Straßenanzug, sie hatte noch keine Zeit gehabt sich umzukleiden – ein auf dem Ofen durchwärmtes Nachthemd, das sie ihrem Mann jetzt anziehn wollte. »Er ist eingeschlafen«, sagte sie lächelnd und kopfschüttelnd, als sie uns so still fand. Und mit dem unendlichen Vertrauen des Unschuldigen nahm sie die gleiche Hand, die ich eben mit Widerwillen und Scheu in der meinen gehalten hatte, küßte sie wie in kleinem ehelichen Spiel und – wie mögen wir drei andern zugesehn haben! – K. bewegte sich, gähnte laut, ließ sich das Hemd anziehn, duldete mit ärgerlich-ironischem Gesicht die zärtlichen Vorwürfe seiner Frau wegen der Überanstrengung auf dem allzu großen Spaziergang, und sagte dagegen, um sein Einschlafen anders zu erklären, merkwürdiger Weise etwas von Langerweile. Dann legte er sich, um sich auf dem Weg in ein anderes Zimmer nicht zu verkühlen, vorläufig zu seinem Sohn ins Bett; neben die Füße des Sohnes wurde auf zwei von der Frau eilig herbeigebrachten Polstern sein Kopf gebettet. Ich fand nach dem Vorangegangenen nichts Sonderbares mehr daran. Nun verlangte er die Abendzeitung, nahm sie ohne Rücksicht auf die Gäste vor, las aber noch nicht, sah nur hie und da ins Blatt und sagte uns dabei mit einem erstaunlichen geschäftlichen Scharfblick einiges recht Unangenehme über unsere Angebote, während er mit der freien Hand immerfort wegwerfende Bewegungen machte und durch Zungenschnalzen den schlechten Geschmack im Munde andeutete, den ihm unser geschäftliches Gebahren verursachte. Der Agent konnte sich nicht enthalten einige unpassende Bemerkungen vorzubringen, er fühlte wohl sogar in seinem groben Sinn, daß hier zu dem, was geschehen war, irgendein Ausgleich geschaffen werden mußte, aber auf seine Art ging es freilich am allerwenigsten. Ich verabschiedete mich nun schnell, ich war dem Agenten fast dankbar; ohne seine Anwesenheit hätte ich nicht die Entschlußkraft gehabt schon fortzugehn.

Im Vorzimmer traf ich noch Frau K. Im Anblick ihrer armseligen Gestalt sagte ich aus meinen Gedanken heraus, daß sie mich ein wenig an meine Mutter erinnere. Und da sie still blieb, fügte ich bei: »Was man dazu auch sagen mag: die konnte Wunder tun. Was wir schon zerstört hatten, machte sie noch gut. Ich habe sie schon in der Kinderzeit verloren.« Ich hatte absichtlich übertrieben langsam und deutlich gesprochen, denn ich vermutete, daß die alte Frau schwerhörig war. Aber sie war wohl taub, denn sie fragte ohne Übergang: »Und das Aussehn meines Mannes?« Aus paar Abschiedsworten merkte ich übrigens, daß sie mich mit dem Agenten verwechselte; ich wollte gern glauben, daß sie sonst zutraulicher gewesen wäre.

Dann ging ich die Treppe hinunter. Der Abstieg war schwerer als früher der Aufstieg und nicht einmal dieser war leicht gewesen. Ach, was für mißlungene Geschäftswege es gibt und man muß die Last weitertragen.

Vor dem Stadtor war niemand, in der Torwölbung niemand. Auf rein gekehrtem Kies kam man hin, durch ein viereckiges Mauerloch sah man in die Zelle der Torwache, aber die Zelle war leer. Das war zwar merkwürdig, aber für mich sehr vorteilhaft, denn ich hatte keine Ausweispapiere, mein ganzer Besitz war überhaupt ein Kleid aus Leder und der Stock in der Hand.

Ich sprach heute mit dem Kapitän in seiner Kajüte. Ich beklagte mich über die Mitpassagiere. Das könne man nicht ein Passagierschiff nennen, zumindest die Hälfte des Volkes, das hier mitfahre, sei schlimmstes Gesindel. Meine Frau wage sich kaum mehr aus der Kabine heraus, aber auch hinter der versperrten Tür fühle sie sich nicht sicher, ich muß bei ihr bleiben

---

Müde. Und auf dem Kahne
fährt das Volk

Es begann ein Wettlaufen in den Wäldern. Alles war voll von Tieren. Ich versuchte Ordnung zu machen

---

Es war schon Abend. Sein kühler Hauch wehte uns entgegen, erfrischend in seiner Kühle, ermattend in seinem Spätsein. Wir setzten uns auf eine Bank am alten Turm. »Alles war vergeblich«, sagtest Du, »aber es ist vergangen, es ist Zeit aufzuatmen und hier ist der rechte Ort.«

Ich hatte drei Bücherbretter bestellt, denn meine Bücher häuften sich auf. Der Tischler hatte die Maße abgenommen und versprochen in einigen Tagen die Bretter zu bringen. Aber er brachte sie nicht und ich selbst vergaß die Sache, auch hatte ich damals wenig Zeit mich mit Büchern zu beschäftigen. Nach einem Monat aber erinnerte ich mich daran und hielt mich einmal bei dem Meister auf.

Die Reise

Die Reise, ich weiß es nicht

———————

Sie schläft. Ich wecke sie nicht. Warum weckst Du sie nicht?
Es ist mein Unglück und mein Glück. Ich bin unglücklich,
daß ich sie nicht wecken kann, daß ich nicht aufsetzen kann
den Fuß auf die brennende Türschwelle ihres Hauses, daß ich
nicht den Weg kenne zu ihrem Hause, daß ich nicht die
Richtung kenne in welcher der Weg liegt, daß ich mich
immer weiter von ihr entferne, kraftlos wie das Blatt im
Herbstwind sich von seinem Baume entfernt und überdies:
ich war niemals an diesem Baume, im Herbstwind ein Blatt,
aber von keinem Baum. Ich bin glücklich, daß ich sie nicht
wecken kann. Was täte ich wenn sie sich erhöbe, wenn sie
aufstehen würde von ihrem Lager, wenn ich aufstehen würde
von dem Lager, der Löwe von seinem Lager und mein Ge-
brüll einbrechen würde in mein ängstliches Gehör

Ich fragte einen Wanderer den ich auf der Landstraße traf ob
hinter den sieben Meeren, die sieben Wüsten wären und
hinter ihnen die sieben Berge, auf dem siebenten Berge das
Schloß und o

Das Klettern   Senait   Es war ein Eichhörnchen, es war ein
Eichhörnchen, eine wilde Nuß-Aufknackerin, Springerin,
Kletterin und ihr buschiger Schwanz war berühmt in den

Wäldern. Dieses Eichhörnchen, dieses Eichhörnchen war immer auf der Reise, immer auf der Suche, es konnte nichts darüber sagen, nicht weil ihm die Rede fehlte, aber es hatte nicht die allergeringste Zeit.

Im Dunkel der Gasse unter den Bäumen an einem Herbst-
abend. Ich frage Dich, Du antwortest mir nicht. Wenn Du
mir antworten würdest, wenn sich Deine Lippen öffneten,
das tote Auge sich belebte und das Wort das mir bestimmt ist
erklänge!

———————

Seine Stellung war ihm nicht klar

———————

Wiederholungen. Das Auffangen. Das Auffinden einer
Methode.

———————

Es waren sehr verschieden farbige Bäume. Eine Mücke

———————

Es öffnete sich die Tür und es kam, gut im Saft, an den Seiten
üppig gerundet, fußlos mit der ganzen Unterseite sich vor-
schiebend der grüne Drache ins Zimmer herein. Formelle
Begrüßung. Ich bat ihn völlig einzutreten. Er bedauerte dies
nicht tun zu können, da er zu lang sei. Die Tür mußte also
offen bleiben, was recht peinlich war. Er lächelte halb verlegen, halb tückisch und begann:
    Durch Deine Sehnsucht herangezogen, schiebe ich mich
von weither heran, bin unten schon ganz wundgescheuert.
Aber ich tue es gerne. Gerne komme ich, gerne biete ich mich
Dir an.

In hartem Schlag strahlte das Licht herab, zerriß das nach allen Seiten sich flüchtende Gewebe, brannte unbarmherzig durch das übrigbleibende leere großmaschige Netz. Unten, wie ein ertapptes Tier zuckte die Erde und stand still. Einer im Bann des andern blickten sie einander an. Und der Dritte, scheuend die Begegnung wich zur Seite

Einmal brach ich mir das Bein, es war das schönste Erlebnis meines Lebens

---

Ein Halbmond, ein Ahornblatt, zwei Raketen

Als wir in die Stadt kamen war dort große Aufregung.

Von meinem Vater erbte ich nur eine kleine silberne Gewürz-büchse

---

Als der Kampf begann und fünf Schwerbewaffnete von der Böschung auf die Straße sprangen entschlüpfte ich unter dem Wagen durch und lief in der völligen Finsternis dem Walde zu

---

Es war nach dem Abendessen, wir saßen noch um den Tisch, der Vater weit zurückgelehnt in seinem Lehnstuhl, einem der größten Möbelstücke, das ich je gesehen hatte, rauchte die Pfeife, halbschlafend, die Mutter flickte eine meiner Hosen, war über ihre Arbeit gebeugt und achtete sonst auf nichts, und der Onkel, hochgestreckt, der Lampe zustrebend, den Zwicker auf der Nase, las die Zeitung. Ich hatte den ganzen Nachmittag auf der Gasse gespielt, erst nach dem Abendessen mich an eine Aufgabe erinnert, hatte auch Heft und Buch vorgenommen, war aber zu müde, hatte nur noch die Kraft den Heftumschlag mit Schlangenlinien zu verzieren, senkte mich immer tiefer und lag schon fast, von den Erwachsenen vergessen, über meinem Heft. Da kam Edgar, des Nachbars Junge, der eigentlich schon längst im Bett hätte sein sollen, völlig lautlos durch die Tür herein, durch die ich merkwürdigerweise nicht unser dunkles Vorzimmer, sondern den klaren Mond über der weiten Winterlandschaft sah. »Komm Hans«, sagte Edgar, »der Lehrer wartet draußen im Schlitten. Wie willst Du denn die Aufgabe ohne die Hilfe des Lehrers machen?« »Will er mir denn helfen?« fragte ich. »Ja«, sagte Edgar, »es ist die beste Gelegenheit, eben fährt er nach Kummerau, er ist äußerst wohlgelaunt wegen der Schlittenfahrt, er wird keine Bitte abschlagen.« »Werden es mir die Eltern erlauben?« Wirst sie doch nicht fragen

———————

Es war eine sehr schwere Aufgabe und ich fürchtete sie nicht zustandezubringen. Auch war schon spät abends, viel zu spät hatte ich sie vorgenommen, den langen Nachmittag auf der Gasse verspielt, dem Vater, der mir vielleicht hätte helfen können das Versäumnis verschwiegen und nun schliefen alle und ich saß allein vor meinem Heft. »Wer wird mir jetzt helfen?« sagte ich leise. »Ich«, sagte ein fremder Mann und ließ sich rechts von mir an der Schmalseite des Tisches langsam auf einem Sessel nieder, so wie bei meinem Vater, dem Advokaten, die Parteien sich an der Seite seines Schreibtisches niederducken, stützte den Elbogen auf den Tisch und streckte die Beine weit ins Zimmer. Ich hatte auffahren wollen, aber es war ja mein Lehrer; er freilich würde die Aufgabe, die er selbst gegeben hatte, am besten zu lösen verstehn. Und er nickte in Bestätigung dieser Meinung freundlich oder hochmütig oder ironisch, ich konnte es nicht enträtseln. Aber war es wirklich mein Lehrer? Er war es äußerlich und im Ganzen vollkommen, gieng man aber näher auf Einzelnheiten ein, wurde es fraglich. Er hatte z. B. meines Lehrers Bart, diesen steifen, schüttern, abstehenden, grauschwarzen, die Oberlippe und das ganze Kinn überwachsenden langen Bart. Beugte man sich aber zu ihm vor so hatte man den Eindruck der künstlichen Herrichtung und es schwächte den Verdacht nicht ab, daß der angebliche Lehrer sich mir entgegen beugte, von untenher den Bart mit der Hand stützte und ihn zur Untersuchung darbot.

―――――

Der Träume Herr, der große Isachar, saß vor dem Spiegel, den Rücken eng an dessen Fläche, den Kopf weit zurückgebeugt und tief in den Spiegel versenkt. Da kam Hermana, der Herr der Dämmerung, und tauchte in Isachars Brust, bis er ganz in ihr verschwand

―――――

In unserem Städtchen sind wir ganz unter uns, verloren im hohen Gebirge liegt es, fast unauffindbar. Nur ein schmaler Pfad führt zu uns herauf und selbst der ist oft unterbrochen durch kahles wegloses Gestein, nur Einheimische können ihn wiederfinden.

―――――

Als ich beichten sollte, wußte ich nichts zu sagen. Alle Sorgen waren vergangen, fröhlich, ruhig, ohne jedes Zittern der leuchtenden Sonnenflecken lag durch die halb offene Kirchentür gesehen der Platz. Ich brachte mir die Leiden der letzten Zeit in Erinnerung, ich wollte zu ihren bösen Wurzeln vordringen, es war unmöglich, ich erinnerte mich an keine Leiden und sie hatten keine Wurzeln in mir. Die Fragen des Beichtigers verstand ich kaum, ich verstand wohl die Worte, konnte aber, so sehr ich mich anstrengte, nicht den geringsten Bezug auf mich heraushören. Manche Fragen bat ich ihn zu wiederholen, aber es half nichts, sie waren nur wie scheinbare Bekannte hinsichtlich derer das Gedächtnis täuscht

---

Im Sturmwind, Narrheit der Blätter, schwere Tür, leichtes Klopfen gegen sie, Aufnehmen der Welt, Einführung der Gäste, großes Erstaunen, wie es plappert, sonderbarer Mund, Unmöglichkeit sich damit abzufinden, Arbeiten mit Rückblick, Hammerschlag auf Hammerschlag, kommen schon die Ingenieure? Nein, es gibt irgendeine Verzögerung, der Direktor bewirtet sie, es wird ein Hoch ausgebracht, die jungen Leute, dazwischen plätschert der Bach, ein alter Mann sieht zu, wie das lebt und duftet, aber habe die überirdische, die göttliche Jugend um das zu fühlen, erhabene Mücke die um die Tischlampe flattert, ja mein kleiner, mein winziger heuschreckenhafter, hochgezogen auf dem Stuhle hockender Tischgenosse,

---

Unser Direktor ist jung, es liegen große Pläne vor, immerfort treibt er uns an, grenzenlos ist die Zeit, die er darauf verwendet, und einer ist ihm so viel wert wie alle. Er ist fähig bei irgendeinem Kleinen Unbedeutenden, auf den kaum unser Blick gefallen ist, ganze Tage zu verbringen, er setzt sich mit ihm auf einen Sessel, er hält ihn umarmt, er legt sein Knie auf des andern Knie, er beschlagnahmt sein Ohr, niemandem sonst darf es mehr zugänglich sein, und nun beginnt er die Arbeit, die

———————

Unser Chef hält sich vor dem Personal sehr zurück, es gibt ganze Tage, während welcher wir ihn gar nicht zu sehn bekommen, er ist dann im Bureau, welches zwar auch im Geschäftslokal ist, aber bis zur Manneshöhe Mattglas-Scheiben hat und nicht nur durch das Geschäft, sondern auch vom Hausflur her betreten werden kann. Es liegt wahrscheinlich keine besondere Absicht in dieser Zurückhaltung, auch fühlt er sich uns nicht fremd, es entspricht aber völlig seinem Wesen. Er hält es weder für nötig noch für nützlich das Personal zu besonderem Fleiße anzutreiben, wen nicht der eigene Verstand dazu führt das Beste zu leisten, der kann seiner Meinung nach kein guter Gehilfe sein, wird sich in einem ruhig geführten, die offen daliegenden Möglichkeiten, diese aber sämtlich ausnützenden Geschäft gar nicht erhalten können, ja wird seine Nicht-Hingehörigkeit selbst derart stark fühlen, daß er auf die Kündigung nicht warten, sondern selbst kündigen wird. Und dies wird sich so schnell vollziehn, daß es weder dem Geschäft noch dem Gehilfen größeren Schaden bringen wird. Nun ist ja ein derartiges Verhältnis in der Geschäftswelt gewiß nicht üblich, aber bei unserem Chef bewährt es sich offensichtlich

———————

Ruhe zu bewahren; sehr weit abstehn von dem was die Leidenschaft will; die Strömung kennen und deshalb gegen den Strom schwimmen; aus Lust am Getragensein gegen den Strom schwimmen

———————

Warst Du gestern in Monza? – Ja – War dort nicht Markt? –
Ja.

———————

Es ist ein kleiner Laden, aber es ist viel Leben darin, von der
Gasse her hat er keinen Eingang, man muß durch den Flur
gehn, einen kleinen Hof durchqueren, erst dann kommt man
zu der Tür des Geschäftes, über der ein Täfelchen mit dem
Namen des Ladeninhabers hängt. Es ist ein Wäschegeschäft,
es wird dort fertige Wäsche verkauft, aber mehr noch unver-
arbeitetes Leinen. Nun ist es für einen Uneingeweihten, der
zum erstenmal in den Laden kommt, völlig unglaublich, wie
viel Wäsche und Leinen verkauft wird oder richtiger, da man
ja einen Überblick über das Ergebnis des Handels nicht bekommt, in welchem Umfang und mit welchem Eifer gehandelt wird. Wie gesagt, gibt es keinen direkten Ladeneingang
von der Gasse, aber nicht nur das, auch vom Hof her sieht
man keinen Kunden kommen und doch ist der Laden voll
von Menschen und immerfort neue sieht man und die alten
verschwinden, man weiß nicht wohin. Es gibt zwar auch
breite Wandregale, in der Hauptsache aber sind die Regale
rings um Pfeiler angebracht, die das vielfache klein zerteilte
Gewölbe tragen. Infolge dieser Anordnung weiß man von
keiner Stelle aus genau wie viel Leute im Laden sind, immer
wieder kommen um die Pfeiler herum neue hervor und das
Nicken der Köpfe, die lebhaften Handbewegungen, das
Trippeln der Füße im Gedränge, das Rauschen der zur Auswahl ausgebreiteten Ware, die endlosen Verhandlungen und
Streitigkeiten, in welche sich, auch wenn sie nur einen Ver-
käufer und einen Kunden betreffen, immer der ganze Laden
einzumischen scheint – dies alles vergrößert das Getriebe
über die Wirklichkeit hinaus. In einer Ecke ist ein Holzver-
schlag, breit, aber nicht höher als daß sitzende Menschen in

ihm Platz haben, das ist das Komptoir. Die Bretterwände sind offenbar sehr stark, die Tür ist winzig, Fenster anzubringen hat man vermieden, nur ein Guckfenster ist da, ist aber innen und außen verhängt – trotzallem aber ist es erstaunlich, daß in diesem Komptoir jemand bei dem Lärm draußen Ruhe zu schriftlichen Arbeiten findet. Manchmal wird die innen an der Tür hängende dunkle Portiere zurückgeschlagen, dann sieht man dort türausfüllend einen kleinen Kontorgehilfen stehn, die Feder hinterm Ohr, die Hand über den Augen, und neugierig oder auftragsgemäß den Wirrwarr im Laden betrachten. Es dauert aber nicht lange, schon schlüpft er zurück und läßt die Portiere derart schnell hinter sich niederfallen, daß man auch nicht den kleinsten Blick ins Innere des Komptoirs erhascht. Eine gewisse Verbindung besteht zwischen dem Komptoir und der Ladenkasse. Diese letztere ist knapp bei der Ladentüre angebracht und wird von einem jungen Mädchen verwaltet. Sie hat nicht so viel Arbeit, als es zuerst scheinen könnte. Nicht alle Leute zahlen bar, ja es zahlen die wenigsten so, es gibt offenbar noch andere Möglichkeiten der Verrechnung

———————

Schlinge den Traum durch die Zweige des Baumes. Der Reigen der Kinder. Des hinabgebeugten Vaters Ermahnung. Den Holzscheit über dem Knie zu brechen. Halb ohnmächtig, blaß, an der Wand des Verschlages lehnen, zum Himmel als zur Rettung aufsehn. Eine Pfütze im Hof. Altes Gerümpel landwirtschaftlicher Geräte dahinter. Ein eilig und vielfach am Abhang sich windender Pfad. Es regnete zeitweilig, zeitweilig aber schien auch die Sonne. Eine Bulldogge sprang hervor, daß die Sargträger zurückwichen.

Lange schon, lange, wollte ich in jene Stadt. Es ist eine große belebte Stadt, viele tausende Menschen wohnen dort, jeder Fremde wird eingelassen. Verona.

———————

Folgender militärischer Befehl wurde zwischen verwehten herbstlichen Blättern in der Allee gefunden, es ist unerforschlich von wem er stammt und an wen er gerichtet ist:

Heute Nacht beginnt der Angriff. Alles Bisherige, die Verteidigung, das Zurückweichen, die Flucht, die Zerstreuung

———————

Durch die Allee eine unfertige Gestalt, der Fetzen eines Regenmantels, ein Bein, die vordere Krempe eines Hutes, flüchtig von Ort zu Ort wechselnder Regen

———————

Die Freunde standen am Ufer. Der Mann der mich zum Schiff rudern sollte, hob meinen Koffer um ihn ins Boot zu tragen. Ich kannte den Mann seit vielen Jahren, immer ging er tief gebückt, irgendein Leiden verkrümmte so den sonst riesenhaft starken Mann.

———————

Was stört Dich? Was reißt an Deines Herzens Halt? Was tastet um die Klinke Deiner Türe? Was ruft Dich von der Straße her und kommt doch nicht durch das offene Tor? Ach, es ist eben jener, den Du störst, an dessen Herzens Halt Du reißt, an dessen Tür Du um die Klinke tastest, den Du von der Straße her rufst und durch dessen offenes Tor Du nicht kommen willst.

———————

Sie kamen durch das offene Tor und wir kamen ihnen entgegen. Wir tauschten neue Nachrichten aus. Wir sahen einander in die Augen.

———

Der Wagen war gänzlich unbrauchbar. Das rechte Vorderrad fehlte, infolgedessen war das rechte Hinterrad überlastet und verbogen, die Deichsel war zerbrochen, ein Stück von ihr lag auf dem Wagendach.

———

Man brachte uns ein kleines altes Wandschränkchen. Der Nachbar hatte es von einem entfernten Verwandten geerbt, als einziges Erbstück, hatte es auf verschiedene Weise zu öffnen versucht und hatte es schließlich, da es ihm nicht gelingen wollte, zu meinem Meister gebracht. Die Aufgabe war nicht leicht. Nicht nur daß kein Schlüssel vorhanden war, es war auch kein Schloß zu entdecken. Entweder war irgendwo ein geheimer Mechanismus, dessen Auslösung nur von einem in solchen Dingen sehr erfahrenen Mann gefunden werden konnte, oder der Schrank war überhaupt nicht zu öffnen sondern nur aufzubrechen, was allerdings höchst einfach zu bewerkstelligen gewesen wäre.

———

Eine Katze hatte eine Maus gefangen. »Was wirst Du nun machen?« fragte die Maus, »Du hast schreckliche Augen.« »Ach«, sagte die Katze, »solche Augen habe ich immer. Du wirst Dich daran gewöhnen.« »Ich werde lieber weggehn«, sagte die Maus, »meine Kinder warten auf mich.« »Deine Kinder warten?« sagte die Katze, »dann geh nur so schnell als möglich. Ich wollte Dich nur etwas fragen.« »Dann frage bitte, es ist wirklich schon sehr spät.

Dieser alten Fahne Färbung. Die wir sie hoben, einmal.

Was umringte uns? Wir waren ganz umringt.

Herr Ohmberg, Lehrer an der Bürgerschule des Städtchens, empfing uns am Bahnhof. Er war der Obmann des Komitees, welches sich die Erschließung der Höhle zur Aufgabe gemacht hatte. Ein kleiner beweglicher mittelstarker Herr mit einem Spitzbart von gewissermaßen farblosem Blond. Kaum hielt der Zug stand Ohmberg schon an den Stufen unseres Waggons und kaum stieg der Erste von uns aus, hielt er schon eine kleine Ansprache. Er wollte offenbar gern alle üblichen Formalitäten erfüllen, die Wichtigkeit der Sache, die er vertrat, drückte aber durch ihr Gewicht alle Formalitäten zur Lächerlichkeit hinab.

Es fuhren die muntern Genossen den Fluß abwärts. Ein Sonntagsfischer. Unerreichbare Fülle des Lebens. Zerschlage sie! Holz im toten Wasser. Sehnsüchtig ziehende Wellen. Sehnsuchterregend

---

Laufen, Laufen. Blick aus einer Nebengasse. Hohe Häuser, eine noch viel höhere Kirche.

Das Charakteristische der Stadt ist ihre Leere. Der große Ringplatz z. B. ist immer leer. Die Elektrischen, die sich dort kreuzen sind immer leer. Laut, hell, befreit von der Notwendigkeit des Augenblicks klingt ihr Läuten. Der große Bazar der am Ringplatz beginnt und durch viele Häuser in eine weit entfernte Straße führt, ist immer leer. An den vielen im Freien stehenden Tischchen des Kaffeehauses, das zu beiden Seiten des Bazareinganges sich ausbreitet sitzt kein Gast. Das große Tor der alten Kirche in der Mitte des Platzes ist weit offen, aber niemand geht ein oder aus. Die Marmorstufen, die zum Tor emporführen, strahlen mit einer geradezu unbändigen Kraft das Sonnenlicht zurück, das auf sie fällt.

———————

Es ist meine alte Heimatstadt und ich irre langsam, stockend durch ihre Gassen

———————

Es ist wieder der alte Kampf mit dem alten Riesen. Freilich, er kämpft nicht, nur ich kämpfe, er legt sich nur auf mich wie ein Knecht auf den Wirtshaustisch, kreuzt die Arme oben auf meiner Brust und drückt sein Kinn auf seine Arme. Werde ich dieser Last standhalten können?

———————

Durch die Nebel der Stadt. In einer engen Gasse, die auf einer Seite von einer epheuüberrankten Mauer gebildet wird.

———————

Ich stehe vor meinem alten Lehrer. Er lächelt mir zu und sagt: Wie ist es denn? Solange ist es schon her, daß ich Dich aus meinem Unterricht entlassen habe. Hätte ich nicht ein unmenschlich starkes Gedächtnis für alle meine Schüler, ich hätte Dich nicht wiedererkannt. So aber erkenne ich Dich genau, ja, Du bist mein Schüler. Aber warum kommst Du wieder zurück?

Es ist meine alte Heimatstadt und ich bin wieder in sie zurückgekehrt. Ich bin ein wohlhabender Bürger und ich habe
ein Haus mit der Aussicht auf den Fluß. Es ist ein altes
zweistöckiges Haus mit zwei großen Höfen. Ich habe eine
Wagenbauanstalt und in beiden Höfen wird den ganzen Tag
gesägt und gehämmert. Aber in den Wohnzimmern die an
der Vorderseite des Hauses liegen, ist davon nichts zu hören,
dort ist tiefe Stille und der kleine Platz vor dem Hause, der
rings geschlossen ist und nur nach dem Fluß sich öffnet, ist
immer leer. In diesen Wohnzimmern, großen parkettierten
von Vorhängen ein wenig verdunkelten Zimmern, stehen
alte Möbel, in einen wattierten Schlafrock eingewickelt gehe
ich gern zwischen ihnen umher.

Nichts davon, quer durch die Worte kommen Reste von
Licht.

Der gestählte Körper begreift seine Aufgaben. Ich pflege das
Tier mit wachsender Freude. Der Glanz der braunen Augen
dankt mir. Wir sind einig.

Ich erkläre es hier deutlich: alles was über mich erzählt wird
ist falsch, wenn es davon ausgeht, daß ich als erster Mensch
der Seelenfreund eines Pferdes gewesen bin. Sonderbar ist es,
daß diese ungeheuerliche Behauptung verbreitet und geglaubt wird, aber noch viel sonderbarer, daß man die Sache
leicht nimmt, sie verbreitet und glaubt, aber mit kaum mehr
als einem Kopfschütteln sie auf sich beruhen läßt. Hier liegt
ein Geheimnis, das zu erforschen eigentlich verlockender

wäre, als die Geringfügigkeit, die ich wirklich getan habe. Was ich getan habe, ist nur dieses: ich habe ein Jahr lang mit einem Pferde gelebt derart, wie etwa ein Mensch mit einem Mädchen, das er verehrt, von dem er aber abgewiesen wird, leben würde, wenn er äußerlich kein Hindernis hätte, um alles zu veranstalten, was ihn zu seinem Ziele bringen könnte. Ich habe also das Pferd Eleonor und mich in einen Stall gesperrt und habe diesen gemeinsamen Aufenthaltsort immer nur verlassen, um die Unterrichtsstunden zu geben, durch die ich die Unterhaltsmittel für uns beide verdiente. Leider waren dies immerhin fünf bis sechs Stunden täglich und es ist durchaus nicht ausgeschlossen, daß dieser Zeitausfall den endgiltigen Mißerfolg aller meiner Mühen verschuldet hat, mögen sich das die Herren, die ich um Unterstützung meines Unternehmens vergeblich bat und die nur ein wenig Geld hätten hergeben sollen für etwas, für das ich mich so zu opfern bereit war, wie man ein Bündel Hafer opfert, das man zwischen die Mahlzähne eines Pferdes stopft, mögen sich das doch diese Herren wohl gesagt sein lassen.

———————

Ein Sarg war fertiggestellt worden und der Tischler lud ihn auf den Handwagen, um ihn in das Sarggeschäft zu schaffen. Es war regnerisch, ein trüber Tag. Aus der Quergasse kam ein alter Herr heran, blieb vor dem Sarg stehn, strich mit dem Stock über ihn hin und begann mit dem Tischler ein kleines Gespräch über die Sargindustrie. Eine Frau mit einer Markttasche, die die Hauptgasse herab kam, stieß ein wenig gegen den Herrn, erkannte ihn dann als guten Bekannten und blieb auch für ein Weilchen stehn. Aus der Werkstatt trat der Gehilfe und hatte wegen seiner weiteren Arbeiten noch einige Fragen an den Meister zu richten. In einem Fenster über der Werkstatt erschien die Tischlersfrau mit ihrem Kleinsten auf dem Arm, der Tischler begann von der Gasse her den Kleinen ein wenig zu necken, auch der Herr und die Frau mit der Markttasche sahen lächelnd aufwärts. Ein Spatz, in dem Wahn hier etwas Eßbares zu finden, war auf den Sarg geflogen und hüpfte dort auf und ab. Ein Hund beschnupperte die Räder des Handwagens.

Da klopfte es plötzlich von innen stark gegen den Sargdeckel. Der Vogel flog auf und kreiste ängstlich über dem Wagen. Der Hund bellte wild, er war der aufgeregteste unter allen, so als wäre es seine Pflicht gewesen, das Ereignis vorherzusagen und als sei er verzweifelt über seine Pflichtversäumnis. Der Herr und die Frau waren zur Seite gesprungen und warteten mit ausgebreiteten Händen. Der Gehilfe hatte sich in einem plötzlichen Entschluß auf den Sarg geschwungen und saß schon oben, dieser Sitz erschien ihm weniger schrecklich, als die Möglichkeit daß der Sarg sich öffne und der Klopfer hervorsteige. Übrigens bereute er vielleicht schon die voreilige Tat, nun aber da er oben war wagte er nicht herunterzusteigen und alle Mühe des Meisters ihn herunterzutreiben war vergeblich. Die Frau oben im Fenster, die das Klopfen wahrscheinlich auch gehört hatte, aber nicht hatte beurteilen können woher es kam und jedenfalls nicht auf den Gedanken verfallen war, es könnte aus dem Sarge kommen, verstand nichts von den Vorgängen unten und sah erstaunt zu. Ein Schutzmann, von einem unbestimmten Verlangen angezogen, von einer unbestimmten Angst abgehalten, schlenderte zögernd heran.

Da wurde der Deckel mit solcher Kraft aufgestoßen daß der Gehilfe zur Seite glitt, ein kurzer gemeinsamer Aufschrei aller ringsherum erfolgte, die Frau im Fenster verschwand, offenbar raste sie mit dem Kind die Treppe herab. In dem Sarg fest eingepreßt

---

Suche ihn mit spitzer Feder, den Kopf kräftig, fest auf dem Halse sich umschauend, ruhig von Deinem Sitz. Du bist ein treuer Diener, innerhalb der Grenzen Deiner Stellung angesehn, innerhalb der Grenzen Deiner Stellung ein Herr, mächtig sind Deine Schenkel, weit die Brust, leicht geneigt der Hals wenn Du mit der Suche beginnst. Von weit her bist Du sichtbar, wie der Kirchturm eines Dorfes, auf Feldwegen von weither über Hügel und Täler streben Dir einzelne zu.

———————

Es ist die Nahrung von der ich gedeihe. Auserlesene Speisen auserlesen gekocht. Aus dem Fenster meines Hauses sehe ich die Zuträger der Nahrungsmittel, eine lange Reihe, oft stockt sie, dann drückt jeder seinen Korb an sich, um ihn vor Schaden zu behüten. Auch zu mir schauen sie empor, freundlich, manche entzückt.

———————

Es ist die Nahrung von der ich gedeihe. Es ist der süße Saft, der emporsteigt von meiner jungen Wurzel.

———————

Aufgesprungen vom Tisch, den Becher noch in der Hand, so jage ich hinter dem Feind, der mir gegenüber aufgetaucht ist, unter dem Tisch hervor.

———————

Im Trott des Wegs, aus Schwäche den Blick

———————

Als er ausbrach, in den Wald kam und dort verloren ging

Als er ausbrach, war es Abend. Nun, das Haus lag ja am Wald. Ein Stadthaus, regelrecht städtisch gebaut, einstöckig, mit einem Erker nach städtischem oder vorstädtischem Geschmack, mit einem kleinen vergitterten Vorgärtchen, mit feinen durchbrochenen Vorhängen hinter den Fenstern, ein Stadthaus und lag doch einsam weit und breit. Und es war ein Winterabend und sehr kalt war es hier im freien Feld. Aber es war doch kein freies Feld, sondern städtischer Verkehr, denn um die Ecke bog ein Wagen der Elektrischen, aber es war doch nicht in der Stadt, denn der Wagen fuhr nicht, sondern stand seit jeher dort, immer in dieser Stellung, als biege er um die Ecke. Und er war seit jeher leer und gar kein Wagen der Elektrischen, ein Wagen auf vier Rädern war es und in dem durch die Nebel unbestimmt sich ausgießenden Mondlicht konnte er an alles erinnern. Und städtisches Pflaster war hier, pflasterartig war der Boden gestrichelt, ein musterhaft ebenes Pflaster, aber es waren nur die dämmerhaften Schatten der Bäume, die sich über die verschneite Landstraße legten

———

Es ist wie man will, rührend oder erschreckend oder abscheulich, wie sich der junge Borcher anstrengt in mein Haus zu kommen. Verrückt war er ja immer, untauglich zu jeder Arbeit, von seiner Familie aufgegeben und nur notdürftig ernährt trieb er sich den ganzen Tag umher, am liebsten im Moor. Manchmal lag er tage- und nächtelang zuhause in einem Winkel, dann blieb er wieder viele Nächte aus.

———

Ich leide in der letzten Zeit unter den Belästigungen des Dorfnarren. Närrisch war er seit jeher, nur betraf es mich nicht mehr als jeden andern

Wieder brütet es unten an der Gartentür. Ich blicke durchs Fenster. Natürlich, wieder er,

---

Willst Du in eine fremde Familie eingeführt werden, suchst Du einen gemeinsamen Bekannten und bittest ihn um die Gefälligkeit. Findest Du keinen, geduldest Du Dich und wartest auf eine günstige Gelegenheit. In dem kleinen Ort, in dem wir leben, kann es ja daran nicht fehlen. Findet sich die Gelegenheit nicht heute, findet sie sich morgen gewiß. Und findet sie sich nicht, wirst Du deshalb nicht an den Säulen der Welt rütteln. Erträgt es die Familie, Dich entbehren zu müssen, erträgst Du es zumindest nicht schlechter.

Das ist alles selbstverständlich, nur K. versteht es nicht. Er hat es sich in der letzten Zeit in den Kopf gesetzt, in die Familie unseres Gutsherrn einzudringen, versucht es aber nicht auf den gesellschaftlichen Wegen, sondern ganz geradeaus. Vielleicht scheint ihm der übliche Weg zu langwierig und das ist richtig, aber der Weg, den er zu gehn versucht, ist ja unmöglich. Dabei übertreibe ich nicht die Bedeutung unseres Gutsherrn. Ein verständiger, fleißiger, ehrbarer Mann, aber auch nichts weiter. Was will K. von ihm? Will er eine Anstellung auf dem Gute? Nein, das will er nicht, er selbst ist wohlhabend und führt ein sorgenloses Leben. Liebt er des Gutsbesitzers Tochter? Nein, nein von diesem Verdacht ist er frei

---

Das Wohnungsamt mischte sich ein, es gab so viele amtliche Verordnungen, eine davon hatten wir vernachlässigt, es zeigte sich, daß ein Zimmer von unserer Wohnung an Untermieter abgegeben werden mußte, der Fall war zwar nicht ganz klar und wenn wir früher das fragliche Zimmer beim Amt angemeldet und gleichzeitig unsere Einwände gegen eine Vermietungspflicht vorgebracht hätten, wäre unsere Sache genug aussichtsreich gewesen, nun aber fiel uns eine Vernachlässigung amtlicher Vorschriften zur Last und die Strafe dafür war, daß wir gegen die Anordnungen des Amtes keine Berufung mehr erheben konnten. Ein unangenehmer Fall. Umso unangenehmer als das Amt nun auch die Möglichkeit hatte, uns einen Mieter nach seinem Belieben zuzuteilen. Doch hofften wir wenigstens dagegen noch etwas unternehmen zu können. Ich habe einen Neffen, der an der hiesigen Universität Jura studiert, seine Eltern, an und für sich nahe, in Wirklichkeit sehr entfernte Verwandte, leben in einem Landstädtchen, ich kenne sie kaum. Als der Junge in die Hauptstadt kam, stellte er sich uns vor, ein schwacher, ängstlicher, kurzsichtiger Junge mit gebeugtem Rücken und unangenehm verlegenen Bewegungen und Redensarten. Sein Kern mag ja ausgezeichnet sein, aber wir haben nicht Zeit und Lust bis dorthin vorzudringen, ein solcher Junge, ein solches langstieliges, zitterndes Pflänzchen würde unendliche Beobachtung und Pflege erfordern, das können wir nicht leisten, dann aber ist es besser, gar nichts zu tun und sich einen solchen Jungen fern vom Leib zu halten. Ein wenig unterstützen können wir ihn, mit Geld und Empfehlungen, das haben wir getan, sonst aber haben wir es zu weitern unnützen Besuchen nicht mehr kommen lassen. Nun aber angesichts der Zuschrift des Amtes haben wir uns des Jungen erinnert. Er wohnt irgendwo in einem nördlichen Bezirk, gewiß recht kläglich und sein Essen reicht gewiß kaum hin dieses lebensuntüchtige Körperchen aufrecht zu erhalten. Wie wäre es, wenn wir ihn zu uns herüberbrächten? Nicht nur aus Mitleid, aus Mitleid hätten wir es schon längst tun können und vielleicht sollen, nicht nur aus Mitleid, aber es

soll uns auch nicht unter den zweifellosen Verdiensten ange-
rechnet werden, wir wären schon reichlich belohnt wenn uns
unser kleiner Neffe im letzten Augenblick vor dem Diktat
des Wohnungsamtes, vor dem Eindringen irgendeines beliebigen, irgendeines auf seinem Schein bestehenden, wild-
fremden Mieters bewahrte. Soweit wir uns aber erkundigt
haben, wäre dies recht gut möglich. Wenn man dem Wohnungsamt einen armen Studenten als schon vorhandenen
Inwohner entgegenhalten könnte, wenn man nachweisen
könnte, daß dieser Student durch Verlust dieses Zimmers
nicht nur ein Zimmer, sondern fast seine Existenzmöglich-
keit verliert, wenn man schließlich (der Neffe wird seine
Mithilfe bei diesem kleinen Manöver nicht verweigern, dafür
wollen wir sorgen) glaubhaft machen könnte, daß er wenigstens zeitweilig in diesem Zimmer schon früher gewohnt hat
und nur während der allerdings langen Zeit der Prüfungsvor-
bereitung bei seinen Eltern auf dem Lande war – wenn alles
dies gelingt, dann haben wir kaum etwas zu fürchten. Zuerst
freilich müssen wir den Neffen holen, doch macht das wenig
Mühe, mit dem Auto, in dem wir den Jungen, der kaum
weiß wie ihm geschieht zwischen

Ich bin zurückgekehrt, ich habe den Flur durchschritten und
blicke mich um. Es ist meines Vaters alter Hof. Die Pfütze in
der Mitte. Altes unbrauchbares Gerät in einander verfahren
verstellt den Weg zur Bodentreppe. Die Katze lauert auf dem
Geländer. Ein zerrissenes Tuch einmal im Spiel um eine
Stange gewunden hebt sich im Wind. Ich bin angekommen.
Wer wird mich empfangen? Wer wartet hinter der Tür der
Küche? Rauch kommt aus dem Schornstein, der Kaffee zum
Abendessen wird gekocht. Ist Dir heimlich, fühlst Du Dich
zuhause? Ich weiß es nicht, ich bin sehr unsicher. Meines

Vaters Haus ist es, aber kalt steht Stück neben Stück als wäre jedes mit seinen eigenen Angelegenheiten beschäftigt, die ich teils vergessen habe teils niemals kannte. Was kann ich ihnen nützen, was bin ich ihnen und sei ich auch des Vaters, des alten Landwirts Sohn. Und ich wage nicht an der Küchentür zu klopfen, nur von der Ferne horche ich, nur von der Ferne horche ich stehend, nicht so daß ich als Horcher überrascht werden könnte. Und weil ich von der Ferne horche, erhorche ich nichts, nur einen leichten Uhrenschlag höre ich oder glaube ihn vielleicht nur zu hören herüber aus den Kinder-tagen. Was sonst in der Küche geschieht ist das Geheimnis der dort Sitzenden, das sie vor mir wahren. Je länger man vor der Tür zögert, desto fremder wird man. Wie wäre es wenn jetzt jemand die Tür öffnete und mich etwas fragte. Wäre ich dann nicht selbst wie einer der sein Geheimnis wahren will.

Frische Fülle. Quellende Wasser. Stürmisches, friedliches, hohes, sich ausbreitendes Wachsen. Glückselige Oase. Mor-gen nach durchtobter Nacht. Mit dem Himmel Brust an Brust. Friede, Versöhnung, Versinkung.

Schöpferisch. Schreite! Komme des Weges daher! Stehe mir Rede! Stelle mich zur Rede. Urteile! töte!

Er singt im Chor. – Wir lachten viel. Wir waren jung, der Tag war schön, die hohen Fenster des Korridors führten auf einen unübersehbaren blühenden Garten. Wir lehnten in den offe-nen, den Blick und uns selbst ins Weite tragenden Fenstern. Manchmal sagte der hinter uns auf und ab gehende Diener ein Wort, das uns zur Ruhe mahnen sollte. Wir sahen ihn kaum, wir verstanden ihn kaum, nur an seinen auf den steinernen Fliesen tönenden Schritt erinnere ich mich, an den von Ferne warnenden Klang.

———————

Dann lag die Ebene vor K. und in der Ferne weit im Blauen
auf einem kleinen Hügel, kaum zu erkennen, das Haus, zu
dem er strebte. Aber es dauerte noch bis zum Abend und
viele Mal war ihm während des Tages das Ziel aus dem Blick
entschwunden, bis er auf schon dunkelndem Feldweg plötzlich am Fuße jenes Hügels stand. »Das ist also mein Haus«,
sagte er sich, »ein kleines altes klägliches Haus, aber es ist
meines und in paar Monaten soll es anders aussehn.« Und er
stieg zwischen Wiesen den Hügel hinauf. Die Tür war offen,
ja sie konnte gar nicht geschlossen werden, denn der eine
Türflügel fehlte. Eine Katze, die auf der Schwelle gesessen
hatte, verschwand mit großem Geschrei, so schreien Katzen
sonst nicht. Die Türen der zwei Räume rechts und links von
der Treppe waren offen, mit paar halbzerbrochenen alten
Möbelstücken ausgestattet, sonst leer. Aber von oben, von
der Treppe herab die sich im Finstern verlor fragte eine
zitternde fast röchelnde Stimme, wer gekommen sei. K.
machte einen großen Schritt über die ersten drei Stufen, die in
der Mitte zerbrochen waren – sonderbarer Weise sahen die
Bruchstellen frisch aus, als sei es heute oder gestern geschehn
– und stieg hinauf. Auch oben war die Zimmertür offen

Ich habe den Bau eingerichtet und er scheint wohlgelungen.
Von außen ist eigentlich nur ein großes Loch sichtbar, dieses
führt aber in Wirklichkeit nirgends hin, schon nach paar
Schritten stößt man auf natürliches festes Gestein, ich will
mich nicht dessen rühmen diese List mit Absicht ausgeführt

zu haben, es war vielmehr der Rest eines der vielen vergebli-
chen Bauversuche, aber schließlich schien es mir vorteilhaft,
dieses eine Loch unverschüttet zu lassen. Freilich manche List
ist so fein, daß sie sich selbst umbringt, daß weiß ich besser
als irgendwer sonst und es ist gewiß auch kühn, durch dieses
Loch überhaupt auf die Möglichkeit aufmerksam zu machen,
daß hier etwas Nachforschungswertes vorhanden ist. Doch
verkennt mich wer glaubt daß ich feige bin und etwa nur aus
Feigheit meinen Bau anlege. Wohl tausend Schritte von diesem Loch entfernt liegt von einer abhebbaren Moosschichte
verdeckt der eigentliche Zugang zum Bau, er ist so gesichert,
wie eben überhaupt auf der Welt etwas gesichert werden
kann, gewiß, es kann jemand auf das Moos treten oder
hineinstoßen, dann liegt mein Bau frei da und wer Lust hat –
allerdings sind wohlgemerkt auch gewisse nicht allzuhäufige
Fähigkeiten dazu nötig – kann eindringen und für immer alles
zerstören. Das weiß ich wohl und mein Leben hat selbst jetzt
auf seinem Höhepunkt kaum eine völlig ruhige Stunde, dort
an jener Stelle im dunkeln Moos bin ich sterblich und in
meinen Träumen schnuppert dort oft eine lüsterne Schnauze
unaufhörlich herum. Ich hätte, wird man meinen, auch dieses wirkliche Eingangsloch zuschütten können, oben in dün-
ner Schicht mit fester, weiter unten mit lockerer Erde, so daß
es mir immer nur wenig Mühe gegeben hätte, mir immer
wieder von neuem den Ausweg zu erarbeiten. Es ist aber
doch nicht möglich, gerade die Vorsicht verlangt, daß ich
eine sofortige Auslaufmöglichkeit habe, gerade die Vorsicht
verlangt wie leider so oft, das Risiko des Lebens; das alles sind
recht mühselige Rechnungen und die Freude des scharfsinni-
gen Kopfes an sich selbst ist manchmal die alleinige Ursache
dessen, daß man weiterrechnet. Ich muß die sofortige Auslaufmöglichkeit haben, kann ich denn trotz aller Wachsam-
keit nicht von ganz unerwarteter Seite angegriffen werden?

Ich lebe im innersten meines Baues in Frieden und inzwischen bohrt sich langsam und still der Gegner von irgendwoher an mich heran, ich will nicht sagen, daß er bessern Spürsinn hat als ich, vielleicht weiß er ebensowenig von mir wie ich von ihm, aber es gibt leidenschaftliche Räuber, die blindlings die Erde durchwühlen und bei der ungeheueren Ausdehnung meines Baues haben selbst sie Hoffnung irgendwo auf einen meiner Wege zu stoßen, freilich ich habe den Vorteil in meinem Haus zu sein, alle Wege und Richtungen genau zu kennen, der Räuber kann sehr leicht mein Opfer werden und ein süß schmeckendes, aber ich werde alt, es gibt viele die kräftiger sind als ich und meiner Gegner gibt es unzählige, es könnte geschehn, daß ich vor einem Feind fliehe und dem andern in die Fänge laufe, ach was könnte nicht alles geschehn, jedenfalls aber muß ich die Zuversicht haben, daß irgendwo vielleicht ein leicht erreichbarer, völlig offener Ausgang ist, wo ich, um hinauszukommen, gar nicht mehr zu arbeiten habe, so daß ich nicht etwa, während ich dort verzweifelt grabe, sei es auch in leichter Aufschüttung, plötzlich – bewahre mich der Himmel – die Zähne des Verfolgers in meinen Schenkeln spüre. Und es sind nicht nur die äußern Feinde die mich bedrohen, es gibt auch solche im Innern der Erde, ich habe sie noch nie gesehn, aber die Sagen erzählen von ihnen und ich glaube fest an sie. Es sind Wesen der innern Erde, nicht einmal die Sage kann sie beschreiben, selbst wer ihr Opfer geworden ist hat sie kaum gesehn, sie kommen, man hört das Kratzen ihrer Krallen knapp unter sich in der Erde, die ihr Element ist, und schon ist man verloren. Hier gilt auch nicht daß man in seinem Haus ist, vielmehr ist man in ihrem Haus. Vor ihnen rettet mich auch jener Ausweg nicht, wie er mich ja wahrscheinlich überhaupt nicht rettet, sondern verdirbt, aber eine Hoffnung ist er und ich kann ohne ihn nicht leben.

Außer diesem großen Weg verbinden mich mit der Außenwelt noch ganz enge, ziemlich ungefährliche Wege, die mir gut atembare Luft verschaffen, sie sind von den Waldmäusen angelegt, ich habe es verstanden sie in meinen Bau richtig einzubeziehn, sie bieten mir auch die Möglichkeit weitreichender Witterung und geben mir so Schutz, auch kommt durch sie allerlei kleines Volk zu mir das ich verzehre, so daß ich eine gewisse für einen bescheidenen Lebensunterhalt ausreichende Niederjagd haben kann ohne überhaupt meinen Bau zu verlassen, das ist natürlich sehr wertvoll.

Das schönste an meinem Bau ist aber seine Stille, freilich sie ist trügerisch, plötzlich einmal kann sie unterbrochen werden und alles ist zu ende, vorläufig aber ist sie noch da, stundenlang kann ich durch meine Gänge schleichen und höre nichts als manchmal das Rascheln irgendeines Kleintiers, das ich dann gleich zwischen meinen Zähnen auch zur Ruhe bringe, oder das Rieseln der Erde, das mir die Notwendigkeit irgendeiner Ausbesserung anzeigt, sonst ist es still. Die Waldluft weht herein, es ist gleichzeitig warm und kühl, manchmal strecke ich mich aus und drehe mich in dem Gang rundum vor Behagen. Schön ist es für das nahende Alter einen solchen Bau zu haben, sich unter Dach gebracht zu haben, wenn der Herbst beginnt.

Alle hundert Meter etwa habe ich die Gänge zu kleinen runden Plätzen erweitert, dort kann ich mich bequem zusammenrollen, mich an mir wärmen und ruhen. Dort schlafe ich den süßen Schlaf des Friedens, des beruhigten Verlangens, des erreichten Zieles, des Hausbesitzes. Ich weiß nicht ob es eine Gewohnheit aus alten Zeiten ist oder ob doch die Gefahren auch dieses Hauses stark genug sind mich zu wecken, regelmäßig von Zeit zu Zeit schrecke ich auf aus tiefem Schlaf und lausche, lausche in die Stille, die hier unverändert herrscht bei Tag und Nacht, lächle beruhigt und sinke mit gelösten Gliedern in noch tiefern Schlaf. Arme Wanderer, ohne Haus, auf Landstraßen, in Wäldern, bestenfalls verkrochen in einem Blätterhaufen oder in einem Rudel der Genossen, ausgeliefert allem Verderben des Himmels und der Erde. Ich liege hier auf einem allseits gesicherten Platz, – mehr als fünfzig solcher Art gibt es in meinem Bau – und zwischen Hindämmern und bewußtlosem Schlaf vergehn mir die Stunden, die ich nach meinem Belieben dafür wähle.

Nicht ganz in der Mitte des Baues, wohlerwogen für den Fall der äußersten Gefahr, nicht geradezu einer Verfolgung, aber einer Belagerung, liegt der Hauptplatz. Während alles andere vielleicht mehr eine Arbeit angestrengtesten Verstandes als des Körpers ist, ist dieser Burg-Platz das Ergebnis allerschwerster Arbeit meines Körpers in allen seinen Teilen. Einigemale wollte ich in der Verzweiflung körperlicher Ermüdung von allem ablassen, wälzte mich auf dem Rükken und fluchte dem Bau, schleppte mich hinaus und ließ den Bau offen daliegen, konnte es ja tun, da ich nicht mehr zu ihm zurückkehren wollte, bis ich dann nach Stunden oder Tagen reuig zurückkam, fast einen Gesang erhoben hätte über die Unverletztheit des Baus und in aufrichtiger Fröhlichkeit mit der Arbeit von neuem begann. Die Arbeit am Burgplatz erschwerte sich auch unnötig, unnötig will sagen, daß der Bau von der Mehrarbeit keinen eigentlichen Nutzen hatte, dadurch, daß gerade an der Stelle wo der Platz plangemäß sein sollte, die Erde recht locker und sandig war, die Erde mußte dort geradezu festgehämmert werden, um den großen schön gewölbten und gerundeten Platz zu bilden. Für eine solche Arbeit aber habe ich nur die Stirn. Mit der Stirn also bin ich tausend und tausend mal tage- und nächtelang gegen die Erde angerannt, war glücklich wenn ich sie mir blutig schlug, denn dies war ein Beweis der beginnenden Festigung der Wand, und habe mir auf diese

Weise, wie man mir vielleicht zugestehen wird, meinen Burgplatz wohl verdient.

Auf diesem Burgplatz sammle ich meine Vorräte, alles was ich über meine augenblicklichen Bedürfnisse hinaus innerhalb des Baues erjage und alles was ich von meinen Jagden außer dem Hause mitbringe, häufe ich hier auf. Der Platz ist so groß, daß ihn Vorräte für ein halbes Jahr nicht füllen. Infolgedessen kann ich sie wohl ausbreiten, zwischen ihnen herumgehn, mit ihnen spielen, mich an der Menge und an den verschiedenen Gerüchen freuen und immer einen genauen Überblick über das Vorhandene haben. Ich kann dann auch immer Neuordnungen vornehmen und entsprechend der Jahreszeit die nötigen Vorausberechnungen und Jagdpläne machen. Es gibt Zeiten, in denen ich so wohl versorgt bin, daß ich aus Gleichgültigkeit gegen das Essen überhaupt das Kleinzeug, das hier herumhuscht, gar nicht berühre, was allerdings aus andern Gründen vielleicht unvorsichtig ist. Die häufige Beschäftigung mit Verteidigungsvorbereitungen bringt es mit sich, daß meine Ansichten hinsichtlich der Ausnützung des Baues für solche Zwecke sich ändern oder entwickeln, in kleinem Rahmen allerdings. Es scheint mir dann manchmal gefährlich die Verteidigung ganz auf dem Burgplatz zu basieren, die Mannigfaltigkeit des Baues gibt mir doch auch mannigfaltigere Möglichkeiten und es scheint mir der Vorsicht entsprechender die Vorräte ein wenig zu verteilen und auch manche kleine Plätze mit ihnen zu versorgen, dann bestimme ich etwa jeden dritten Platz zum Reservevorratsplatz oder jeden vierten Platz zu einem Haupt- und jeden zweiten zu einem Nebenvorratsplatz udgl. Oder ich schalte manche Wege zu Täuschungszwecken überhaupt aus der Behäufung mit Vorräten aus oder ich wähle ganz sprunghaft, je nach ihrer Lage zum Hauptausgang, nur wenige Plätze. Jeder solche neue Plan verlangt allerdings schwere

Lastträgerarbeit, ich muß die neue Berechnung vornehmen und trage dann die Lasten hin und her. Freilich kann ich das in Ruhe ohne Übereilung machen und es ist nicht gar so schlimm die guten Dinge im Maule zu tragen, sich auszuruhen wo man will, und was einem gerade schmeckt zu naschen. Schlimmer ist es, wenn es mir manchmal, gewöhnlich beim Aufschrecken aus dem Schlaf, scheint, daß die gegenwärtige Aufteilung ganz und gar verfehlt ist, große Gefahren herbeiführen kann und sofort eiligst ohne Rücksicht auf Schläfrigkeit und Müdigkeit richtiggestellt werden muß, dann eile ich, dann fliege ich, dann habe ich keine Zeit zu Berechnungen, der ich gerade einen neuen ganz genauen Plan ausführen will, fasse willkürlich, was mir unter die Zähne kommt, schleppe, trage, seufze, stöhne, stolpere und nur irgendeine beliebige Veränderung des gegenwärtigen mir so übergefährlich scheinenden Zustandes will mir schon genügen. Bis allmählich mit völligem Erwachen die Ernüchterung kommt, ich die Übereilung kaum verstehe, tief den Frieden meines Hauses einatme, den ich selbst gestört habe, zu meinem Schlafplatz zurückkehre, in neugewonnener Müdigkeit sofort einschlafe und beim Erwachen als unwiderleglichen Beweis der schon fast traumhaft erscheinenden Nachtarbeit etwa noch eine Ratte an den Zähnen hängen habe. Dann gibt es wieder Zeiten, wo mir die Vereinigung aller Vorräte auf einem Platz das Allerbeste scheint. Was können mir die Vorräte auf den kleinen Plätzen helfen, wieviel läßt sich denn dort überhaupt unterbringen und was man immer auch hinbringt, es verstellt den Weg und wird mich vielleicht einmal bei der Verteidigung, beim Laufen cher hindern. Außerdem ist es zwar dumm aber wahr, daß das Selbstbewußtsein darunter leidet, wenn man nicht alle Vorräte beisammen sieht und so mit einem einzigen Blick weiß was man besitzt. Kann nicht auch bei diesen vielen Verteilungen vieles verloren gehn? Ich kann nicht immerfort durch meine Kreuz- und Quergänge galoppieren um zu sehn ob alles in richtigem Stande ist. Der Grundgedanke einer Verteilung der Vorräte ist ja richtig, aber eigentlich nur dann wenn man mehrere Plätze von der Art meines Burgplatzes hat. Mehrere solche Plätze! Freilich! Aber wer kann das schaffen? Auch sind sie im Gesamtplan meines Baues jetzt nachträglich nicht mehr unterzubringen. Zugeben aber will ich, daß darin ein Fehler des Baues liegt, wie überhaupt dort immer ein Fehler ist wo man von irgendetwas nur ein Exemplar besitzt. Und ich gestehe auch ein, daß in mir während des ganzen Baues dunkel im Bewußtsein, aber deutlich genug wenn ich den guten Willen gehabt hätte, die Forderung nach mehreren Burgplätzen lebte, ich habe ihr nicht nachgegeben, ich fühlte mich zu schwach für die ungeheuere Arbeit, ja ich fühlte mich zu schwach mir die Notwendigkeit der Arbeit zu vergegenwärtigen, irgendwie tröstete ich mich mit Gefühlen von nicht minderer Dunkelheit, nach denen das, was sonst nicht hinreichen würde, in meinem Fall einmal, ausnahmsweise, gnadenweise, wahrscheinlich weil der Vorsehung an der Erhaltung meiner Stirn, des Stampfhammers, besonders gelegen ist, hinreichen werde. Nun so habe ich nur einen Burgplatz, aber die dunklen Gefühle, daß der eine diesmal hinreichen werde, haben sich verloren. Wie es auch sei, ich muß mich mit dem einen begnügen, die kleinen Plätze können ihn unmöglich ersetzen und so fange ich dann, wenn diese Anschauung in mir gereift ist, wieder an alles aus den kleinen Plätzen zum Burgplatz zurückzuschleppen. Für einige Zeit ist es mir dann ein großer Trost, alle Plätze und Gänge frei zu haben, zu sehen wie auf dem Burgplatz sich die Mengen des Fleisches häufen und weithin bis in die äußersten Gänge die Mischung der vielen Gerüche senden, von denen jedes in seiner Art mich entzückt und die ich aus der Ferne genau zu sondern imstande bin. Dann pflegen besonders friedliche Zeiten zu kommen, in denen ich meine Schlafplätze langsam, allmählich von den äußern Kreisen nach innen verlege, immer tiefer in die Gerüche tauche, bis ich es nicht mehr ertrage und eines Nachts auf den Burgplatz stürze, mächtig unter den Vorräten aufräume und bis zur vollständigen Selbstbetäubung mit dem Besten, was ich habe mich fülle. Glückliche, aber gefährliche Zeiten, wer sie auszunützen verstünde, könnte mich leicht ohne sich zu gefährden, vernichten. Auch hier wirkt das Fehlen eines zweiten oder dritten Burgplatzes schädigend mit, die große einmalige Gesamtanhäufung ist es die mich verführt. Ich suche mich verschiedentlich dagegen zu schützen, die Verteilung auf die kleinen Plätze ist ja auch eine derartige Maßnahme, leider führt sie, wie andere ähnliche Maßnahmen, durch Entbehrung zu noch größerer Gier, die dann mit Überrennung des Verstandes, die Verteidigungspläne zu ihren Zwecken willkürlich ändert.

Nach solchen Zeiten pflege ich um mich zu sammeln den Bau zu revidieren und nachdem die nötigen Ausbesserungen vorgenommen sind, ihn öfters wenn auch immer nur für kürzere Zeit zu verlassen. Die Strafe ihn lange zu entbehren scheint mir selbst dann zu hart, aber die Notwendigkeit zeitweiliger Ausflüge sehe ich ein. Es hat immer eine gewisse Feierlichkeit, wenn ich mich dem Ausgang nähere. In den Zeiten des häuslichen Lebens weiche ich ihm aus, vermeide sogar den Gang, der zu ihm führt in seinen letzten Ausläufern zu begehn, es ist auch gar nicht leicht dort herumzuwandern, denn ich habe dort ein kleines tolles Zickzackwerk von Gängen angelegt; dort fing mein Bau an, ich durfte damals noch nicht hoffen ihn je so beenden zu können, wie er in meinem Plane dastand, ich begann halb spielerisch an diesem Eckchen und so tobte sich dort die erste Arbeitsfreude in einem Labyrintbau aus, der mir damals die Krone aller Bauten schien,

den ich aber heute wahrscheinlich richtiger als allzu klein-
liche, des Gesamtbaues nicht recht würdige Bastelei beurteile,
die zwar teoretisch vielleicht köstlich ist – hier ist der Eingang
zu meinem Haus, sagte ich damals ironisch zu den unsichtbaren Feinden und sah sie sämtlich schon in dem Eingangslaby-
rint ersticken – in Wirklichkeit aber eine viel zu dünnwandige
Spielerei darstellt, die einem ernsten Angriff oder einem
verzweifelt um sein Leben kämpfenden Feind kaum widerstehen wird. Soll ich diesen Teil deshalb umbauen? Ich zögere
die Entscheidung hinaus und es wird wohl schon so bleiben
wie es ist. Abgesehen von der großen Arbeit, die ich mir
damit zumuten würde, wäre es auch die gefährlichste die
man sich denken kann, damals als ich den Bau begann,
konnte ich dort verhältnismäßig ruhig arbeiten, das Risiko
war nicht viel größer als irgendwann sonst, heute aber hieße
es, fast mutwillig die Welt auf den ganzen Bau aufmerksam
machen zu wollen, heute ist es nicht mehr möglich. Es freut
mich fast, eine gewisse Empfindsamkeit für dieses Erstlings-
werk ist ja auch vorhanden. Und wenn ein großer Angriff
kommen sollte, welcher Grundriß des Eingangs könnte mich
retten? Der Eingang kann täuschen, ablenken, den Angreifer
quälen, das tut auch dieser zur Not. Aber einem wirklich
großen Angriff muß ich gleich mit allen Mitteln des Ge-
sammtbaues und mit allen Kräften des Körpers und der Seele
zu begegnen suchen – das ist ja selbstverständlich. So mag
also dieser Eingang schon bleiben. Der Bau hat soviele von
der Natur ihm aufgezwungene Schwächen, mag er auch
noch diesen von meinen Händen geschaffenen und wenn
auch erst nachträglich, so doch genau erkannten Mangel
behalten. Mit dem allen ist freilich nicht gesagt, daß mich
dieser Fehler nicht von Zeit zu Zeit oder vielleicht immer
doch beunruhigt. Wenn ich bei meinen gewöhnlichen Spa-
ziergängen diesem Teil des Baues ausweiche, so geschieht es

hauptsächlich deshalb, weil mir sein Anblick unangenehm ist, weil ich nicht immer einen Mangel des Baues in Augenschein nehmen will, wenn dieser Mangel schon in meinem Bewußtsein nur allzusehr rumort. Mag der Fehler dort oben am Eingang unausrottbar bestehn, ich aber mag solange es sich vermeiden läßt, von seinem Anblick verschont bleiben. Gehe ich nur in der Richtung zum Ausgang, sei ich auch noch durch Gänge und Plätze von ihm getrennt, glaube ich schon in die Atmosphäre einer großen Gefahr zu geraten, mir ist manchmal als verdünne sich mein Fell, als könnte ich bald mit bloßem kahlen Fleisch dastehn und in diesem Augenblick vom Geheul meiner Feinde begrüßt werden. Gewiß, solche ungesunde Gefühle bringt schon an und für sich der Ausgang selbst hervor, das Aufhören des häuslichen Schutzes, aber es ist doch auch dieser Eingangsbau, der mich besonders quält. Manchmal träume ich, ich hätte ihn umgebaut, ganz und gar geändert, schnell, mit Riesenkräften, in einer Nacht, von niemandem bemerkt und nun sei er uneinnehmbar, der Schlaf in dem mir das geschieht ist der süßeste von allen, Tränen der Freude und Erlösung glitzern noch an meinen Barthaaren, wenn ich erwache.

Die Pein dieses Labyrinthes muß ich also auch körperlich überwinden, wenn ich ausgehe, und es ist mir ärgerlich und rührend zugleich, wenn ich mich manchmal in meinem eigenen Gebilde für einen Augenblick verirre und das Werk sich also noch immer anzustrengen scheint, mir, dessen Urteil schon längst feststeht, doch noch seine Existenzberechtigung zu beweisen. Dann aber bin ich unter der Moosdecke, der ich manchmal Zeit lasse – solange rühre ich mich nicht aus dem Hause –, mit dem übrigen Waldboden zusammenzuwachsen und nun ist nur noch ein Ruck des Kopfes nötig und ich bin in der Fremde. Diese kleine Bewegung wage ich lange nicht auszuführen, hätte ich nicht wieder das Eingangslabyrinth zu überwinden, gewiß würde ich heute davon ablassen und wieder zurückwandern. Wie? Dein Haus ist geschützt, in sich abgeschlossen, Du lebst in Frieden, warm, gut genährt, Herr, alleiniger Herr über eine Vielzahl von Gängen und Plätzen, und alles dieses willst Du, hoffentlich nicht opfern, aber doch gewissermaßen preisgeben, hast zwar die Zuversicht es zurückzugewinnen, aber läßt Dich doch darauf ein, ein hohes, ein allzuhohes Spiel zu spielen. Es gäbe vernünftige Gründe dafür? Nein, für etwas derartiges kann es keine vernünftigen Gründe geben. Aber dann hebe ich doch vorsichtig die Falltüre und bin draußen; lasse sie vorsichtig sinken und jage, so schnell ich kann, weg von dem verräterischen Ort.

Aber im Freien bin ich eigentlich nicht, zwar drücke ich mich nicht mehr durch die Gänge, sondern jage im offenen Wald, fühle in meinem Körper neue Kräfte, für die im Baue gewissermaßen kein Raum ist, nicht einmal auf dem Burgplatz und wäre er zehnmal größer, auch ist die Ernährung draußen eine bessere, die Jagd zwar schwieriger, der Erfolg seltener, aber das Ergebnis in jeder Hinsicht höher zu bewerten, das alles leugne ich nicht und verstehe es wahrzunehmen und zu genießen, zumindest so gut wie jeder andere, aber wahrscheinlich viel besser, denn ich jage nicht wie ein Landstreicher aus Leichtsinn oder Verzweiflung, sondern zweckvoll und ruhig. Auch bin ich nicht dem freien Leben bestimmt und ausgeliefert, sondern ich weiß, daß meine Zeit gemessen ist, daß ich nicht endlos hier jagen muß sondern daß mich, gewissermaßen wenn ich will und des Lebens hier müde bin, jemand zu sich rufen wird, dessen Einladung ich nicht werde widerstehen können. Und so kann ich diese Zeit hier ganz auskosten und sorgenlos verbringen, vielmehr ich könnte es und kann es doch nicht. Zuviel beschäftigt mich der Bau. Schnell bin ich vom Eingang fortgelaufen, bald aber komme ich zurück. Ich suche mir ein gutes Versteck und belauere den Eingang meines Hauses – diesmal von außen – tage- und nächtelang. Mag man es töricht nennen, es macht mir aber eine unsagbare Freude, mehr noch, es beruhigt mich. Mir ist dann, als stehe ich nicht vor meinem Haus, sondern vor mir selbst, während ich schlafe, und hätte das Glück gleichzeitig tief zu schlafen und dabei mich scharf bewachen zu können. Ich bin gewissermaßen ausgezeichnet, die Gespenster der Nacht nicht nur in der Hilflosigkeit und Vertrauensseligkeit des Schlafes zu sehn, sondern ihnen gleichzeitig in Wirklichkeit bei voller Kraft des Wachseins in ruhiger Urteilsfähigkeit zu begegnen. Und ich finde daß es merkwürdiger Weise nicht so schlimm mit mir steht, wie ich oft glaubte und wie ich wahrscheinlich wieder glauben werde, wenn ich in mein Haus hinabsteige. In dieser Hinsicht – wohl auch in anderer, aber in dieser besonders – sind diese Ausflüge wahrhaftig unentbehrlich. Gewiß, so sorgfältig ich den Eingang abseitsliegend gewählt habe – der Gesamtplan legte mir allerdings darin gewisse Einschränkungen auf – der Verkehr der sich dort vollzieht ist doch, wenn man die Beobachtungen etwa einer Woche zusammenfaßt, sehr groß, aber so ist es vielleicht überhaupt in allen bewohnbaren Gegenden und wahrscheinlich ist es sogar besser einem größeren Verkehr sich auszusetzen, der infolge seiner Größe sich selbst mit weiterreißt, als in völliger Einsamkeit dem ersten besten langsam suchenden Eindringling ausgeliefert zu sein. Hier gibt es viele Feinde und noch mehr Helfershelfer der Feinde, aber sie bekämpfen sich auch gegenseitig und jagen in diesen Beschäftigungen am Bau vorbei. Niemanden habe ich in der ganzen Zeit geradezu am Eingang forschen sehn, zu meinem und zu seinem Glück, denn ich hätte mich, besinnungslos vor Sorge um den Bau, gewiß an seine Kehle geworfen. Freilich es kam auch Volk, in dessen Nähe ich nicht zu bleiben wagte und vor denen ich, wenn ich sie nur in der Ferne ahnte, fliehen mußte, über ihr Verhalten zum Bau dürfte ich mich eigentlich mit Sicherheit nicht äußern, doch genügt es wohl zur Beruhigung, daß ich bald zurückkam, niemanden von ihnen mehr vorfand und den Eingang unverletzt. Es gab glückliche Zeiten, in denen ich mir fast sagte, daß die Gegnerschaft der Welt gegen mich vielleicht aufgehört oder sich beruhigt habe oder daß die Macht des Baues mich heraushebe aus dem bisherigen Vernichtungskampf. Der Bau schützt vielleicht mehr, als ich jemals gedacht habe oder im Innern des Baues zu denken wage. Es ging so weit daß ich manchmal den kindischen Wunsch bekam überhaupt nicht mehr in den Bau zurückzukehren sondern hier in der Nähe des Eingangs mich einzurichten, mein Leben in der Beobachtung des Eingangs zu verbringen und immerfort mir vor Augen zu halten und darin mein Glück zu finden, wie fest mich der Bau, wäre ich darin, zu sichern imstande wäre. Nun es gibt ein schnelles Aufschrecken aus kindischen Träumen. Was ist es denn für eine Sicherung, die ich hier beobachte? Darf ich denn die Gefahr, in welcher ich im Bau bin, überhaupt nach den Erfahrungen beurteilen, die ich hier draußen mache. Haben denn meine Feinde überhaupt die richtige Witterung, wenn ich nicht im Bau bin? Einige Witterung von mir haben sie gewiß, aber die volle nicht. Und ist nicht erst der Bestand der vollen Witterung die Voraussetzung der normalen Gefahr? Es sind also nur Halb- und Zehntelversuche, die ich hier anstelle, geeignet mich zu beruhigen und durch falsche Beruhigung aufs höchste zu gefährden. Nein, ich beobachte doch nicht wie ich glaubte meinen Schlaf, vielmehr bin ich es der schläft, während der Verderber wacht. Vielleicht ist er unter denen, die achtlos am Eingang vorüberschlendern, sich immer nur vergewissern, nicht anders als ich, daß die Tür noch unverletzt ist und auf ihren Angriff wartet, und nur vorübergehn, weil sie wissen daß der Hausherr nicht im Innern ist oder weil sie vielleicht gar wissen, daß er unschuldig nebenan im Gebüsche lauert. Und ich verlasse meinen Beobachtungsplatz und bin satt des Lebens im Freien, mir ist, als könnte ich nichts mehr hier lernen, nicht jetzt und nicht später. Und ich habe Lust, Abschied zu nehmen von allem hier, hinabzusteigen in den Bau und niemals mehr zurückzukommen, die Dinge ihren Lauf nehmen zu lassen und sie durch unnütze Beobachtungen nicht aufzuhalten. Aber verwöhnt dadurch, daß ich solange alles gesehen habe, was über dem Eingang vor sich ging, ist es mir jetzt sehr quälend, die an sich geradezu Aufsehen machende Procedur des Hinabsteigens durchzuführen und nicht zu wissen, was im ganzen Umkreis hinter meinem Rücken und dann hinter der wieder eingefügten Falltür geschehen wird. Ich versuche es zunächst in stürmischen Nächten mit dem schnellen Hineinwerfen der Beute, das scheint zu gelingen, aber ob es wirklich gelungen ist, wird sich erst zeigen, wenn ich selbst hineingestiegen bin, es wird sich zeigen, aber nicht mehr mir oder auch mir, aber zu spät. Ich lasse also ab davon und steige nicht ein. Ich grabe, natürlich in genügender Entfernung vom wirklichen Eingang, einen Versuchsgraben, er ist nicht länger als ich selbst bin und auch von einer Moosdecke abgeschlossen. Ich krieche in den Graben, decke ihn hinter mir zu, warte sorgfältig berechnete kürzere und längere Zeiten zu verschiedenen Tagesstunden, werfe dann das Moos ab, komme hervor und registriere meine Beobachtungen. Ich mache die verschiedensten Erfahrungen, guter und schlimmer Art, ein allgemeines Gesetz oder eine unfehlbare Methode des Hinabsteigens finde ich aber nicht. Ich bin infolgedessen glücklich noch nicht in den wirklichen Eingang hinabgestiegen zu sein und verzweifelt es doch bald tun zu müssen. Ich bin nicht ganz fern von dem Entschluß in die Ferne zu gehn, das alte trostlose Leben wieder aufzunehmen, das gar keine Sicherheit hatte, das eine einzige ununterscheidbare Fülle von Gefahren war und infolgedessen die einzelne Gefahr nicht so genau sehen und fürchten ließ, wie es mich der Vergleich zwischen meinem sichern Bau und dem sonstigen Leben immerfort lehrt. Gewiß, ein solcher Entschluß wäre eine völlige Narrheit, hervorgerufen nur durch allzulanges Leben in der sinnlosen Freiheit, noch gehört der Bau mir, ich habe nur einen Schritt zu tun und bin gesichert. Und ich reiße mich los von allen Zweifeln und laufe geradewegs bei hellem Tag auf die Tür zu, um sie nun ganz gewiß zu heben, aber ich kann es doch nicht, ich überlaufe sie, und werfe mich mit Absicht in ein Dornengebüsch um mich zu strafen, zu strafen für eine Schuld die ich nicht kenne. Denn allerdings muß ich mir letzten Endes sagen, daß ich doch recht habe und daß es wirklich unmöglich ist, hinabzusteigen, ohne das Teuerste was ich habe, allen ringsherum, auf dem Boden, auf den Bäumen, in den Lüften wenigstens für ein Weilchen offen preiszugeben. Und die Gefahr ist keine eingebildete, sondern eine sehr wirkliche. Es muß ja kein eigentlicher Feind sein, dem ich die Lust errege mir zu folgen, es kann recht gut irgendeine beliebige kleine Unschuld, irgendein widerliches kleines Wesen sein, welches aus Neugier mir nachgeht und damit, ohne es zu wissen, zur Führerin der Welt gegen mich wird, es muß auch das nicht sein, vielleicht ist es – und das ist nicht weniger schlimm als das andere, in mancher Hinsicht ist es das schlimmste – vielleicht ist es irgendjemand von meiner Art, ein Kenner und Schätzer von Bauten, irgendein Waldbruder, ein Liebhaber des Friedens, aber ein wüster Lump, der wohnen will ohne zu bauen. Wenn er doch jetzt käme, wenn er doch mit seiner schmutzigen Gier den Eingang entdeckte, wenn er doch daran zu arbeiten begänne, das Moos zu heben, wenn es ihm doch gelänge, wenn er doch sich flink hineinzwängte und schon darin so weit verschwunden wäre, daß nur sein Hinterer für einen Augenblick gerade noch auftauchte, wenn das alles doch geschähe, damit ich endlich in einem Rasen hinter ihm her, frei von allen Bedenken ihn anspringen könnte, ihn zerbeißen, zerfleischen, zerreißen und austrinken und seinen Kadaver gleich zur andern Beute stopfen könnte, vor allem aber, das wäre die Hauptsache, endlich wieder in meinem Bau wäre, gern diesmal sogar das Labyrint bewundern wollte, zunächst aber die Moosdecke über mich ziehen und ruhen wollte, ich glaube, den ganzen noch übrigen Rest meines Lebens. Aber es kommt niemand und ich bleibe auf mich allein angewiesen. Ich verliere, immerfort nur mit der Schwierigkeit der Sache beschäftigt, viel von meiner Ängstlichkeit, ich weiche dem Eingang auch äußerlich nicht mehr aus, ihn in Kreisen zu umstreichen wird meine Lieblingsbeschäftigung, es ist schon fast so, als sei ich der Feind und spioniere die passende Gelegenheit aus um mit Erfolg einzubrechen. Hätte ich doch irgendjemanden, dem ich vertrauen könnte, den ich auf meinen Beobachtungsposten stellen könnte, dann könnte ich wohl getrost hinabsteigen. Ich würde mit ihm, dem ich vertraue, vereinbaren, daß er die Situation bei meinem Hinabsteigen und eine lange Zeit hinterher genau beobachtet, im Falle von gefährlichen Anzeichen an die Moosdecke klopft, sonst aber nicht. Damit wäre über mir völlig reiner Tisch gemacht, es bliebe kein Rest, höchstens mein Vertrauensmann. Denn wird er nicht eine Gegenleistung verlangen, wird er nicht wenigstens den Bau ansehen wollen, schon dieses, jemanden freiwillig in meinen Bau zu lassen, wäre mir äußerst peinlich, ich habe ihn für mich, nicht für Besucher gebaut, ich glaube, ich würde ihn nicht einlassen; selbst um den Preis, daß er es mir ermöglicht in den Bau zu kommen, würde ich ihn nicht einlassen. Aber ich könnte ihn gar nicht einlassen, denn entweder müßte ich ihn allein hinablassen und das ist doch außerhalb jeder Vorstellbarkeit oder wir müßten gleichzeitig hinabsteigen, wodurch dann eben der Vorteil den er mir bringen soll, hinter mir Beobachtungen anzustellen, verloren ginge. Und wie ist es mit dem Vertrauen? Kann ich dem, welchem ich Aug in Aug vertraue noch ebenso vertrauen wenn ich ihn nicht sehe und wenn die Moosdecke uns trennt. Es ist verhältnismäßig leicht jemandem zu vertrauen, wenn man ihn gleichzeitig überwacht oder wenigstens überwachen kann, es ist vielleicht sogar möglich jemandem aus der Ferne zu vertrauen, aber aus dem Innern des Baues, also einer andern Welt heraus, jemandem außerhalb völlig zu vertrauen, ich glaube, das ist unmöglich. Aber solche Zweifel sind noch nicht einmal nötig, es genügt ja schon die Überlegung, daß während oder nach meinem Hinabsteigen alle die unzähligen Zufälle des Lebens den Vertrauensmann hindern können seine Pflicht zu erfüllen und was für unberechenbare Folgen kann seine kleinste Verhinderung für mich haben. Nein, faßt man alles zusammen, muß ich es gar nicht beklagen, daß ich allein bin und niemanden habe, dem ich vertrauen kann. Ich verliere dadurch gewiß keinen Vorteil und erspare mir wahrscheinlich Schaden. Vertrauen aber kann ich nur mir und dem Bau. Das hätte ich früher bedenken und für den Fall, der mich jetzt so beschäftigt Vorsorge treffen sollen. Es wäre am Beginne des Baues wenigstens zum Teil möglich gewesen. Ich hätte den ersten Gang so anlegen müssen, daß er, in gehörigem Abstand von einander zwei Eingänge gehabt hätte, so daß ich durch den einen Eingang mit aller unvermeidlichen Umständlichkeit hinabgestiegen wäre, rasch den Anfangsgang bis zum zweiten Eingang durchlaufen, die Moosdecke dort, die zu dem Zwecke entsprechend hätte eingerichtet sein müssen, ein wenig gelüftet und von dort aus die Lage einige Tage und

Nächte zu überblicken versucht hätte. So allein wäre es richtig gewesen, zwar verdoppeln zwei Eingänge die Gefahr, aber dieses Bedenken hätte hier schweigen müssen, zumal der eine Eingang, der nur als Beobachtungsplatz gedacht war, ganz eng hätte sein können. Und damit verliere ich mich in technische Überlegungen, ich fange wieder einmal meinen Traum eines ganz vollkommenen Baues zu träumen an, das beruhigt mich ein wenig, entzückt sehe ich mit geschlossenen Augen klare und weniger klare Baumöglichkeiten, um unbemerkt aus- und einschlüpfen zu können. Wenn ich so daliege und daran denke, bewerte ich diese Möglichkeiten sehr hoch, aber doch nur als technische Errungenschaften, nicht als wirkliche Vorteile, denn dieses ungehinderte Aus- und Einschlüpfen, was soll es? Es deutet auf unruhigen Sinn, auf unsichere Selbsteinschätzung, auf unsaubere Gelüste, schlechte Eigenschaften, die noch viel schlechter werden angesichts des Baus der doch dasteht und Frieden einzugießen vermag, wenn man sich ihm nur völlig öffnet. Nun bin ich freilich jetzt außerhalb seiner und suche eine Möglichkeit der Rückkehr, dafür wären die nötigen technischen Einrichtungen sehr erwünscht. Aber vielleicht doch nicht gar so sehr. Heißt es nicht in der augenblicklichen nervösen Angst den Bau sehr unterschätzen, wenn man ihn nur als eine Höhlung ansieht in die man sich mit möglichster Sicherheit verkriechen will. Gewiß er ist auch diese sichere Höhlung oder sollte es sein, und wenn ich mir vorstelle, ich sei mitten in einer Gefahr, dann will ich mit zusammengebissenen Zähnen und mit aller Kraft des Willens, daß der Bau nichts anderes sei als das für meine Lebensrettung bestimmte Loch und daß er diese klar gestellte Aufgabe mit möglichster Vollkommenheit erfülle und jede andere Aufgabe bin ich bereit ihm zu erlassen. Nun verhält es sich aber so, daß er in Wirklichkeit – und für die hat man in der großen Not keinen

Blick und selbst in ungefährdeten Zeiten muß man sich diesen Blick erst erwerben – zwar viel Sicherheit gibt, aber durchaus nicht genug, hören denn jemals die Sorgen völlig in ihm auf, es sind andere, stolzere, inhaltsreichere, oft weit zurückgedrängte Sorgen, aber ihre verzehrende Wirkung ist vielleicht die gleiche wie jene der Sorgen, die das Leben draußen bereitet. Hätte ich den Bau nur zu meiner Lebenssicherung aufgeführt, wäre ich zwar nicht betrogen, aber das Verhältnis zwischen der ungeheueren Arbeit und der tatsächlichen Sicherung, wenigstens soweit ich sie zu empfinden imstande bin und soweit ich von ihr profitieren kann, wäre ein für mich nicht günstiges. Es ist sehr schmerzlich sich das einzugestehn, aber es muß geschehn, gerade angesichts des Eingangs dort, der sich jetzt gegen mich den Erbauer und Besitzer abschließt, ja förmlich verkrampft. Aber der Bau ist eben nicht nur ein Rettungsloch! Wenn ich auf dem Burgplatz stehe, umgeben von den hohen Fleischvorräten, das Gesicht zugewendet den zehn Gängen, die von hier ausgehn, jeder besonders dem Gesamtplan entsprechend gesenkt oder gehoben, gestreckt oder gerundet, sich erweiternd oder sich verengend und alle gleichmäßig still und leer und bereit, jeder in seiner Art, mich weiterzuführen zu den vielen Plätzen und auch alle diese still und leer – dann liegt mir der Gedanke an Sicherheit fern, dann weiß ich genau, daß hier meine Burg ist, die ich durch Kratzen und Beißen, Stampfen und Stoßen dem widerspenstigen Boden abgewonnen habe, meine Burg die auf keine Weise jemandem andern angehören kann und die so sehr mein ist, daß ich hier letzten Endes ruhig von meinem Feind auch die tödliche Verwundung annehmen kann, denn mein Blut versickert hier in meinem Boden und geht nicht verloren. Und was ist denn auch anderes als dies der Sinn der schönen Stunden, die ich halb friedlich schlafend, halb fröhlich wachend in den Gängen zu verbringen pflege, in diesen Gängen, die ganz genau für mich berechnet sind, für wohliges Strecken, kindliches Sich-wälzen, träumerisches Daliegen, seliges Entschlafen. Und die kleinen Plätze, jeder mir wohlbekannt, jeder trotz völliger Gleichheit von mir mit geschlossenen Augen schon nach dem Schwung der Wände deutlich unterschieden, sie umfangen mich friedlich und warm, wie kein Nest keinen Vogel umfängt. Und alles, alles still und leer.

Wenn es aber so ist, warum zögere ich dann, warum fürchte ich den Eindringling mehr, als die Möglichkeit, vielleicht niemals meinen Bau wiederzusehn? Nun, dieses letztere ist glücklicher Weise eine Unmöglichkeit, es wäre gar nicht nötig mir durch Überlegungen erst klar zu machen, was mir der Bau bedeutet, ich und der Bau gehören so zusammen, daß ich ruhig, ruhig bei aller meiner Angst, mich hier niederlassen könnte, gar nicht versuchen müßte, mich zu überwinden, um den Eingang entgegen allen Bedenken zu öffnen, es würde durchaus genügen, wenn ich untätig warte, denn nichts kann uns auf die Dauer trennen und irgendwie komme ich schließlich ganz gewiß hinab. Aber freilich wieviel Zeit kann bis dahin vergehn und wieviel kann in dieser Zeit sich ereignen, hier oben sowohl wie dort unten. Und es liegt doch nur an mir diesen Zeitraum zu verkürzen und das Notwendige gleich zu tun.

Und nun, schon denkunfähig von Müdigkeit, mit hängendem Kopf, unsicheren Beinen, halb schlafend, mehr tastend als gehend nähere ich mich dem Eingang, hebe langsam das Moos, steige langsam hinab, lasse aus Zerstreutheit den Eingang überflüssig lange unbedeckt, erinnere mich dann an das Versäumte, steige wieder hinauf um es nachzuholen, aber warum denn hinaufsteigen? nur die Moosdecke soll ich zuziehn, gut, so steige ich wieder hinunter und nun endlich ziehe ich die Moosdecke zu. Nur in diesem Zustand, ausschließlich in diesem Zustand kann ich diese Sache ausführen. Dann also liege ich unter dem Moos oben auf der eingebrachten Beute, umflossen von Blut und Fleischsäften, und könnte den ersehnten Schlaf zu schlafen beginnen. Nichts stört mich, niemand ist mir gefolgt, über dem Moos scheint es wenigstens bis jetzt ruhig zu sein und selbst wenn es nicht ruhig wäre, ich glaube, ich könnte mich jetzt nicht mit Beobachtungen aufhalten, ich habe den Ort gewechselt, aus der Oberwelt bin ich in meinen Bau gekommen und ich fühle die Wirkung dessen sofort. Es ist eine neue Welt, die neue Kräfte gibt und was oben Müdigkeit ist, gilt hier nicht als solche. Ich bin von einer Reise zurückgekehrt, besinnungslos müde von den Strapazen, aber das Wiedersehn der alten Wohnung, die Einrichtungsarbeit, die mich erwartet, die Notwendigkeit, schnell alle Räume wenigstens oberflächlich zu besichtigen, vor allem aber eiligst zum Burgplatz vorzudringen, das alles verwandelt meine Müdigkeit in Unruhe und Eifer, es ist, als hätte ich während des Augenblicks, da ich den Bau betrat, einen langen und tiefen Schlaf getan. Die erste Arbeit ist sehr mühselig und nimmt mich ganz in Anspruch: die Beute nämlich durch die engen und schwachwandigen Gänge des Labyrinthes zu bringen. Ich drücke vorwärts mit allen Kräften und es geht auch, aber mir viel zu langsam; um es zu beschleunigen reiße ich einen Teil der Fleischmassen zurück und dränge mich über sie hinweg, durch sie hindurch, nun habe ich bloß einen Teil vor mir, nun ist es leichter ihn vorwärtszubringen, aber ich bin derart mitten darin in der Fülle des Fleisches hier in den engen Gängen, durch die es mir, selbst wenn ich allein bin, nicht immer leicht wird durchzukommen, daß ich recht gut in meinen eigenen Vorräten ersticken könnte, manchmal kann ich mich schon nur durch Fressen und Trinken vor ihrem Andrang bewahren. Aber der Transport gelingt, ich beende ihn in nicht zu langer

Zeit, das Labyrint ist überwunden, aufatmend stehe ich in einem regelrechten Gang, treibe die Beute durch einen Verbindungsgang in einen für solche Fälle besonders vorgesehenen Hauptgang der in starkem Gefälle zum Burgplatz hinabführt. Nun ist es keine Arbeit mehr, nun rollt und fließt das Ganze fast von selbst hinab. Endlich auf meinem Burgplatz! Endlich werde ich ruhen dürfen. Alles ist unverändert, kein größeres Unglück scheint geschehen zu sein, die kleinen Schäden, die ich auf den ersten Blick bemerke, werden bald verbessert sein. Nur noch vorher die lange Wanderung durch die Gänge, aber das ist keine Mühe, das ist ein Plaudern mit Freunden, so wie ich es tat in alten Zeiten oder – ich bin noch gar nicht so alt, aber für vieles trübt sich die Erinnerung schon völlig – wie ich es tat oder wie ich hörte, daß es zu geschehen pflegt. Ich beginne jetzt mit dem zweiten Gang, absichtlich langsam, nachdem ich den Burgplatz gesehen habe, habe ich endlose Zeit, immer innerhalb des Baues habe ich endlose Zeit, denn alles, was ich dort tue, ist gut und wichtig und sättigt mich gewissermaßen. Ich beginne mit dem zweiten Gang, und breche die Revision in der Mitte ab und gehe zum dritten Gang über und lasse mich von ihm zum Burgplatz zurückführen und muß nun allerdings wieder den zweiten Gang von neuem vornehmen und spiele so mit der Arbeit und vermehre sie und lache vor mich hin und freue mich und werde ganz wirr von der vielen Arbeit, aber lasse nicht von ihr ab. Euretwegen Ihr Gänge und Plätze, und Du vor allem Burgplatz, bin ich ja gekommen, habe mein Leben für nichts geachtet nachdem ich lange Zeit die Dummheit hatte seinetwegen zu zittern und die Rückkehr zu Euch zu verzögern. Was kümmert mich die Gefahr jetzt, da ich bei Euch bin. Ihr gehört zu mir, ich zu Euch, verbunden sind wir, was kann uns geschehn. Mag sich oben auch das Volk schon drängen und die Schnauze bereit sein, die das Moos durchstoßen wird. Und mit seiner Stummheit und Leere begrüßt nun auch mich der Bau und bekräftigt was ich sage.

Nun aber überkommt mich doch eine gewisse Lässigkeit und auf einem Platz, der zu meinen Lieblingen gehört, rolle ich mich ein wenig zusammen, noch lange habe ich nicht alles besichtigt, aber ich will ja auch noch weiter besichtigen bis zum Ende, ich will hier nicht schlafen, nur der Lockung gebe ich nach mich hier so einzurichten, wie wenn ich schlafen wollte, nachsehn will ich, ob das hier noch immer so gut gelingt, wie früher. Es gelingt, aber mir gelingt es nicht mich loszureißen, ich bleibe hier in tiefem Schlaf. Ich habe wohl sehr lange geschlafen, erst aus dem letzten von selbst schon sich auflösenden Schlaf werde ich geweckt, der Schlaf muß nun schon sehr leicht sein, denn ein an sich kaum hörbares Zischen weckt mich. Ich verstehe es sofort, das Kleinzeug, viel zu wenig von mir beaufsichtigt, viel zu sehr von mir geschont, hat in meiner Abwesenheit irgendwo einen neuen Weg gebohrt, dieser Weg ist mit einem alten zusammengestoßen, die Luft verfängt sich dort und das ergibt das zischende Geräusch. Was für ein unaufhörlich tätiges Volk das ist und wie lästig sein Fleiß. Ich werde genau horchend an den Wänden meines Ganges durch Versuchsgrabungen den Ort der Störung erst feststellen müssen und dann erst das Geräusch beseitigen können. Übrigens kann der neue Graben, wenn er den Verhältnissen des Baues irgendwie entspricht, als neue Luftzuführung mir auch willkommen sein. Aber auf die Kleinen will ich nun viel besser achten als bisher, keines darf geschont werden.

Da ich große Übung in solchen Untersuchungen habe, wird es wohl nicht lange dauern und ich kann gleich damit beginnen, es liegen zwar noch andere Arbeiten vor, aber diese ist die dringendste, es soll still sein in meinen Gängen. Dieses Geräusch ist übrigens ein verhältnismäßig unschuldiges; ich habe es gar nicht gehört, als ich kam, trotzdem es gewiß schon vorhanden war; ich mußte erst wieder völlig heimisch werden, um es zu hören, es ist gewissermaßen nur mit dem Ohr des wirklichen sein Amt ausübenden Hausbesitzers hörbar. Und es ist nicht einmal ständig, wie sonst solche Geräusche zu sein pflegen, es macht große Pausen, das geht offenbar auf Anstauungen des Luftstromes zurück. Ich beginne die Untersuchung, aber es gelingt mir nicht die Stelle, wo man eingreifen müßte, zu finden, ich mache zwar einige Grabungen, aber nur aufs geratewohl, natürlich ergibt sich so nichts und die große Arbeit des Grabens und die noch größere des Zuschüttens und Ausgleichens ist vergeblich. Ich komme gar nicht dem Ort des Geräusches näher, immer klingt es unverändert dünn in regelmäßigen Pausen, einmal wie Zischen, einmal eher wie Pfeifen. Nun ich könnte es auch vorläufig auf sich beruhen lassen, es ist zwar sehr störend, aber an der von mir angenommenen Herkunft des Geräusches kann kaum ein Zweifel sein, es wird sich also kaum verstärken, im Gegenteil, es kann auch geschehn – bisher habe ich allerdings niemals so lange gewartet – daß solche Geräusche im Laufe der Zeit durch die weitere Arbeit der kleinen Bohrer von selbst verschwinden, und abgesehen davon, oft bringt ein Zufall leicht auf die Spur der Störung, während systematisches Suchen lange versagen kann. So tröste ich mich und wollte viel lieber weiter durch die Gänge schweifen und die Plätze besuchen, von denen ich noch viele nicht einmal wiedergesehen habe und dazwischen immer ein wenig mich auf dem Burgplatz tummeln, aber es läßt mich doch nicht, ich muß weitersuchen. Viel Zeit, viel Zeit, die besser verwendet werden könnte kostet mich das kleine Volk. Bei solchen Gelegenheiten ist es gewöhnlich das technische Problem, das mich lockt, ich stelle mir z. B. nach dem Geräusch, das mein Ohr in allen seinen Feinheiten zu unterscheiden die Übung hat, ganz genau, aufzeichenbar, die Veranlassung vor und nun drängt es mich nachzuprüfen, ob die Wirklichkeit dem entspricht. Mit gutem Grund, denn solange hier eine Feststellung nicht erfolgt ist, kann ich mich auch nicht sicher fühlen, selbst wenn es sich nur darum handeln würde zu wissen, wohin ein Sandkorn, das eine Wand herabfällt, rollen wird. Und gar ein solches Geräusch, das ist in dieser Hinsicht eine gar nicht unwichtige Angelegenheit. Aber wichtig oder unwichtig, wie sehr ich auch suche, ich finde nichts, oder vielmehr ich finde zuviel. Gerade auf meinem Lieblingsplatz mußte dies geschehn, denke ich, gehe recht weit von dort weg, fast in die Mitte des Weges zum nächsten Platz, das ganze ist eigentlich ein Scherz, so als wollte ich beweisen, daß nicht etwa gerade mein Lieblingsplatz allein mir diese Störung bereitet hat, sondern daß es Störungen auch anderwärts gibt und ich fange lächelnd an zu horchen, höre aber bald zu lächeln auf, denn, wahrhaftig, das gleiche Zischen gibt es auch hier. Es ist ja nichts, manchmal glaube ich, niemand außer mir würde es hören, ich höre es freilich jetzt mit dem durch die Übung geschärften Ohr immer deutlicher, trotzdem es in Wirklichkeit überall ganz genau das gleiche Geräusch ist, wie ich mich durch Vergleichen überzeugen kann. Es wird auch nicht stärker, wie ich erkenne, wenn ich, ohne direkt an der Wand zu horchen, mitten im Gang lausche. Dann kann ich überhaupt nur mit Anstrengung, ja mit Versenkung hie und da den Hauch eines Lautes mehr erraten, als hören. Aber gerade dieses Gleichbleiben an allen Orten stört mich am meisten, denn es läßt sich mit meiner ursprünglichen Annahme nicht in Übereinstimmung bringen. Hätte ich den Grund des Geräusches richtig erraten, hätte es in größter Stärke von einem bestimmten Ort, der eben zu finden gewesen wäre, ausstrahlen und dann immer kleiner werden müssen. Wenn aber meine

Erklärung nicht zutraf, was war es sonst? Es bestand noch die Möglichkeit, daß es zwei Geräuschcentren gab, daß ich bis jetzt nur weit von den Centren gehorcht hatte und daß wenn ich mich dem einen Centrum näherte, zwar seine Geräusche zunahmen, aber infolge Abnehmens der Geräusche des andern Centrums das Gesamtergebnis für das Ohr immer ein annähernd gleiches blieb. Fast glaubte ich schon wenn ich genau hinhorchte, Klangunterschiede, die der neuen Annahme entsprachen, wenn auch nur sehr undeutlich zu erkennen. Jedenfalls mußte ich das Versuchsgebiet viel weiter ausdehnen als ich bisher getan hatte. Ich gehe deshalb den Gang abwärts bis zum Burgplatz und beginne dort zu horchen. Sonderbar, das gleiche Geräusch auch hier. Nun es ist ein Geräusch, erzeugt durch die Grabungen irgendwelcher nichtiger Tiere, die die Zeit meiner Abwesenheit in infamer Weise ausgenützt haben, jedenfalls liegt ihnen irgendeine gegen mich gerichtete Absicht fern, sie sind nur mit ihrem Werk beschäftigt und solange ihnen nicht ein Hindernis in den Weg kommt, halten sie die einmal genommene Richtung ein, das alles weiß ich, trotzdem ist es mir unbegreiflich und erregt mich und verwirrt mir den für die Arbeit sehr notwendigen Verstand, daß sie es gewagt haben bis an den Burgplatz heranzugehn. Ich will in der Hinsicht nicht unterscheiden: war es die immerhin bedeutende Tiefe, in welcher der Burgplatz liegt, war es seine große Ausdehnung und die ihr entsprechende starke Luftbewegung, welche die Grabenden abschreckte, oder war einfach die Tatsache daß es der Burgplatz war durch irgendwelche Nachrichten bis an ihren stumpfen Sinn gedrungen, die Feierlichkeit des Ortes, Grabungen hatte ich jedenfalls bisher in den Wänden des Burgplatzes nicht beobachtet. Tiere kamen zwar, angezogen von den kräftigen Ausdünstungen in Mengen her, hier hatte ich meine beste Jagd, aber sie hatten sich irgendwo oben in meine Gänge durchgegraben und kamen dann beklommen zwar, aber mächtig angezogen die Gänge herabgelaufen. Nun aber bohrten sie also auch in den Wänden. Hätte ich doch wenigstens die wichtigsten Pläne meines Jünglings- und frühen Mannesalters ausgeführt oder vielmehr hätte ich die Kraft gehabt sie auszuführen, denn an dem Willen hat es nicht gefehlt. Einer dieser Lieblingspläne war es gewesen, den Burgplatz loszulösen von der ihn umgebenden Erde, d. h. seine Wände nur in einer etwa meiner Höhe entsprechenden Dicke zu belassen, darüber hinaus aber rings um den Burgplatz bis auf ein kleines von der Erde leider nicht loslösbares Fundament einen Hohlraum im Ausmaß der Wand zu schaffen. In diesem Hohlraum hatte ich mir immer, und wohl kaum mit Unrecht, den schönsten Aufenthaltsort vorgestellt, den es für mich geben könnte. Auf dieser Rundung hängen, hinauf sich ziehen, hinab zu gleiten, sich überschlagen und wieder Boden unter den Füßen haben und alle diese Spiele förmlich auf dem Körper des Burgplatzes spielen und doch nicht in seinem eigentlichen Raum; den Burgplatz meiden können, die Augen ausruhn lassen können von ihm, die Freude ihn zu sehen auf eine spätere Stunde verschieben und doch ihn nicht entbehren müssen, sondern ihn förmlich fest zwischen den Krallen halten, etwas was unmöglich ist, wenn man nur den einen gewöhnlichen offenen Zugang zu ihm hat; vor allem aber ihn bewachen können, für die Entbehrung seines Anblickes also derart entschädigt werden, daß man gewiß, wenn man zwischen dem Aufenthalt im Burgplatz oder im Hohlraum zu wählen hätte, den Hohlraum wählte für alle Zeit seines Lebens, nur immer dort auf- und abzuwandern und den Burgplatz zu schützen. Dann gäbe es keine Geräusche in den Wänden, keine frechen Grabungen bis an den Platz heran, dann wäre dort der Friede gewährleistet und ich wäre sein Wächter, nicht die Grabungen des kleinen Volkes hätte ich mit Widerwillen zu behorchen, sondern mit Entzücken etwas, was mir jetzt völlig entgeht: das Rauschen der Stille auf dem Burgplatz. Aber alles dieses Schöne besteht nun eben nicht und ich muß an meine Arbeit, fast muß ich froh sein, daß sie nun auch in direkter Beziehung zum Burgplatz steht, denn das beflügelt mich. Ich brauche freilich, wie sich immer mehr herausstellt alle meine Kräfte zu dieser Arbeit, die zuerst eine ganz geringfügige schien. Ich horche jetzt die Wände des Burgplatzes ab und wo ich horche, hoch und tief, an den Wänden oder am Boden, an den Eingängen oder im Innern, überall, überall das gleiche Geräusch. Und wieviel Zeit, wieviel Anspannung erfordert dieses lange Horchen auf das pausenweise Geräusch. Einen kleinen Trost zur Selbsttäuschung kann man wenn man will darin finden, daß man hier auf dem Burgplatz, wenn man das Ohr vom Erdboden entfernt, zum Unterschied von den Gängen wegen der Größe des Platzes gar nichts hört. Nur zum Ausruhn, zum Selbstbesinnen mache ich häufig diese Versuche, horche angestrengt und bin glücklich nichts zu hören. Aber im übrigen, was ist denn geschehn? Vor dieser Erscheinung versagen meine ersten Erklärungen völlig. Aber auch andere Erklärungen, die sich mir anbieten muß ich bald ablehnen. Man könnte daran denken, daß das was ich höre eben das Kleinzeug selbst bei seiner Arbeit ist. Das würde aber aller Erfahrung widersprechen; was ich nie gehört habe, trotzdem es immer vorhanden war, kann ich doch nicht plötzlich zu hören anfangen. Meine Empfindlichkeit gegen Störungen ist vielleicht im Bau größer geworden mit den Jahren, aber das Gehör ist doch keineswegs schärfer geworden. Es ist eben das Wesen des Kleinzeugs, daß man es nicht hört, hätte ich es denn sonst jemals geduldet; auf die Gefahr hin zu verhungern, hätte ich es ausgerottet. Aber vielleicht, auch dieser Gedanke schleicht sich mir ein, handelt es sich hier um ein Tier, das ich noch nicht kenne. Möglich wäre es, zwar beobachte ich schon lange und sorgfältig genug das Leben hier unten, aber die Welt ist mannigfaltig und an schlimmen Überraschungen fehlt es niemals. Aber es wäre ja nicht ein einzelnes Tier, es müßte eine große Herde sein, die plötzlich in mein Gebiet eingefallen wäre, eine große Herde kleiner Tiere, die zwar, da sie überhaupt hörbar sind, über dem Kleinzeug stehn, aber es doch nur wenig überragen, denn das Geräusch ihrer Arbeit ist an sich nur gering. Es könnten also unbekannte Tiere sein, eine Herde auf der Wanderschaft, die nur vorüberziehn, die mich stören, aber deren Zug bald ein Ende nehmen wird. So könnte ich also eigentlich warten und müßte keine schließlich überflüssige Arbeit tun. Aber wenn es fremde Tiere sind, warum bekomme ich sie nicht zu sehn. Nun habe ich schon viele Grabungen gemacht, um eines von ihnen zu fassen, aber ich finde keines. Es fällt mir ein, daß es vielleicht ganz winzige Tiere sind, viel kleiner als die welche ich kenne und daß nur das Geräusch welches sie machen, ein größeres ist. Ich untersuche deshalb die ausgegrabene Erde, ich werfe die Klumpen in die Höhe, daß sie in allerkleinste Teilchen zerfallen, aber die Lärmmacher sind nicht darunter. Ich sehe langsam ein daß ich durch solche kleine Zufallsgrabungen nichts erreichen kann, ich durchwühle damit nur die Wände meines Baues, scharre hier und dort in Eile, habe keine Zeit die Löcher zuzuschütten, an vielen Stellen sind schon Erdhaufen, die den Weg und Ausblick verstellen, freilich stört mich das alles nur nebenbei, ich kann jetzt weder wandern noch umherschauen noch ruhn, öfters bin ich schon für ein Weilchen in irgendeinem Loch bei der Arbeit eingeschlafen, die eine Pfote eingekrallt oben in der Erde, von der ich im letzten Halbschlaf ein Stück niederreißen wollte. Ich werde nun meine Methode ändern. Ich werde in der Richtung zum Geräusch hin einen regelrechten großen Graben bauen und nicht früher zu graben aufhören bis ich, unabhängig von allen Theorien, die wirkliche Ursache des Geräusches finde. Dann werde ich sie beseitigen wenn es in meiner Kraft ist, wenn aber nicht, werde ich wenigstens Gewißheit haben. Diese Gewißheit wird mir entweder Beruhigung oder Verzweiflung bringen, aber wie es auch sein wird, dieses oder jenes, es wird zweifellos und berechtigt sein. Dieser Entschluß tut mir wohl, alles was ich bisher getan habe, kommt mir übereilt vor, in der Aufregung der Rückkehr, noch nicht frei von den Sorgen der Oberwelt, noch nicht völlig aufgenommen in den Frieden des Baues, überempfindlich dadurch gemacht, daß ich ihn solange hatte entbehren müssen, habe ich mich durch eine, zugegebener Weise sonderbare Erscheinung, um jede Besinnung bringen lassen. Was ist es denn? Ein leichtes Zischen, in langen Pausen nur hörbar, ein Nichts, an das man sich, ich will nicht sagen, gewöhnen könnte, nein gewöhnen könnte man sich daran nicht, das man aber, ohne vorläufig geradezu etwas dagegen zu unternehmen, eine Zeitlang beobachten könnte, beobachten, d. h. alle paar Stunden gelegentlich hinhorchen und das Ergebnis geduldig registrieren, aber nicht wie ich das Ohr die Wände entlang schleifen und fast bei jedem Hörbarwerden des Geräusches die Erde aufreißen, nicht um eigentlich etwas zu finden sondern um etwas der innern Unruhe Entsprechendes zu tun. Das wird jetzt anders werden, hoffe ich. Und hoffe es auch wieder nicht, – wie ich mit geschlossenen Augen wütend über mich selbst mir eingestehe – denn die Unruhe zittert in mir noch genau so wie seit Stunden und wenn mich der Verstand nicht zurückhielte würde ich wahrscheinlich am liebsten an irgendeiner Stelle, gleichgültig ob etwas dort zu hören ist oder nicht, stumpfsinnig, trotzig nur des Grabens wegen zu graben anfangen, schon fast ähnlich dem Kleinzeug, welches entweder ganz ohne Sinn gräbt oder nur weil es die Erde frißt. Der neue vernünftige Plan lockt mich und lockt mich nicht. Es ist nichts gegen ihn einzuwenden, ich wenigstens weiß keinen Einwand, er muß, soweit ich es verstehe zum Ziele führen. Und trotzdem glaube ich ihm nicht im Grunde, glaube ihm so wenig, daß ich nicht einmal die möglichen Schrecken seines Ergebnisses fürchte, nicht einmal an ein schreckliches Ergebnis glaube ich, ja es scheint mir ich hätte, schon seit dem ersten Auftreten des Geräusches, an ein solches konsequentes Graben gedacht und nur weil ich kein Vertrauen dazu hatte, bisher damit nicht begonnen. Trotzdem werde ich natürlich den Graben beginnen, es bleibt mir keine andere Möglichkeit, aber ich werde nicht gleich beginnen, ich werde die Arbeit ein wenig aufschieben, wenn der Verstand wieder zu Ehren kommen soll, soll es ganz geschehn, ich werde mich nicht in diese Arbeit stürzen. Jedenfalls werde ich vorher die Schäden gutmachen, die ich durch meine Wühlarbeit dem Bau verursacht habe; das wird nicht wenig Zeit kosten, aber es ist notwendig; wenn der neue Graben wirklich zu einem Ziel führen sollte, wird er wahrscheinlich lang werden, und wenn er zu keinem Ziel führen sollte wird er endlos sein, jedenfalls bedeutet diese Arbeit ein längeres Fernbleiben vom Bau, kein so schlimmes wie jenes auf der Oberwelt, ich kann die Arbeit wann ich will unterbrechen und zubesuch nachhause gehn und selbst wenn ich das nicht tue wird die Luft des Burgplatzes zu mir hinwehn und bei der Arbeit mich umgeben, aber eine Entfernung vom Bau und die Preisgabe an ein ungewisses Schicksal bedeutet es dennoch, deshalb will ich hinter mir den Bau in guter Ordnung zurücklassen, es soll nicht heißen, daß ich, der ich um seine Ruhe kämpfe, selbst sie gestört und nicht gleich wiederhergestellt habe. So beginne ich denn damit die Erde in die Löcher zurückzuscharren, eine Arbeit, die ich genau kenne, die ich unzähligemal fast ohne das

Bewußtsein einer Arbeit getan habe und die ich, besonders was das letzte Pressen und Glätten betrifft – es ist gewiß kein bloßes Selbstlob, es ist einfach Wahrheit – unübertrefflich auszuführen imstande bin. Diesmal aber wird es mir schwer, ich bin zu zerstreut, immer wieder mitten in der Arbeit drücke ich das Ohr an die Wand und horche und lasse gleichgültig unter mir die kaum gehobene Erde wieder in den Hang zurückrieseln. Die letzten Verschönerungsarbeiten, die eine stärkere Aufmerksamkeit erfordern, kann ich kaum leisten. Häßliche Buckel, störende Risse bleiben, nicht zu reden davon, daß sich auch im Ganzen der alte Schwung einer derart geflickten Wand nicht wieder einstellen will. Ich suche mich damit zu trösten, daß es nur eine vorläufige Arbeit ist. Wenn ich zurückkomme, der Friede wieder verschafft ist, werde ich alles endgültig verbessern, im Fluge wird sich das dann alles machen lassen. Ja in Märchen geht alles im Fluge und zu den Märchen gehört auch dieser Trost. Besser wäre es gleich jetzt vollkommene Arbeit zu tun, viel nützlicher, als sie immer wieder zu unterbrechen, sich auf Wanderschaft durch die Gänge zu begeben und neue Geräusch-Stellen festzustellen; was wahrhaftig sehr leicht ist, denn es erfordert nichts als an einem beliebigen Orte stehn zu bleiben und zu horchen. Und noch weitere unnütze Entdeckungen mache ich. Manchmal scheint es mir, als habe das Geräusch aufgehört, es macht ja lange Pausen, manchmal überhört man ein solches Zischen, allzu sehr klopft das eigene Blut im Ohr, dann schließen sich zwei Pausen zu einer zusammen und ein Weilchen lang glaubt man, das Zischen sei für immer zuende. Man horcht nicht mehr weiter, man springt auf, das ganze Leben macht eine Umwälzung, es ist als öffnete sich die Quelle, aus welcher die Stille des Baues strömt. Man hütet sich die Entdeckung gleich nachzuprüfen, man sucht jemanden dem man sie vorher unangezweifelt anvertrauen könnte, man galoppiert deshalb zum Burgplatz, man erinnert sich, da man mit allem was man ist zu neuem Leben erwacht ist, daß man schon lange nichts gegessen hat, man reißt irgendetwas von den unter der Erde halb verschütteten Vorräten hervor und schlingt daran noch, während man zu dem Ort der unglaublichen Entdekkung zurückläuft, man will sich zuerst nur nebenbei, nur flüchtig während des Essens von der Sache nochmals überzeugen, man horcht, aber das flüchtigste Hinhorchen zeigt sofort, daß man sich schmählich geirrt hat, unerschüttert zischt es dort weit in der Ferne. Und man speit das Essen aus und möchte es in den Boden stampfen und man geht zu seiner Arbeit zurück, weiß gar nicht zu welcher, irgendwo wo es nötig zu sein scheint und solcher Orte gibt es genug, fängt man mechanisch etwas zu tun an, so als sei nur der Aufseher gekommen und man müsse ihm eine Komödie vorspielen. Aber kaum hat man ein Weilchen derart gearbeitet, kann es geschehn, daß man eine neue Entdeckung macht. Das Geräusch scheint stärker geworden, nicht viel stärker natürlich, hier handelt es sich immer nur um feinste Unterschiede, aber ein wenig stärker doch, deutlich dem Ohre erkennbar. Und dieses Stärkerwerden scheint ein Näherkommen, noch viel deutlicher als man das Stärker-Werden hört, sieht man förmlich den Schritt mit dem es näherkommt. Man springt von der Wand zurück, man sucht mit einem Blick alle Möglichkeiten zu übersehn, welche diese Entdeckung zur Folge haben wird. Man hat das Gefühl, als hätte man den Bau niemals eigentlich zur Verteidigung gegen einen Angriff eingerichtet, die Absicht hatte man, aber entgegen aller Lebenserfahrung schien einem die Gefahr eines Angriffs und daher die Einrichtungen der Verteidigung fernliegend oder nicht fernliegend (wie wäre das möglich!), aber im Rang tief unter den Einrichtungen für ein friedliches Leben, denen man deshalb im Bau überall den Vorzug gab. Vieles hätte in jener Richtung eingerichtet werden können, ohne den Grundplan zu stören, es ist in einer eigentlich unverständlichen Weise versäumt worden. Ich habe viel Glück gehabt in allen diesen Jahren, das Glück hat mich verwöhnt, unruhig war ich gewesen, aber Unruhe innerhalb des Glücks führt zu nichts. Was jetzt zunächst zu tun wäre, wäre eigentlich, den Bau genau auf die Verteidigung und auf alle bei ihr vorstellbaren Möglichkeiten hin zu besichtigen, einen Verteidigungs- und einen zugehörigen Bauplan auszuarbeiten und dann mit der Arbeit gleich, frisch wie ein Junger, zu beginnen. Das wäre die notwendige Arbeit, für die es, nebenbei gesagt natürlich viel zu spät ist, aber die notwendige Arbeit wäre es, und keineswegs die Grabung irgendeines großen Forschungsgrabens, der eigentlich nur den Zweck hat, verteidigungslos mich mit allen meinen Kräften auf das Aufsuchen der Gefahr zu verlegen, in der närrischen Befürchtung, sie könne nicht genug bald selbst herankommen. Ich verstehe plötzlich meinen frühern Plan nicht, ich kann in dem ehemals verständigen nicht den geringsten Verstand finden, wieder lasse ich die Arbeit und lasse auch das Horchen, ich will jetzt keine weiteren Verstärkungen entdecken, ich habe genug der Entdeckungen, ich lasse alles, ich wäre schon zufrieden, wenn ich nur den innern Widerstreit beruhigte. Wieder lasse ich mich von meinen Gängen wegführen, komme in immer entferntere, seit meiner Rückkehr noch nicht gesehene, von meinen Scharrpfoten noch völlig unberührte, deren Stille aufwacht bei meinem Kommen und sich über mich senkt. Ich gebe mich nicht hin, ich eile hindurch, ich weiß gar nicht was ich suche, wahrscheinlich nur Zeitaufschub. Ich irre soweit ab, daß ich bis zum Labyrint komme, es lockt mich an der Moosdecke zu horchen, so ferne Dinge, für den Augenblick so ferne, haben mein Interesse. Ich dringe bis hinauf vor und horche. Tiefe Stille; wie schön es hier ist, niemand kümmert sich dort um meinen Bau, jeder hat seine Geschäfte, die keine Beziehung zu mir haben, wie habe ich es angestellt das zu erreichen. Hier an der Moosdecke ist vielleicht jetzt die einzige Stelle in meinem Bau, wo ich stundenlang vergebens horchen kann. Eine völlige Umkehrung der Verhältnisse im Bau, der bisherige Ort der Gefahr ist ein Ort des Friedens geworden, der Burgplatz aber ist hineingerissen worden in den Lärm der Welt und ihrer Gefahren. Noch schlimmer, auch hier ist in Wirklichkeit kein Frieden, hier hat sich nichts verändert, ob still ob lärmend, die Gefahr lauert wie früher über dem Moos, aber ich bin unempfindlich gegen sie geworden, allzu sehr in Anspruch genommen bin ich von dem Zischen in meinen Wänden. Bin ich davon in Anspruch genommen? Es wird stärker, es kommt näher, ich aber schlängele mich durch das Labyrint und lagere mich hier oben unter dem Moos, es ist ja fast, als überließe ich dem Zischer schon das Haus, zufrieden wenn ich nur hier oben ein wenig Ruhe habe. Dem Zischer? Habe ich etwa eine neue bestimmte Meinung über die Ursache des Geräusches? Das Geräusch stammt doch wohl von den Rinnen, welche das Kleinzeug gräbt? Ist das nicht meine bestimmte Meinung? Von ihr scheine ich doch noch nicht abgegangen zu sein. Und wenn es nicht direkt von den Rinnen stammt, so irgendwie indirekt. Und wenn es gar nicht mit ihnen zusammenhängen sollte, dann läßt sich von vornherein wohl gar nichts annehmen und man muß warten bis man die Ursache wirklich findet oder sie selbst sich zeigt. Mit Annahmen spielen könnte man freilich auch noch jetzt, es ließe sich z. B. sagen daß irgendwo in der Ferne ein Wassereinbruch stattgefunden hat und das, was mir Zischen oder Pfeifen scheint wäre dann eigentlich ein Rauschen. Aber abgesehen davon daß ich in dieser Hinsicht gar keine Erfahrungen habe – das Grundwasser, das ich zuerst gefunden habe, habe ich gleich abgeleitet und es ist nicht wiedergekommen in diesem sandigen Boden – abgesehen davon ist es eben ein Zischen und in ein Rauschen nicht umzudeuten. Aber was helfen alle Mahnungen zur Ruhe, die Einbildungskraft will nicht stillstehn und ich halte tatsächlich dabei zu glauben – es ist zwecklos, sich das selbst abzuläugnen –, das Zischen stamme von einem Tier undzwar nicht von vielen und kleinen sondern von einem einzigen Großen. Es spricht manches dagegen: daß das Geräusch überall zu hören ist und immer in gleicher Stärke, und überdies regelmäßig bei Tag und Nacht. Gewiß, zuerst mußte man eher dazu neigen viele kleine Tiere anzunehmen, da ich sie aber bei meinen Grabungen hätte finden müssen und nichts gefunden habe, bleibt nur die Annahme der Existenz des großen Tieres, zumal das was der Annahme zu widersprechen scheint, bloß Dinge sind, welche das Tier nicht unmöglich, sondern nur über alle Vorstellbarkeit hinaus gefährlich machen. Nur deshalb habe ich mich gegen diese Annahme gewehrt. Ich lasse von dieser Selbsttäuschung ab. Schon lange spiele ich mit dem Gedanken, daß es deshalb selbst auf große Entfernung hin zu hören ist, weil es rasend arbeitet, es gräbt sich so schnell durch die Erde, wie ein Spaziergänger im freien Gange geht, die Erde zittert rings in seinem Graben, auch wenn er schon vorüber ist, dieses Nachzittern und das Geräusch der Arbeit selbst vereinigen sich in der großen Entfernung und ich, der ich nur das letzte Verebben des Geräusches höre, höre es überall gleich. Dabei wirkt mit, daß das Tier nicht auf mich zugeht, darum ändert sich das Geräusch nicht, es liegt vielmehr ein Plan vor, dessen Sinn ich nicht durchschaue, ich nehme nur an daß das Tier, wobei ich gar nicht behaupten will daß es von mir weiß, mich einkreist, wohl einige Kreise hat es schon um meinen Bau gezogen, seitdem ich es beobachte. Und jetzt wird nun das Geräusch doch stärker, die Kreise also enger. Viel zu denken gibt mir die Art des Geräusches, das Zischen oder Pfeifen. Wenn ich in meiner Art an der Erde kratze und scharre, ist es doch ganz anders anzuhören. Ich kann mir das Zischen nur so erklären, daß das Hauptwerkzeug des Tieres nicht seine Krallen sind, mit denen es vielleicht nur nachhilft, sondern seine Schnauze oder sein Rüssel, die allerdings abgesehen von ihrer offenbar ungeheueren Kraft wohl auch irgendwelche Schärfen haben. Wahrscheinlich bohrt es mit einem einzigen mächtigen Stoß den Rüssel in die Erde und reißt ein großes Stück heraus, während dieser Zeit höre ich nichts, das ist die Pause, dann aber zieht es wieder Luft ein zum neuen Stoß, dieses Einziehn der Luft, das ein die Erde erschütternder Lärm sein muß, nicht nur wegen der Kraft des Tieres sondern auch wegen seiner Eile, seines Arbeitseifers, diesen Lärm höre ich dann als leises Zischen. Gänzlich unverständlich bleibt mir allerdings seine Fähigkeit unaufhörlich zu arbeiten, vielleicht enthalten die kleinen Pausen auch die Gelegenheit für ein winziges Ausruhen, aber zu einem wirklichen großen Ausruhen ist es scheinbar noch nicht gekommen, Tag und Nacht gräbt es, immer in gleicher Kraft und Frische, seinen eiligst auszuführenden Plan vor Augen, den zu verwirklichen es alle Fähigkeiten besitzt. Nun einen solchen Gegner habe ich nicht erwarten können. Aber abgesehen von seinen Eigentümlichkeiten ereignet sich jetzt doch nur etwas, was ich eigentlich immer zu befürchten gehabt hätte, etwas wogegen ich immer Vorbereitungen hätte treffen sollen: es kommt jemand heran. Wie kam es nur daß so lange Zeit alles still und glücklich verlief? Wer hat die Wege der Feinde gelenkt, daß sie den großen Bogen machten um meinen Besitz? Warum wurde ich so lange beschützt, um jetzt so geschreckt zu werden? Was waren alle kleinen Gefahren, mit deren Durchdenken ich die Zeit hinbrachte gegen diese eine! Hoffte ich, als Besitzer des Baues die Übermacht zu haben gegen jeden der käme? Eben als Besitzer dieses großen empfindlichen Werkes bin ich wohlverstanden gegenüber jedem ernsteren Angriff wehrlos, das Glück seines Besitzes hat mich verwöhnt, die Empfindlichkeit des Baues hat mich empfindlich gemacht, seine Verletzungen schmerzen mich als wären es die meinen. Eben dieses hätte ich voraussehen müssen, nicht nur an meine eigene Verteidigung denken – und wie leichthin und ergebnislos habe ich selbst das getan – sondern an die Verteidigung des Baues. Es müßte vor allem Vorsorge dafür getroffen sein, daß einzelne Teile des Baues und möglichst viele einzelne Teile, wenn sie von jemandem angegriffen werden, durch Erdverschüttungen, die in kürzester Zeit erzielbar sein müßten, von den weniger gefährdeten Teilen getrennt werden undzwar durch solche Erdmassen und derart wirkungsvoll getrennt werden könnten, daß der Angreifer gar nicht ahnte, daß dahinter erst der eigentliche Bau ist. Noch mehr, diese Erdverschüttungen müßten geeignet sein nicht nur den Bau zu verbergen sondern auch den Angreifer zu begraben. Nicht den kleinsten Anlauf zu etwas derartigem habe ich gemacht, nichts, gar nichts ist in dieser Richtung geschehn, leichtsinnig wie ein Kind bin ich gewesen, meine Mannesjahre habe ich mit kindlichen Spielen verbracht, selbst mit den Gedanken an die Gefahren habe ich nur gespielt, an die wirklichen Gefahren wirklich zu denken habe ich versäumt. Und an Mahnungen hat es nicht gefehlt. Etwas, was an das jetzige heranreichen würde, ist allerdings nicht geschehn, aber doch immerhin etwas ähnliches in den Anfangszeiten des Baues. Der Hauptunterschied war eben daß es die Anfangszeiten des Baues waren. Ich arbeitete damals förmlich als kleiner Lehrling noch am ersten Gang, das Labyrint war erst in grobem Umriß entworfen, einen kleinen Platz hatte ich schon ausgehöhlt, aber er war im Ausmaß und in der Wandbehandlung ganz mißlungen, kurz alles war derartig am Anfang, daß es überhaupt nur als Versuch gelten konnte, als etwas, das man, wenn einmal die Geduld reißt ohne großes Bedauern plötzlich liegen lassen könnte. Da geschah es daß ich einmal in der Arbeitspause – ich habe in meinem Leben immer zu viel Arbeitspausen gemacht – zwischen meinen Erdhaufen lag und plötzlich ein Geräusch in der Ferne hörte. Jung wie ich war, wurde ich dadurch mehr neugierig als ängstlich. Ich ließ die Arbeit und verlegte mich aufs Horchen, immerhin horchte ich und lief nicht oben unter das Moos um mich dort zu strecken und nicht horchen zu müssen. Wenigstens horchte ich. Ich konnte recht wohl unterscheiden, daß es sich um ein Graben handelte, ähnlich dem meinen, etwas schwächer klang es wohl, aber wieviel davon der Entfernung zuzurechnen war, konnte man nicht wissen. Ich war gespannt, aber sonst kühl und ruhig. Vielleicht bin ich in einem fremden Bau, dachte ich, und der Besitzer gräbt sich jetzt an mich heran. Hätte sich die Richtigkeit dieser Annahme herausgestellt, wäre ich, da ich niemals eroberungssüchtig oder angriffslustig gewesen bin, weggezogen, um anderswo zu bauen. Aber freilich ich war noch jung und ich hatte noch keinen Bau, ich konnte noch kühl und ruhig sein. Auch der weitere Verlauf der Sache brachte mir keine wesentliche Aufregung, nur zu deuten war er nicht leicht. Wenn der welcher dort grub, wirklich zu mir hinstrebte, weil er mich graben gehört hatte, so war es, wenn er wie es jetzt tatsächlich geschah, die Richtung änderte, nicht festzustellen, ob er dies tat, weil ich durch meine Arbeitspause ihm jeden Anhaltspunkt für seinen Weg nahm, oder vielmehr weil er selbst seine Absicht änderte. Vielleicht aber hatte ich mich überhaupt getäuscht und er hatte sich niemals geradezu gegen mich gerichtet, jedenfalls verstärkte sich das Geräusch noch eine Zeitlang, so als nähere er sich, ich Junge wäre damals vielleicht gar nicht damit unzufrieden gewesen, den Graber plötzlich aus der Erde hervortreten zu sehn, es geschah aber nichts dergleichen, von einem bestimmten Punkte an begann sich das Graben abzuschwächen, es wurde leiser und leiser, so als schwenke der Graber allmählich von seiner ersten Richtung ab und auf einmal brach es ganz ab, so als habe er sich jetzt zu einer völlig entgegengesetzten Richtung entschlossen und rücke geradewegs von mir weg in die Ferne. Lange horchte ich ihm noch in die Stille nach, ehe ich wieder zu arbeiten begann. Nun diese Mahnung war deutlich genug, aber bald vergaß ich sie und auf meine Baupläne hat sie kaum einen Einfluß gehabt. Zwischen damals und heute liegt mein Mannesalter, ist es aber nicht so als liege gar nichts dazwischen, noch immer mache ich eine große Arbeitspause und horche an der Wand und der Graber hat neuerlich seine Absicht geändert, er hat Kehrt gemacht, er kommt zurück von seiner Reise, er glaubt, er hätte mir inzwischen genug Zeit gelassen, mich für seinen Empfang einzurichten. Aber auf meiner Seite ist alles weniger eingerichtet als es damals war, der große Bau steht da, wehrlos, und ich bin kein kleiner Lehrling mehr sondern ein alter Baumeister und was ich an Kräften noch habe, versagt mir, wenn es zur Entscheidung kommt. Aber wie alt ich auch bin, es scheint mir, daß ich recht gern noch älter wäre als ich bin, so alt, daß ich mich gar nicht mehr erheben könnte von meinem Ruhelager unter dem Moos. Denn in Wirklichkeit ertrage ich es hier doch nicht, erhebe mich und jage als hätte ich mich hier statt mit Ruhe mit neuen Sorgen erfüllt, wieder hinunter ins Haus. Wie standen die Dinge zuletzt? Das Zischen war schwächer geworden? Nein es war stärker geworden. Ich horche an zehn beliebigen Stellen und merke die Täuschung deutlich, das Zischen ist gleich geblieben, nichts hat sich geändert. Dort drüben gehen keine Veränderungen vor sich, dort ist man ruhig und über die Zeit erhaben, hier aber rüttelt jeder Augenblick am Horcher. Und ich gehe wieder den langen Weg zum Burgplatz zurück, alles ringsherum scheint mit mir erregt, scheint mich anzusehn, scheint dann auch gleich wieder wegzusehn, um mich nicht zu stören und strengt sich doch wieder an von meinen Mienen die rettenden Entschlüsse abzulesen. Ich schüttele den Kopf, ich habe noch keine. Auch zum Burgplatz gehe ich nicht, um dort irgendeinen Plan auszuführen. Ich komme an der Stelle vorüber, wo ich den Forschungsgraben hatte anlegen wollen, ich prüfe sie nochmals, es wäre eine gute Stelle gewesen, der Graben hätte in der Richtung geführt, in welcher die meisten kleinen Luftzuführungen liegen, die mir die Arbeit sehr erleichtert hätten, vielleicht hätte ich gar nicht sehr weit graben müssen, hätte mich gar nicht herangraben müssen an den Ursprung des Geräusches, vielleicht hätte das Horchen an den Zuführungen genügt. Aber keine Überlegung ist stark genug, um mich zu dieser Grabungsarbeit aufzumuntern. Dieser Graben soll mir Gewißheit bringen? Ich bin so weit, daß ich Gewißheit gar nicht haben will. Auf dem Burgplatz wähle ich ein schönes Stück enthäuteten roten Fleisches aus und verkrieche mich damit in einen der Erdhaufen, dort wird jedenfalls Stille sein, soweit es hier überhaupt eigentliche Stille noch gibt. Ich lecke und nasche am Fleisch, denke abwechselnd einmal an das fremde Tier, das in der Ferne seinen Weg zieht, und dann wieder daran, daß ich, solange ich noch die Möglichkeit habe ausgiebigst meine Vorräte genießen sollte. Dieses letztere ist wahrscheinlich der einzige ausführbare Plan, den ich habe. Im übrigen suche ich den Plan des Tiers zu enträtseln. Ist es auf Wanderschaft oder arbeitet es in seinem eigenen Bau? Ist es auf Wanderschaft dann wäre vielleicht eine Verständigung mit ihm möglich. Wenn es wirklich bis zu mir durchbricht gebe ich ihm einiges von meinen Vorräten und es wird weiterziehn. Wohl, es wird weiterziehn. In meinem Erdhaufen kann ich natürlich von allem träumen, auch von Verständigung, trotzdem ich genau weiß, daß es etwas derartiges nicht gibt und daß wir in dem Augenblick, wenn wir einander sehn, ja wenn wir einander nur in der Nähe ahnen, gleich besinnungslos, keiner früher keiner später, mit einem neuen andern Hunger, auch wenn wir sonst völlig satt sind, Krallen und Zähne gegeneinander auftun werden. Und wie immer, so auch hier mit vollem Recht, denn wer wenn er auch auf Wanderschaft ist, würde angesichts des Baues seine Reise- und Zukunftspläne nicht ändern. Aber vielleicht gräbt das Tier in seinem eigenen Bau, dann kann ich von einer Verständigung nicht einmal träumen. Selbst wenn es ein so sonderbares Tier wäre, daß sein Bau eine Nachbarschaft vertragen würde, mein Bau verträgt sie nicht, zumindest eine hörbare Nachbarschaft verträgt er nicht. Nun scheint das Tier freilich sehr weit entfernt, wenn es sich nur noch ein wenig weiter zurückziehn würde, würde wohl auch das Geräusch verschwinden, vielleicht könnte dann noch alles gut werden wie in den alten Zeiten, es wäre dann nur eine böse aber wohltätige Erfahrung, sie würde mich zu den verschiedensten Verbesserungen anregen, wenn ich Ruhe habe und die Gefahr nicht unmittelbar drängt, bin ich noch zu allerlei ansehnlicher Arbeit sehr wohl fähig. Vielleicht verzichtet das Tier angesichts der ungeheueren Möglichkeiten die es bei seiner Arbeitskraft zu haben scheint auf die Ausdehnung seines Baues in der Richtung gegen den meinen und entschädigt sich auf einer andern Seite dafür. Auch das läßt sich natürlich nicht durch Verhandlungen erreichen, sondern nur durch den eigenen Verstand des Tieres oder durch einen Zwang, der von meiner Seite ausgeübt würde. In beider Hinsicht wird entscheidend sein, ob und was das Tier von mir weiß. Je mehr ich darüber nachdenke, desto unwahrscheinlicher scheint es mir, daß das Tier mich überhaupt gehört hat, es ist möglich wenn auch mir unvorstellbar, daß es sonst irgendwelche Nachrichten über mich hat, aber gehört hat es mich wohl nicht. Solange ich nichts von ihm wußte, kann es mich überhaupt nicht gehört haben, denn da verhielt ich mich still, es gibt nichts Stilleres als das Wiedersehen mit dem Bau, dann als ich die Versuchsgrabungen machte, hätte es mich wohl hören können, trotzdem meine Art zu graben sehr wenig Lärm macht; wenn es mich aber gehört hätte, hätte doch auch ich etwas davon bemerken müssen, es hätte doch wenigstens in der Arbeit öfters innehalten müssen und horchen, aber alles blieb unverändert, das

Die Tür des Zimmers

Die Tür des Zimmers ist einen Spalt weit geöffnet, auf dem
Korridor ist finster trotzdem schon heller Tag ist. Nur undeutlich sehe ich dort ein dunkles Gesicht, zwei gelblich
leuchtende Hände, die sich an den Türpfosten und die Tür-
klinke halten. Die Erscheinung wird bald verschwinden,
schon in dem Augenblick als sie sich zeigte, schien sie zu
zittern . . . . verschwinden. Sie hat
aber einen Auftrag an mich und so muß sie noch bleiben . . .
. . . . und sich wehren gegen die Finsternis, die ihrer-
seits danach strebt sie aufzu . . . .
. . . . in meinem Bett weit vorgebeugt, denn die Stimme ist
schwach . . . . von weit
her um Dich zu sehn. Man hat mir Dich als schwach und
. . . . aber mit Recht,
wie ich sehe, aber ich machte mir ein noch viel ärgeres . . . .
. . . . bin ich doch mit Deinem Anblick noch nicht ganz unzufrieden . . . .
. . . ., daß ich Dich überhaupt gefunden
habe, wie lange suche . . . .
. . . . der Welt. Der . . . .
. . . .
. . . . ig den Auftrag zu bek . . . .
. . . .
. . . . t der Götter
beschlossen . . . .
. . . .
. . . . . sich P. und gab mir . . . .
. . . . .

Es ist eine . . . .
. . . . schlank, ist sie doch stark geschnürt, ich
sehe sie immer im gleichen Kleid, es ist aus gelblich-grauem,
gewissermaßen holzfarbigem Stoff und ist ein wenig mit
Troddeln oder knopfartigen Behängen von gleicher Farbe
versehn; sie ist immer ohne Hut, das stumpfblonde Haar ist
glatt und nicht unordentlich, aber sehr locker gehalten.
Trotzdem sie geschnürt ist, ist sie doch leicht beweglich, sie
übertreibt freilich diese Beweglichkeit, gern hält sie die
Hände in den Hüften und wendet den Oberkörper mit einem
Wurf überraschend schnell seitlich. Den Eindruck, den ihre
Hand auf mich macht, kann ich nur wiedergeben, wenn ich
sage, daß ich gewissermaßen nóch keine Hand gesehen habe,
bei der die einzelnen Finger derart scharf von einander getrennt wären, wie bei der ihren. Doch hat ihre Hand keineswegs irgendeine anatomische Merkwürdigkeit, es ist eine
völlig normale Hand. Diese kleine Frau nun ist mit mir sehr
unzufrieden, immer hat sie etwas an mir auszusetzen, immer
geschieht ihr Unrecht von mir, ich ärgere sie auf Schritt und
Tritt; wenn man das Leben in allerkleinste Teile teilen und
jedes Teilchen gesondert beurteilen könnte, wäre gewiß jedes
Teilchen meines Lebens für sie ein Ärgernis. Ich habe oft
darüber nachgedacht, warum sie sich denn so ärgert, mag
sein daß alles an mir ihrem Schönheitssinn, ihrem Gerechtig-
keitsgefühl, ihren Gewohnheiten, ihren Überlieferungen,
ihren Hoffnungen widerspricht, es gibt derartige einander
widersprechende Naturen, aber warum leidet sie so sehr darunter? Es besteht ja gar keine Beziehung zwischen uns, die
sie zwingen würde durch mich zu leiden. Sie müßte sich
nur entschließen mich als völlig Fremden anzusehn, der ich
ja auch bin und der ich gegen einen solchen Entschluß mich
nicht wehren, sondern ihn sehr begrüßen würde, sie müßte
sich nur entschließen meine Existenz zu vergessen, die ich ihr

ja niemals aufgedrängt habe oder aufdrängen würde, und alles Leid wäre offenbar vorüber. Ich sehe hiebei ganz von mir ab und davon daß ihr Verhalten natürlich auch mir peinlich ist, ich sehe davon ab weil ich ja wohl erkenne, daß alle diese Peinlichkeit nichts ist im Vergleich zu ihrem Leid. Wobei ich mir allerdings dessen durchaus bewußt bin, daß es kein liebendes Leid ist, es liegt ihr gar nichts daran mich wirklich zu verbessern, zumal ja auch alles, was sie an mir aussetzt nicht von einer derartigen Beschaffenheit ist, daß mein Fortkommen dadurch gestört würde. Aber mein Fortkommen kümmert sie eben auch nicht, sie kümmert nichts anderes als ihr persönliches Interesse, nämlich die Qual zu rächen die ich ihr bereite, und die Qual, die ihr in Zukunft von mir droht zu verhindern. Ich habe schon einmal versucht, sie darauf hinzuweisen, wie diesem fortwährenden Ärger am besten ein Ende gemacht werden könnte, doch habe ich sie gerade dadurch in eine derartige zornige Aufwallung gebracht, daß ich den Versuch nicht mehr wiederholen werde. Auch liegt ja eine gewisse Verantwortung auf mir, denn so fremd mir die kleine Frau auch ist und so sehr die einzige Beziehung, die zwischen uns besteht, der Ärger ist, den ich ihr bereite oder vielmehr der Ärger den sie sich von mir bereiten läßt, kann es mir doch nicht gleichgültig sein, wie sie sichtbar unter diesem Ärger auch körperlich leidet. Es kommen hie und da, sich mehrend in letzter Zeit, Nachrichten zu mir, daß sie wieder einmal am Morgen bleich, übernächtig, von Kopfschmerzen gequält und fast arbeitsunfähig gewesen sei; sie macht damit natürlich ihren Angehörigen Sorgen, man rät hin und her nach den Ursachen ihres Zustandes und hat sie bisher noch nicht gefunden. Ich allein kenne sie, es ist der alte und immer neue Ärger. Nun teile ich freilich die Sorgen ihrer Angehörigen nicht ganz, sie ist stark und zäh, wer sich so zu ärgern vermag, vermag wahrscheinlich auch die Folgen des Ärgers zu überwinden, ich habe sogar den Verdacht, daß sie sich – wenigstens zum Teil – nur leidend stellt, um auf diese Weise den Verdacht der Welt auf mich hinzulenken. Offen zu sagen, wie ich sie durch mein Dasein quäle, ist sie zu stolz, an andere meinetwegen zu appellieren, würde sie als eine Herabwürdigung ihrer selbst empfinden, nur aus Widerwillen, aus einem nicht aufhörenden, ewig sie antreibenden Widerwillen beschäftigt sie sich mit mir, diese unreine Sache auch noch vor der Öffentlichkeit zu besprechen, das wäre für ihre Scham zu viel. Aber es ist doch auch zu viel, von der Sache ganz zu schweigen, unter deren unaufhörlichem Druck sie steht. Und so versucht sie in ihrer Frauenschlauheit einen Mittelweg; schweigend, nur durch die äußern Zeichen eines geheimen Leides will sie die Angelegenheit vor das Gericht der Öffentlichkeit bringen. Vielleicht hofft sie sogar, daß, wenn die Öffentlichkeit einmal ihren vollen Blick auf mich richtet, ein allgemeiner öffentlicher Ärger gegen mich entstehen und mit seinen großen Machtmitteln mich bis zur vollständigen Endgültigkeit viel kräftiger und schneller richten wird, als es ihr verhältnismäßig doch schwacher privater Ärger vermag. Dann wird sie sich zurückziehn, aufatmen und mir den Rücken kehren. Nun, sollten dies wirklich ihre Hoffnungen sein, so täuscht sie sich. Die Öffentlichkeit wird nicht ihre Rolle übernehmen, die Öffentlichkeit wird niemals so unendlich viel an mir auszusetzen haben, auch wenn sie mich unter ihre stärkste Lupe nimmt. Ich bin kein so unnützer Mensch wie sie glaubt; ich will mich nicht rühmen und besonders nicht in diesem Zusammenhang, ich will also nicht sagen daß ich durch besondere Brauchbarkeit ausgezeichnet bin, gewiß aber ist daß ich auch gegenteilig nicht auffallen werde, nur für sie, für ihre fast weißstrahlenden Augen bin ich so, niemanden andern wird sie davon überzeugen können. Also könnte ich in dieser Hinsicht völlig beruhigt sein? Ich kann es doch nicht sein. Denn wenn es wirklich bekannt wird, daß ich sie geradezu krank mache durch mein Benehmen – und einige Aufpasser, eben die fleißigsten Nachrichtenüberbringer, sind schon nahe daran es zu durchschauen oder sie stellen sich wenigstens so als durchschauten sie es – und es kommt die Welt und wird mir die Frage stellen, warum ich denn die arme kleine Frau durch meine Unverbesserlichkeit quäle und ob ich etwa sie bis in den Tod zu treiben beabsichtige und wann ich endlich die Vernunft und das einfache menschliche Mitgefühl haben werde damit aufzuhören – wenn mich die Welt so fragen wird, es wird schwer sein ihr zu antworten. Soll ich dann eingestehen, daß ich an jene Krankheitszeichen nicht sehr glaube und soll ich damit den unangenehmen Eindruck hervorrufen daß ich, um von einer Schuld loszukommen, andere beschuldige und gar in so unfeiner Weise? Und könnte ich etwa gar offen sagen, daß ich selbst wenn ich an ein wirkliches Kranksein glaubte, nicht das geringste Mitgefühl hätte, da mir ja die kleine Frau völlig fremd ist und die Beziehung die zwischen uns besteht, nur von ihr hergestellt ist und nur von ihrer Seite aus besteht. Ich will nicht sagen, daß man mir nicht glauben würde, man würde mir vielmehr weder glauben noch nicht glauben, man käme gar nicht so weit, daß davon die Rede sein könnte, man würde lediglich die Antwort registrieren, die ich hinsichtlich einer schwachen kranken Frau gegeben habe und das wäre wenig günstig für mich. Hier wie bei jeder andern Antwort wird mir eben hartnäckig in die Quere kommen die Unfähigkeit der Welt in einem Fall wie diesem den Verdacht einer Liebesbeziehung nicht aufkommen zu lassen, trotzdem es bis zur äußersten Deutlichkeit offen zutage liegt daß eine solche Beziehung nicht besteht und daß, wenn sie bestehen würde, sie eher noch auf meiner Seite wäre, der ich tatsächlich die kleine Frau in der Schlagkraft ihres Urteils und in der Unermüdlichkeit ihrer Folgerungen immerhin zu bewundern fähig wäre, wenn ich nicht eben durch ihre Vorzüge immerfort gestraft würde. Bei ihr aber ist keine Spur einer freundlichen Beziehung zu mir vorhanden, darin ist sie aufrichtig und wahr, darauf ruht meine letzte Hoffnung, nicht einmal wenn es in ihren Kriegsplan passen würde, an eine solche Beziehung zu mir glauben zu machen, würde sie sich soweit vergessen, etwas derartiges zu tun. Aber die in dieser Richtung völlig stumpfe Öffentlichkeit wird bei ihrer Meinung bleiben und immer gegen mich entscheiden. So bliebe mir eigentlich doch nur übrig, rechtzeitig, ehe die Welt eingreift, mich soweit zu bessern daß ich nicht etwa ihren Ärger beseitige, was unmöglich ist, aber ein wenig mildere. Und ich habe mich tatsächlich oft gefragt, ob mich denn mein gegenwärtiger Zustand so befriedige, daß ich ihn gar nicht ändern wollte und ob es denn nicht möglich wäre, gewisse Änderungen an mir vorzunehmen, auch wenn ich es nicht täte, weil ich von ihrer Notwendigkeit überzeugt wäre, sondern nur um die Frau zu besänftigen. Und ich habe es ehrlich versucht, mit Mühe und Sorgfalt, die Änderungen ergaben sich, waren weithin sichtbar, ich mußte die Frau nicht auf sie aufmerksam machen, sie merkt alles derartige früher als ich, sie merkt schon den Ausdruck der Absicht in meinem Wesen, aber ein Erfolg war mir nicht beschieden. Wie wäre es auch möglich? Die Unzufriedenheit der kleinen Frau mit mir ist ja wie ich jetzt schon einsehe eine grundsätzliche, nichts kann sie beseitigen, nicht einmal die Beseitigung meiner selbst, ihre Wutanfälle etwa bei der Nachricht meines Selbstmordes wären grenzenlos. Nun kann ich mir nicht vorstellen, daß sie, diese scharfsinnige Frau dies nicht ebenso einsieht wie ich undzwar sowohl die Aussichtslosigkeit ihrer Bemühungen als auch meine Unschuld, meine Unfähigkeit selbst bei bestem Willen ihren Forderungen zu entsprechen. Gewiß sieht sie es ein, aber als Kämpfernatur vergißt sie es in der Leidenschaft des Kampfes und meine unglückliche Methode, die ich aber nicht anders wählen kann, denn sie ist mir nun einmal so gegeben, besteht darin, daß ich jemandem der außer Rand und Band geraten ist, eine leise Mahnung zuflüstern will. Auf diese Weise werden wir uns natürlich nie verständigen. Immer wieder werde ich etwa im Glück der ersten Morgenstunden aus dem Hause treten und dieses um meinetwillen vergrämte Gesicht auf mich gerichtet sehn, die verdrießlich aufgestülpten Lippen, den prüfenden und schon vor der Prüfung das Ergebnis kennenden Blick, der über mich hinfährt und dem selbst bei größter Flüchtigkeit nichts entgeht, das bittere in die mädchenhafte Wange sich einbohrende Lächeln, das klagende Aufschauen zum Himmel, das Einlegen der Hände in die Hüften um sich zu festigen und dann in der Empörung das Bleichwerden und Erzittern. Letzthin machte ich, überhaupt zum erstenmal wie ich mir bei dieser Gelegenheit erstaunt eingestand, einem guten Freund einige Andeutungen von dieser Sache, nur nebenbei, leicht, mit paar Worten, ich drückte die Bedeutung des Ganzen, so klein sie für mich im Grunde ist, noch ein wenig unter die Wahrheit herab. Sonderbar, daß der Freund trotzdem nicht darüber hinweghörte ja sogar aus eigenem der Sache an Bedeutung hinzugab, sich nicht ablenken ließ und dabei verharrte. Noch sonderbarer allerdings daß er trotzdem in einem entscheidenden Punkt die Sache unterschätzte, denn er riet mir nichts weiter als ein wenig zu verreisen. Kein Rat könnte unverständiger sein, die Dinge liegen zwar einfach, jeder kann sie wenn er näher hinzutritt durchschauen, aber so einfach sind sie doch auch nicht, daß durch mein Wegfahren alles in Ordnung käme. Im Gegenteil, vor dem Wegfahren muß ich mich eher hüten; wenn ich überhaupt irgendein System befolgen soll, dann jedenfalls das, die Sache in ihren bisherigen, engen, die Außenwelt noch nicht einbeziehenden Grenzen zu halten, also ruhig zu bleiben wo ich bin, keine großen durch diese Sache veranlaßten, auffallenden Veränderungen zuzulassen, wozu auch gehört, mit niemandem davon zu sprechen, aber nicht deshalb weil es irgendein gefährliches Geheimnis wäre, sondern deshalb weil es eine kleine rein persönliche und als solche immerhin leicht zu tragende Angelegenheit ist und weil sie dieses auch bleiben soll. Darin waren die Bemerkungen des Freundes doch nicht ohne Nutzen, sie haben mich nichts Neues gelehrt, aber mich in meiner Grundansicht bestärkt. Wie es sich ja vielleicht überhaupt bei genauerem Nachdenken zeigt, daß die Veränderungen, welche die Sachlage im Laufe der Zeit erfahren zu haben scheint, keine Veränderungen der Sache selbst sind, sondern nur die Entwicklung meiner Anschauung von der Sache insofern als diese Anschauung in einer Hinsicht ruhiger, männlicher wird und sich so dem Kern nähern kann, in anderer Hinsicht allerdings auch unter dem nicht zu verwindenden Einfluß der fortwährenden Erschütterungen, seien diese auch noch so leicht, eine gewisse Nervosität annimmt. Ruhiger werde ich der Sache gegenüber, indem ich zu erkennen glaube, daß eine Entscheidung, so nahe sie bevorzustehen scheint, doch wohl noch nicht kommen wird, man ist leicht geneigt, besonders in jungen Jahren, das Tempo, in dem Entscheidungen kommen, sehr zu überschätzen; wenn einmal meine kleine Richterin, schwach geworden durch meinen Anblick, seitlich in den Sessel sank, mit der einen Hand sich an der Rückenlehne festhielt, mit der andern an ihrem Schnürleib nestelte und paar Tränen des Zornes und der Verzweiflung ihr die Wangen hinabrollten, dachte ich immer, nun sei die Entscheidung da und ich würde gleich vorgerufen werden mich zu verantworten. Aber nichts von Entscheidung, nichts von Verantwortung, Frauen wird leicht übel, die Welt hat nicht Zeit, auf alle Fälle aufzupassen. Und was ist im Grunde im Laufe der Jahre geschehn? Nichts weiter als daß sich solche Fälle wiederholten, einmal stärker, einmal schwächer, und daß nun also ihre Gesamtzahl größer ist. Und daß paar Leute sich in der Nähe herumtreiben und gern eingreifen würden, wenn sie eine Möglichkeit dazu sehen würden, aber sie sehen nichts, bisher verlassen sie sich nur auf ihre Witterung und Witterung allein genügt zwar um ihren Besitzer zu unterhalten, aber zu anderem taugt sie nicht. Und so war es im Grunde immer, immer gab es diese unnützen Eckensteher und Lufteinatmer, welche ihre Nähe immer auf irgendeine überschlaue Weise, am liebsten durch Verwandtschaft entschuldigen, immer haben sie aufgepaßt, immer haben sie die Nase voll Witterung gehabt, aber das Ergebnis alles dessen ist nur daß sie noch immer da stehn. Der Unterschied ist nur, daß ich sie allmählich erkannt habe, ihre Gesichter unterscheide, früher habe ich geglaubt, sie seien allmählich zusammengekommen, die Ausmaße der Angelegenheit vergrößerten sich und würden von selbst die Entscheidung erzwingen, heute glaube ich zu wissen, daß das alles von altersher da war und mit dem Herankommen der Entscheidung sehr wenig oder nichts zu tun hat. Und die Entscheidung selbst, warum benenne ich sie mit einem so großen Wort? Wenn es einmal – und gewiß nicht morgen und übermorgen und wahrscheinlich niemals – dazu kommen sollte, daß sich doch die Öffentlichkeit mit dieser Sache, für die sie, wie ich immer wiederholen werde, nicht zuständig ist, beschäftigen sollte, werde ich zwar nicht unbeschädigt aus dem Verfahren hervorkommen, aber es wird doch wohl in Betracht gezogen werden daß ich der Öffentlichkeit nicht unbekannt bin, in ihrem vollen Lichte seit jeher lebe, vertrauensvoll und Vertrauen verdienend und daß deshalb diese nachträglich hervorgekommene leidende kleine Frau, die nebenbei gesagt ein anderer als ich vielleicht längst als Klette erkannt und für die Öffentlichkeit völlig geräuschlos unter seinem Stiefel zertreten hätte, daß diese Frau doch schlimmstenfalls nur einen kleinen häßlichen Schnörkel zu dem Diplom hinzufügen könnte, in welchem mich die Öffentlichkeit längst als ihr achtungswertes Mitglied erklärt. Das ist der heutige Stand der Dinge, der also gewiß wenig geeignet ist mich zu beunruhigen. Daß ich im Laufe der Jahre doch ein wenig unruhig geworden bin, hat mit der eigentlichen Bedeutung der Sache gar nichts zu tun, man hält es einfach nicht aus jemanden immerfort zu ärgern, selbst wenn man die eigentliche Grundlosigkeit des Ärgers wohl erkennt, man wird unruhig, man fängt an, gewissermaßen nur körperlich, nach Entscheidungen zu lauern, auch wenn man an ihr Kommen vernünftiger Weise nicht sehr glaubt. Zum Teil handelt es sich aber auch nur um eine Alterserscheinung, die Jugend kleidet alles gut, unschöne Einzelnheiten verlieren sich in der unaufhörlichen Kraftquelle der Jugend, mag einer als Junge einen etwas lauernden Blick gehabt haben, er ist ihm nicht übel genommen, er ist gar nicht bemerkt worden, nicht einmal von ihm selbst, aber was im Alter übrig bleibt sind Reste, jeder ist nötig, keiner wird erneut, jeder bleibt unter Beobachtung und der lauernde Blick eines alternden Mannes ist eben ein ganz deutlich lauernder Blick und es ist nicht schwierig ihn festzustellen. Nur ist es eben auch hier keine wirkliche sachliche Verschlimmerung. Von wo aus also ich es auch ansehe, immer geht wieder hervor und dabei bleibe ich, daß, wenn ich mit der Hand auch nur ganz leicht diese kleine Sache verdeckt halte, ich noch sehr lange ungestört von der Welt mein bisheriges Leben ruhig werde fortsetzen dürfen trotz allen Tobens der Frau.

———

Benehmen verdächtig war, trat ihm sofort entgegen. Zwar
schob ihn der Mann unwillig bei Seite und ging weiter, aber
da diese Schaustellung äußerst sorgfältig eingerichtet war
und der Hungerkünstler bei seinen übermenschlichen Lei-
stungen auch tatsächlich eines ausreichenden Schutzes be-
durfte, waren gleich von allen Seiten einige Angestellte bei
der Hand, welche dem Mann den Weg nun sehr energisch
verstellten. Sie wußten allerdings nicht genau, was ihren
Verdacht erregte, es lag hiefür mancherlei vor, wenn man
wollte, aber auch nichts. Am verdächtigsten, aber eigentlich
nur in einer kindischen Weise verdächtig war das rote Haar
des Besuchers und die Sonderbarkeit, daß er, was allerdings
auch sonst in dem ungeheuern Saal mancher unterließ, den
Hut nicht abnahm. Unter dem Hut aber lugten an zwei, drei
Stellen winzige mit Bast umflochtene Zöpfchen hervor und
ließen vermuten daß die ganze mächtige Haarfülle unter dem
großen Hut auf diese allerdings sehr sonderbare, aber vom
Standpunkt der Saalangestellten doch nur harmlose Weise
bearbeitet war. Wie es aber auch sein mochte, jedenfalls
hatten sie sich jetzt zu irgendeiner Abwehr gesammelt und
hätten davon auch nicht abgelassen, wenn nicht der Mann,
der einen Augenblick Lust zu haben schien mit paar Stößen
alle zu verjagen, sich anders besonnen hätte und aus dem ihn
schon umschließenden Kreis mit erhobener Hand dem Hungerkünstler zugerufen hätte: »Halloh Kleiner, guten Morgen!« Es half. Alles wandte sich nach dem Hungerkünstler
um und der Fremde hatte wieder paar weitere Schritte frei.
Der Hungerkünstler aber erhob unendlich langsam den Kopf
aus dem Halbschlummer in welchem er sich bei schwachem
Saalbesuch immer befand, schien den Fremden langsam zu
erkennen, machte mit der Hand eine unsichere Bewegung,
die man immerhin als einen Wink an die Saaldiener deuten
konnte, den Weg dem Fremden freizugeben und duldete sein

Näherkommen mit wieder gesenktem Kopf. »Einen Sessel her!« befahl der Fremde den nun endgültig unterworfenen Angestellten, welche sich beeilten ihm den Sessel eng an das Gitter zu stellen, ein Vorzug, der sonst nur ausgezeichneten Persönlichkeiten in außerordentlichen Fällen gewährt wurde. Freilich war der Impresario, der Herr,

⟨Fortsetzung auf Seite 221⟩

⟨*Fortsetzung von Seite 220*⟩ noch nicht hier und der Fremde
hatte es deshalb verhältnismäßig leicht zu kommandieren. Jedenfalls saß er nun dem Hungerkünstler so nahe als es überhaupt möglich war und hatte sogar die Keckheit, welche
selbst die Saaldiener wieder zu einem allerdings schon nach
den ersten Schritten wieder aufgegebenen Vormarsch veran-
laßte, aus dem Käfig sich einen Strohhalm zu langen und den
Hungerkünstler, der überhaupt nicht völlig wach geworden
zu sein schien und wieder schlummerte, ein wenig unter dem
Kinn zu kitzeln. »Nun«, sagte er, »willst Du nicht ein wenig
aufwachen wenn Besuch da ist?« Das war ein recht rohes Benehmen, wenn man auch dem Mann die freilich vergeblich
bleibende Anstrengung ansah, den Hungerkünstler zart, gewissermaßen väterlich oder freundschaftlich zu behandeln.
Besonders deutlich war dies, als er jetzt dem nun völlig er-
wachten und ihn mit seinen großen schwarzen Augen ängstlich ansehenden Hungerkünstler lächelnd zunickte. »Ja«,
sagte er, »ich bin es, der alte, Dir und vielleicht nur Dir allein
wohlgesinnte Menschenfresser. Einen kleinen Besuch will
ich Dir machen, mich erholen an Deinem Anblick, die Ner-
ven ein wenig ausruhn lassen von dem lästigen Volk.« »Du
bist ein Menschenfresser?« fragte der Hungerkünstler und
drückte die Hand an die Stirn als suche er sich an etwas zu
erinnern. »Du hast mich vergessen?« sagte der Menschenfresser, ein wenig gekränkt und noch mehr verwundert als
gekränkt, »ist es denn möglich? Du weißt nicht mehr wie wir
mit einander spielten? Wie Dich meine roten Haare freuten?
Wie Du sie zu Zöpfchen geflochten und gebunden hast? Ähn-

lich wie diese?« Und er nahm den Hut ab und das Haar quoll wie lebendig, wie in einer tropischen Fülle, zum Teil geflochten, zum Teil in seiner wilden Ursprünglichkeit hervor. Sein Kopf war mächtig, aber die Haarmasse war so groß als gehöre sie einem noch viel mächtigeren Kopf an, der Kopf erschien klein unter ihr. Dabei aber hatte der Anblick nichts Lächerliches, sondern war erschreckend, es war als zeige dies übermenschliche Haar auch übermenschliche Gelüste an und die Kräfte, sie zu verwirklichen.

Ich bin in die Fremde gegangen und habe mich bei einem fremden Volk einquartiert. Ich habe dort meinen Mantel an den Nagel gehängt, niemand hat sich um mich gekümmert. Man läßt mich gewähren, man weiß daß keine Gefahr von mir droht. Was will der Einzelne gegenüber der großen Menge. Ich bin gekommen und man läßt mir für mein Kommen die Verantwortung. Ich hatte wohl kommen müssen, ich hatte eine Zuflucht gebraucht, das ist die stillschweigende Annahme. Die weitere Annahme ist daß ich diese Zuflucht nicht finden werde, man sieht mir an, wie wenig ich mich anzupassen verstehe, die Verhältnisse sind mir wohl gar zu fremdartig, ich bin nicht am rechten Ort. Aber das alles läßt man mich kaum fühlen, man ist auch zusehr mit den eigenen Angelegenheiten beschäftigt, vielleicht könnte ich bei diesen Angelegenheiten mit meinen besondern Erfahrungen und Fähigkeiten nützlich eingreifen, aber ich wage mich nicht einzumischen und man wagt nicht mich heranzuziehn, die Gefahr, daß ich bei meiner Fremdheit etwas verderben könnte, ist doch gar zu groß.

---

abzuschütteln, in gewöhnlichen Zeiten ruhig ertrug, in der Trunkenheit aber doch dagegen rebellierte. Und wenn ich natürlich auch die Intimitäten die ich unter solchen Umständen erfuhr, keinesfalls in der Zeitung preisgeben wollte, hatte ich doch schon die Umrisse eines Artikels im Kopfe fertig, in welchem ich darstellen wollte, daß überall, wo sich menschliche Größe unverhüllt zeigen kann, also vor allem im Sport, sich auch gleich Gesindel herandrängt und rücksichtslos, ohne überhaupt ernstlich zu dem Helden aufzublicken, nur über die eigenen Interessen gebeugt seinen Vorteil sucht, und bestenfalls ihr Verhalten damit entschuldigt, daß es zum Nutzen der Allgemeinheit geschehe.

Unsere Sängerin heißt Josefine. Wer sie nicht gehört hat, kennt nicht die Macht des Gesanges. Es gibt niemanden, den ihr Gesang nicht fortreißt, was umso höher zu bewerten ist, als unser Geschlecht im Ganzen Musik nicht liebt. Stiller Frieden ist uns im allgemeinen die liebste Musik, unser Leben ist schwer, wir können uns auch wenn wir einmal alle Tagessorgen abzuschütteln versucht haben, nicht mehr zu solchen unserem sonstigen Leben so fernen Dingen erheben wie es die Musik ist. Doch beklagen wir es nicht sehr, nicht einmal so weit – dies ist meine persönliche Ansicht – kommen wir, eine gewisse praktische Schlauheit, die wir freilich auch äußerst dringend brauchen, halten wir für unsern größten Vorzug und mit dem Lächeln dieser Schlauheit pflegen wir uns über alles hinwegzutrösten, auch wenn wir z. B. – was aber nicht geschieht – einmal das Verlangen nach dem Glück haben sollten, das von der Musik vielleicht ausgeht. Nur Josefine macht eine Ausnahme, sie liebt die Musik und weiß sie auch zu vermitteln, sie ist die einzige; mit ihrem Hingang wird die Musik – wer weiß für wie lange – aus unserem Leben verschwinden. Ich habe oft darüber nachgedacht, wie es sich mit dieser Musik eigentlich verhält. Wir sind doch ganz unmusikalisch, wie kommt es daß wir Josefinens Gesang doch verstehn oder, da Josefine das Verständnis leugnet, zu verstehen glauben. Die einfachste Antwort wäre daß die Schönheit dieses Gesanges so groß ist, daß auch der ihr feindlichste Sinn hier nicht widerstehen kann, aber diese Antwort ist nicht befriedigend. Wenn es wirklich so wäre, müßte man vor diesem Gesang, zunächst und immer das Gefühl des Außerordentlichen haben, das Gefühl aus dieser Kehle erklinge etwas, was wir nie vorher gehört haben und das zu hören wir auch eigentlich gar nicht die Fähigkeit haben, etwas was zu hören uns nur diese eine Josefine und niemand sonst befähigt. Gerade das trifft aber meiner Meinung nach nicht zu, ich wenigstens fühle es nicht und habe auch bei andern derartige Beobachtungen nicht machen können. Im vertrauten Kreise gestehen wir einander offen, daß Josefinens Gesang als Gesang eigentlich nichts außerordentliches darstellt. Ist es denn überhaupt Gesang? Trotz unserer Unmusikalität haben wir Gesangsüberlieferungen, in den alten Zeiten unseres Volkes gab es Gesang, Sagen erzählen davon und sogar Lieder sind erhalten, die freilich niemand mehr singen kann; ich weiß nicht, warum wir im Laufe der Jahrhunderte so gründlich uns abwandten von aller Musik, vielleicht wurde durch unsere besonderen Schicksale die Stille, die Zurückhaltung uns unwiderstehlich auferlegt – wie dies alles auch sein mag, eine Ahnung dessen was Gesang ist haben wir und dieser Ahnung nun entspricht Josefinens Kunst eigentlich nicht. Ist es denn überhaupt Gesang, ist es nicht vielleicht doch nur ein Pfeifen? Und Pfeifen allerdings kennen wir alle, es ist die eigentliche Kunst unseres Volkes oder vielmehr gar keine Kunst, sondern eine charakteristische Lebensäußerung, ein leises etwas zischendes Pfeifen,

von dem es kaum mehr als zwei Abarten gibt, das wehmü-
tige, verzichtende, träumerische, besonders schwache aber
eindringende und dann das gewissermaßen triumphierende,
langhintönende, schärfere. So pfeifen wir alle, aber niemand
denkt daran das als Kunst auszugeben, hie und da stellt
jemand darüber zu besondern Zwecken Beobachtungen an,
aber im allgemeinen pfeifen wir, ohne daran zu denken, ja
ohne es zu merken und es gibt gewiß sogar viele unter uns,
die gar nicht wissen daß das Pfeifen zu unseren Eigentümlichkeiten gehört. Wenn es also wahr wäre, daß Josefine nicht
singt, sondern nur pfeift und vielleicht gar, wie es mir wenigstens scheint, über die Grenzen des üblichen Pfeifens kaum
hinauskommt, ja vielleicht reicht ihre Kraft für jenes triumphierende Pfeifen nicht einmal ganz hin, während es ein
gewöhnlicher Erdarbeiter ohne Mühe den ganzen Tag über
neben seiner Arbeit zustandebringt – wenn das alles wahr
wäre, dann wäre zwar Josefinens angebliche Künstlerschaft
widerlegt, aber es wäre dann erst recht das Rätsel ihrer großen Wirkung zu lösen. Es ist eben doch nicht nur Pfeifen, das
sie produciert, stellt man sich recht weit von ihr hin und
horcht, oder noch besser, läßt man sich in dieser Hinsicht
prüfen, singt also Josefine etwa unter andern Stimmen und
setzt man sich die Aufgabe ihre Stimme zu erkennen, dann
wird man unweigerlich nichts anderes hören als ein gewöhn-
liches mittelmäßiges höchstens durch Zartheit oder Schwäche ein wenig auffallendes Pfeifen. Aber steht man vor ihr, ist
es doch nicht nur ein Pfeifen, es ist zum Verständnis ihrer
Kunst notwendig, sie nicht nur zu hören sondern auch zu
sehn. Selbst wenn es nur unser tagtägliches Pfeifen wäre, so
besteht hier doch schon zunächst die Sonderbarkeit, daß
jemand sich feierlich hinstellt, um nichts anderes als das
Übliche zu tun. Eine Nuß aufknacken ist wahrhaftig keine
Kunst, deshalb wird auch niemand wagen, ein Publikum

zusammenzurufen und vor ihm, um es zu unterhalten, Nüsse knacken. Tut er es dennoch und gelingt seine Absicht, dann kann es sich eben doch nicht nur um bloßes Nüsseknacken handeln. Oder es handelt sich um Nüsseknacken, aber es stellt sich heraus, daß wir über diese Kunst hinweggesehn haben, weil wir sie glatt beherrschten und daß uns dieser neue Nußknacker erst ihr eigentliches Wesen zeigt, wobei es dann für die Wirkung nützlich sein könnte, wenn er sogar etwas weniger tüchtig im Nüsseknacken ist als die Mehrzahl von uns. Vielleicht verhält es sich ähnlich mit Josefinens Gesang, wir bewundern an ihr das, was wir an uns gar nicht bewundern, übrigens sind wir darin in völliger Übereinstimmung mit ihr. Ich war einmal zugegen, als sie jemand, wie dies natürlich öfters geschieht, auf das allgemeine Volkspfeifen aufmerksam machte undzwar ganz bescheiden, so wie man etwa einem Reichen durch den Hinweis darauf, daß man selbst noch nicht verhungert ist, gewiß nicht wehtun, sondern eher zum ungestörten Genuß seiner Reichtümer verhelfen will. Aber für Josefine war es zu viel, ein so freches, hochmütiges Lächeln, wie sie es damals aufsetzte, habe ich noch nicht gesehn; sie, die äußerlich eigentlich vollendete Zartheit ist, auffallend zart selbst in unserem an solchen Frauengestalten reichen Volk, erschien damals geradezu gemein, sie mochte es übrigens in der großen Empfindlichkeit der Künstlerin auch gleich selbst fühlen und faßte sich. Jedenfalls leugnet sie also jeden Zusammenhang zwischen ihrer Kunst und dem Pfeifen, für die welche gegenteiliger Meinung sind hat sie nur Verachtung und wahrscheinlich uneingestandenen Haß. Das ist nicht Eigennutz, denn diese Opposition, zu der auch ich halb gehöre, bewundert sie gewiß nicht weniger als es die Menge tut, aber Josefine will nicht nur bewundert, sondern genau in der von ihr bestimmten Art bewundert sein, an Bewunderung allein liegt ihr nichts.

Und wenn man vor ihr sitzt, versteht man sie, Opposition treibt man nur in der Ferne; wenn man vor ihr sitzt, weiß man: was sie hier pfeift, ist kein Pfeifen. Da Pfeifen zu unsern gedankenlosen Gewohnheiten gehört, könnte man meinen daß auch in Josefinens Auditorium gepfiffen wird, es wird uns wohl bei ihrer Kunst und wenn uns wohl ist, pfeifen wir, aber ihr Auditorium pfeift nicht, es ist mäuschenstill, so als wären wir des ersehnten Friedens, von dem uns zumindest unser eigenes Pfeifen abhält, teilhaftig geworden, schweigen wir. Ist es ihr Gesang, der uns entzückt oder nicht vielmehr die Feierlichkeit der Stille, von der das schwache Stimmchen umgeben ist? Einmal geschah es, daß irgendein törichtes kleines Ding während Josefinens Gesang in aller Unschuld auch zu pfeifen anfing. Nun, es war ganz dasselbe was wir auch von Josefine hörten, dort vorne das trotz aller Routine immer noch schüchterne Pfeifen und hier im Publikum das selbstvergessene kindliche Gepfeife; den Unterschied zu bezeichnen wäre unmöglich gewesen, aber doch zischten und pfiffen wir gleich die Störerin nieder, trotzdem es gar nicht nötig gewesen wäre, denn sie hätte sich gewiß auch sonst in Angst und Scham verkrochen, während Josefine ihr Triumphpfeifen anstimmte und vor Selbstzufriedenheit ganz außer sich war mit ihren ausgespreizten Armen und dem gar nicht mehr höher dehnbaren Hals. So ist sie übrigens immer, jede Kleinigkeit, jeden Zufall, jede winzige Widerspenstigkeit, ein Knacken im Parkett, ein Zähneknirschen, eine Beleuchtungsstörung hält sie für geeignet die Wirkung ihres Gesanges zu erhöhen, sie singt ja ihrer Meinung nach vor stumpfen Ohren, an Begeisterung und Beifall fehlt es nicht, aber auf wirkliches Verständnis, wie sie es meint, hat sie längst verzichten gelernt, da kommen ihr dann alle Störungen sehr gelegen, alles was sich der Reinheit ihres Gesanges entgegenstellt, in leichtem Kampf, ja ohne Kampf, bloß durch die Gegenüberstellung besiegt wird, kann dazu beitragen die Menge zu erwecken, sie zwar nicht Verständnis, aber ahnungsvollen Respekt zu lehren. Und es wäre recht gut denkbar, daß sie, wenn es nicht ihrer zerstreuten träumerischen das Zweckmäßige mißachtenden Künstlerart widersprechen würde, selbst z. B. damals jenes arme unschuldige Ding zum Pfeifen veranlaßt hätte. Wenn ihr aber nun das Kleine so dient wie erst das Große. Unser Leben ist sehr unruhig, jeder Tag bringt Überraschungen, Beängstigungen, Hoffnungen und Schrecken, daß der einzelne unmöglich dies alles ertragen könnte, hätte er nicht jederzeit bei Tag und Nacht den Rückhalt der Genossen, aber selbst so wird es oft recht schwer, manchmal zittern selbst tausend Schultern unter der Last, die eigentlich nur für einen bestimmt war. Dann hält Josefine ihre Zeit für gekommen. Schon steht sie da, das zarte Wesen, besonders unterhalb der Brust beängstigend vibrierend, es ist als hätte sie alle ihre Kraft im Gesang versammelt, als sei allem an ihr was nicht dem Gesange unmittelbar diene, jede Kraft, fast jede Lebensmöglichkeit entzogen, als sei sie völlig entblößt, preisgegeben, nur dem Schutz guter Geister überantwortet, als könne sie, während sie so, sich völlig entzogen, im Gesange wohne, ein kalter Hauch im Vorüberwehn töten. Aber gerade bei solchem Anblick pflegen wir angeblichen Gegner uns zu sagen: Sie kann nicht einmal pfeifen, so entsetzlich muß sie sich anstrengen, um nicht Gesang – reden wir nicht von Gesang – aber um das landesübliche Pfeifen einigermaßen sich abzuzwingen. So scheint es uns, doch ist dies, wie schon erwähnt, ein zwar unvermeidlicher, aber flüchtiger, schnell vorübergehender Eindruck. Schon tauchen auch wir in das Gefühl der Menge, die warm, Leib an Leib, scheu und atmend horcht. Und um diese Menge unseres fast immer in Bewegung befindlichen, wegen oft nicht sehr klarer Zwecke hin- und herschießenden Volkes um sich zu versammeln, muß Josefine meist nichts anderes tun, als mit zurückgeworfenem Köpfchen, halboffenem Munde, aufgerissenen der Höhe zugewandten Augen jene Stellung einnehmen, die darauf hindeutet, daß sie zu singen beabsichtigt. Sie kann dies tun, wo sie will, es muß kein weithin sichtbarer Platz sein, irgendein verborgener, in zufälliger Augenblickslaune gewählter Winkel ist ebensogut brauchbar. Die Nachricht, daß sie singen will, verbreitet sich gleich und bald zieht es in Processionen hin. Nun, manchmal treten doch Hindernisse ein, Josefine singt mit Vorliebe gerade in aufgeregten Zeiten, vielfache Sorgen und Nöte zwingen uns dann zu vielerlei Wegen, man kann sich beim besten Willen nicht so schnell versammeln, wie es Josefine wünscht, und sie steht dort wohl in ihrer großen Haltung eine Zeitlang ohne genügende Hörerzahl, dann freilich wird sie wütend, dann stampft sie mit den Füßen, flucht ganz unmädchenhaft, ja sie beißt sogar. Aber selbst ein solches Verhalten schadet ihrem Rufe nicht, statt ihre übergroßen Ansprüche ein wenig einzudämmen, strengt man sich an, ihnen zu entsprechen, es werden Boten ausgeschickt, um Hörer herbeizuholen, es wird vor ihr geheimgehalten, daß das geschieht, man sieht dann auf den Wegen im Umkreis Posten aufgestellt, die den Herankommenden zuwinken, sie möchten sich beeilen – dies alles solange bis dann schließlich doch eine leidliche Anzahl beisammen ist. Was treibt das Volk dazu, sich für Josefine so zu bemühn? Eine Frage nicht leichter zu beantworten, als die nach Josefinens Gesang mit der sie ja auch zusammenhängt. Man könnte sie streichen und gänzlich mit der zweiten Frage vereinigen, wenn sich etwa behaupten ließe, daß das Volk wegen des Gesanges oder aus sonstigen Gründen Josefine bedingungslos ergeben ist. Dies ist aber eben nicht der Fall, bedingungslose Ergebenheit kennt unser Volk kaum, dieses Volk, das über alles die freilich harmlose Schlauheit liebt, das kindliche Wispern, den freilich unschuldigen bloß die Lippen bewegenden Tratsch, ein solches Volk kann immerhin nicht bedingungslos sich hingeben, das fühlt wohl auch Josefine, das ist es, was sie bekämpft mit aller Anstrengung ihrer schwachen Kehle. Nun darf man freilich bei solchen allgemeinen Urteilen nicht zu weit gehn, das Volk ist Josefine doch ergeben, nur eben nicht bedingungslos. Es wäre z. B. nicht fähig über Josefine zu lachen. Man darf es sich eingestehn: an Josefine fordert vieles zum Lachen auf, und an und für sich ist uns das Lachen immer nah, trotz allem Jammer unseres Lebens ist ein leises Lachen bei uns gewissermaßen immer zuhause, aber über Josefine lachen wir nicht. Manchmal habe ich den Eindruck, das Volk fasse sein Verhältnis zu Josefine derart auf, daß sie, dieses zerbrechliche, schonungsbedürftige, irgendwie ausgezeichnete, ihrer Meinung nach durch Gesang ausgezeichnete Wesen ihm anvertraut sei und es müsse für sie sorgen, der Grund dessen ist wahrscheinlich niemandem klar, aber die Tatsache scheint festzustehn. Über das was einem anvertraut ist lacht man nicht, man kann über sich selbst lachen, aber nicht über das einem Anvertraute, darüber zu lachen wäre Pflichtverletzung, es ist das Äußerste an Boshaftigkeit was die Boshaftesten unter uns Josefine zufügen wenn sie manchmal sagen: Das Lachen vergeht uns, wenn wir Josefine sehn. So sorgt also das Volk für Josefine in der Art eines Vaters, der sich seines Kindes annimmt, das sein Händchen man weiß nicht recht ob bittend oder fordernd nach ihm ausstreckt. Man sollte meinen, unser Volk tauge nicht zur Erfüllung solcher väterlicher Pflichten, aber in Wirklichkeit versieht es sie wenigstens in diesem Falle musterhaft, ich könnte es gewiß nicht und kein einzelner könnte es, was in dieser Hinsicht das Volk als Ganzes zu tun imstande ist. Freilich, der Kraftunterschied zwischen dem Volk und seinem Schützling ist so ungeheuer, es genügt daß es den Schützling in die Wärme seiner Nähe zieht und er ist beschützt genug. Zu Josefine wage man allerdings von solchen Dingen nicht zu reden. »Ich pfeife auf Eueren Schutz«, sagt sie dann. »Ja, ja, Du pfeifst«, denken wir. Und außerdem ist es wahrhaftig keine Widerlegung, wenn sie so rebelliert, vielmehr ist das durchaus Kindesart und Kindesdankbarkeit und Art des Vaters ist es, sich nicht daran zu kehren. Nun spielt aber eben doch noch anderes herein, das schwerer aus diesem Verhältnis zwischen Volk und Josefine, wie ich es deute, zu erklären ist. Josefine ist nämlich der gegenteiligen Meinung, sie glaubt, sie sei es, die das Volk beschütze. Aus schlimmer politischer oder wirtschaftlicher Lage rettet uns angeblich ihr Gesang, nichts weniger als das bringt er zuwege und wenn er das Unglück nicht vertreibt, so gibt er uns wenigstens die Kraft es zu ertragen. Sie spricht es nicht so aus und auch nicht anders, sie spricht überhaupt wenig, sie ist schweigsam unter den Plappermäulern, aber aus ihren Augen blitzt es, von ihrem geschlossenen Mund – bei uns können nur wenige den Mund geschlossen halten, sie kann es – ist es abzulesen. Bei jeder schlechten Nachricht – und an manchen Tagen überrennen sie einander, falsche und halbrichtige darunter – erhebt sie sich sofort, während es sie sonst immer müde zum Boden zieht, erhebt sich und streckt den Hals und sucht den Überblick über ihre Herde wie der Hirt vor dem Gewitter. Gewiß, auch Kinder stellen ähnliche Forderungen in ihrer wilden unbeherrschten Art, aber bei Josefine sind sie doch nicht so unbegründet wie bei jenen. Freilich sie rettet uns nicht und gibt uns nicht die entscheidenden Kräfte, es ist leicht sich als Retter dieses Volkes aufzuspielen, das leidensgewohnt, den Tod wohl kennend, sich nicht schonend, schnell in Entschlüssen, nur dem Anschein nach ängstlich in der Atmosphäre von Tollkühnheit in der es ständig lebt und überdies ebenso fruchtbar wie wagemutig, es ist leicht, sage ich, sich nachträglich als Retter dieses Volkes aufzuspielen, das sich noch immer irgendwie selbst gerettet hat, sei es auch unter Opfern, über die der Geschichtsforscher – im allgemeinen vernachlässigen wir Geschichtsforschung gänzlich – vor Schrecken erstarrt. Und doch ist es wahr, daß wir gerade in Notlagen noch besser als sonst auf Josefinens Stimme horchen. Die Drohungen, die über uns stehen, machen uns stiller, bescheidener, für Josefinens Befehlshaberei gefügiger, gern kommen wir zusammen, gern drängen wir uns aneinander, besonders weil es bei einem Anlaß geschieht, der ganz abseits liegt von der quälenden Hauptsache, es ist als tränken wir noch schnell – ja, Eile ist nötig, das vergißt Josefine allzuoft – gemeinsam einen Becher des Friedens vor dem Kampf. Es ist nicht so sehr eine Gesangsvorführung, als vielmehr eine Volksversammlung undzwar eine Versammlung, bei der es bis auf das kleine Pfeifen vorne, völlig still ist, viel zu ernst ist die Stunde, als daß man sie verschwätzen wollte. Ein solches Verhältnis könnte nun freilich Josefine gar nicht befriedigen und es wäre auch für die Dauer nicht haltbar. Trotz allen ihres nervösen Mißbehagens, welches Josefine wegen ihrer niemals ganz geklärten Stellung erfüllt, sieht sie doch, verblendet von ihrem Selbstbewußtsein, manches nicht und kann ohne große Anstrengung dazu gebracht werden noch viel mehr zu übersehn, ein Schwarm von Schmeichlern ist in diesem Sinne, also eigentlich in einem allgemein nützlichen Sinne immerfort tätig, aber nur nebenbei, unbeachtet, im Winkel einer Volksversammlung zu singen, dafür würde sie, trotzdem es an sich gar nicht wenig wäre, ihren Gesang gewiß nicht opfern. Und das muß sie auch nicht, denn ihre Kunst bleibt nicht unbeachtet. Trotzdem wir mit ganz andern Dingen beschäftigt sind und die Stille durchaus nicht nur dem Gesange zuliebe herrscht und mancher gar nicht aufschaut, sondern das Gesicht in den Pelz des Nachbars drückt und Josefine also dort oben sich vergeblich abzumühen scheint, dringt doch – das ist nicht zu leugnen – etwas von ihrem Pfeifen unweigerlich auch zu uns. Dieses Pfeifen, das sich erhebt, wo allen andern Schweigen auferlegt ist, kommt fast wie eine Botschaft des Volkes zu dem Einzelnen, das dünne Pfeifen Josefinens mitten in den schweren Entscheidungen ist fast wie die armselige Existenz unseres Volkes mitten im Tumult der feindlichen Welt. Josefine behauptet sich, dieses Nichts an Stimme, dieses Nichts an Leistung behauptet sich und schafft sich den Weg zu uns, es tut wohl daran zu denken; einen wirklichen Gesangskünstler, wenn einer einmal sich unter uns finden sollte, würden wir in solcher Zeit gewiß nicht ertragen und die Unsinnigkeit einer solchen Vorführung einmütig abweisen. Möge Josefine beschützt werden vor der Erkenntnis, daß die Tatsache, daß wir ihr zuhören, ein Beweis gegen ihren Gesang ist. Eine Ahnung dessen hat sie wohl, warum würde sie sonst so leidenschaftlich leugnen, daß wir ihr zuhören, aber immer wieder singt sie, pfeift sie sich über diese Ahnung hinweg. Aber es gäbe auch sonst noch immer einen Trost für sie: wir hören ihr doch auch gewissermaßen wirklich zu, wahrscheinlich ähnlich wie man einem Gesangskünstler zuhört, sie erreicht Wirkungen, die ein Gesangskünstler vergeblich bei uns anstreben würde und die nur gerade ihren unzureichenden Mitteln verliehen sind. Es hängt wohl auch mit unserer Lebensweise zusammen. In unserem Volk kennt man keine Jugend, kaum eine winzige Kinderzeit. Von Zeit zu Zeit treten zwar Forderungen auf, man möge den Kindern eine besondere Freiheit, eine besondere Schonung gewährleisten, ihr Recht auf ein wenig Sorglosigkeit, ein wenig sinnloses Sich-Herumtummeln, auf ein wenig Spiel, dieses Recht möge man anerkennen und ihm zur Erfüllung verhelfen, solche Forderungen treten auf und fast jedermann billigt sie, es gibt nichts was mehr zu billigen wäre, aber es gibt auch nichts, was in der Wirklichkeit unseres Lebens weniger zugestanden werden könnte, man billigt die Forderungen, man macht Versuche in ihrem Sinn, aber bald ist wieder alles beim Alten. Unser Leben ist eben derart, daß ein Kind, sobald es nur ein wenig läuft und die Umwelt ein wenig unterscheiden lernt, ebenso für sich sorgen muß, wie ein Erwachsener, die Gebiete, auf denen wir aus wirtschaftlichen Rücksichten zerstreut leben müssen, sind zu groß, unserer Feinde sind zu viele, die für uns überall bereiteten Gefahren zu unberechenbar – wir können die Kinder vom Existenzkampf nicht fernhalten, täten wir es, es wäre ihr vorzeitiges Ende. Zu diesen traurigen Gründen kommt freilich auch ein erhebender: die Fruchtbarkeit unseres Stammes. Eine Generation – und jede ist zahlreich – drängt die andere, die Kinder haben nicht Zeit, Kinder zu sein. Mögen bei andern Völkern die Kinder sorgfältig gepflegt werden, mögen dort Schulen für die Kleinen errichtet sein, mögen dort aus diesen Schulen täglich die Kinder strömen, die Zukunft des Volkes, der schönste Anblick dem Patrioten, so sind es doch immer lange Zeit die gleichen Kinder, die dort hervorkommen. Wir haben keine Schulen, aber aus unserem Volke strömen in allerkürzesten Zwischenräumen die unübersehbaren Scharen unserer Kinder, fröhlich zischend oder piepsend solange sie noch nicht pfeifen können, sich wälzend oder kraft des Druckes weiterrollend solange sie noch nicht laufen können, täppisch durch ihre Masse alles mit sich fortreißend, solange sie noch nicht sehen können, unsere Kinder! Und nicht wie in jenen Schulen die gleichen Kinder, nein, immer, immer wieder neue, ohne Ende, ohne Unterbrechung, kaum erscheint ein Kind, ist es nicht mehr Kind, aber schon drängen hinter ihm die neuen Kindergesichter, ununterscheidbar in ihrer Menge und Eile, rosig vor Glück. Freilich, wie schön dies auch sein mag und wie sehr uns andere darum auch mit Recht beneiden mögen, eine wirkliche Kinderzeit können wir eben unsern Kindern nicht geben. Und das hat seine Folgewirkungen. Eine gewisse unerstorbene unausrottbare Kindlichkeit durchdringt unser Volk; im geraden Widerspruch zu unserem Besten, dem untrüglichen praktischen Verstand, handeln wir manchmal ganz und gar töricht undzwar eben in der Art wie Kinder töricht handeln, sinnlos verschwenderisch, großzügig, leichtsinnig und dies alles oft einem kleinen Spaß zuliebe. Und wenn unsere Freude darüber natürlich nicht mehr die volle Kraft der Kinderfreude haben kann, etwas von dieser lebt darin noch gewiß. Ist es vielleicht diese Kindlichkeit unseres Volkes, von der auch Josefine profitiert? Aber unser Volk ist nicht nur kindlich, es ist gewissermaßen auch vorzeitig alt, Kindheit und Alter mischen sich bei uns anders als bei andern. Wir haben keine Jugend, wir sind gleich Erwachsene, und Erwachsene sind wir dann zu lange, eine gewisse Müdigkeit und Hoffnungslosigkeit durchzieht von da aus mit breiter Spur das im Ganzen doch so zähe und hoffnungsstarke Wesen unseres Volkes. Damit hängt wohl auch unsere Unmusikalität zusammen, wir sind zu alt für Musik, ihre Erregung, ihr Aufschwung paßt nicht für unsere Schwere, müde winken wir ihr ab, wir haben uns auf das Pfeifen zurückgezogen, ein wenig Pfeifen hie und da, das ist das Richtige für uns. Wer weiß ob es nicht Musiktalente unter uns gibt, wenn es sie aber auch gäbe, der Charakter des Volksganzen müßte sie noch vor ihrer Entfaltung unterdrükken. Dagegen mag Josefine nach ihrem Belieben pfeifen oder singen oder wie sie es nennen will, das stört uns nicht, das entspricht uns, das können wir wohl vertragen, wenn darin etwas von Musik enthalten sein sollte, so ist es auf die möglichste Nichtigkeit reduciert, eine gewisse Musiktradition

wird gewahrt, aber ohne daß uns dies im geringsten be-
schweren würde. Aber Josefine bringt diesem derart ge-
stimmten Volk noch mehr. Bei ihren Koncerten besonders in
ernster Zeit haben nur wenige Interesse an der Sängerin als
solcher, vielleicht sieht mancher in den ersten Reihen neugierig zu, wie sie ihre Lippen kräuselt, zwischen den niedlichen
Vorderzähnen die Luft ausstößt, in Bewunderung der Töne
die sie selbst hervorbringt erstirbt und dieses Hinsinken be-
nützt um sich zu neuer ihr immer unverständlicher werden-
der Leistung anzufeuern, aber die eigentliche Menge hat sich
– das ist deutlich zu erkennen – auf sich selbst zurückgezogen.
Hier in den dürftigen Pausen zwischen den Kämpfen träumt
das Volk, es ist als lösten sich dem Einzelnen die Glieder, als
dürfte sich der Ruhelose einmal nach seiner Lust im großen
warmen Bett des Volkes dehnen und strecken. Und in diese
Träume klingt hie und da Josefinens Pfeifen, sie nennt es
perlend, wir nennen es stockend, aber jedenfalls ist es hier an
seinem Platz wie nirgends sonst, wie Musik kaum jemals den
auf sie wartenden Augenblick findet. Etwas von der armen
kurzen Kindheit ist darin, etwas von verlorenem, nie wieder
aufzufindendem Glück, aber auch etwas vom tätigen heutigen Leben ist darin, von seiner kleinen unbegreiflichen und
dennoch bestehenden und nicht zu ertötenden Munterkeit.
Und dies alles ist wahrhaftig nicht mit großen Tönen gesagt,
sondern leicht, flüsternd, vertraulich, manchmal ein wenig
heiser. Natürlich ist es ein Pfeifen; wie denn nicht? Pfeifen ist
die Sprache unseres Volkes, nur pfeift mancher sein Leben
lang und weiß es nicht, hier aber ist das Pfeifen freigemacht
von den Fesseln des täglichen Lebens und befreit auch uns für
eine kurze Weile. Deshalb wollten wir diese Vorführungen
nicht missen. Sollte also vielleicht auf diese Weise Josefine
doch Recht haben wenn sie behauptet daß sie uns in solchen
Zeiten neue Kräfte gibt. Wie könnte man auch anders – sagen

Josefinens Schmeichler in recht unbefangener Keckheit – den großen Zulauf besonders unter unmittelbar drängender Gefahr erklären, der schon manchmal sogar die genügende, rechtzeitige Abwehr eben dieser Gefahr verhindert hat. Nun, dies letztere ist richtig, gehört aber doch gewiß nicht zu den Ruhmestiteln Josefinens, besonders wenn man hinzufügt, daß, wenn solche Versammlungen unerwartet vom Feind gesprengt wurden und mancher der unsrigen dabei sein Leben lassen mußte, Josefine, die alles verschuldet, ja durch ihr Pfeifen den Feind vielleicht angelockt hatte, immer das sicherste Plätzchen hatte und unter dem Schutz ihres Anhangs sehr still und eiligst als erste verschwand. Aber auch dieses wissen im Grunde alle und dennoch eilen sie wieder hin, wenn Josefine nächstens nach ihrem Belieben, irgendwo, irgendwann zum Gesange sich erhebt. Daraus – denn dies ist doch schon etwas Äußerstes – könnte man schließen, daß Josefine fast außerhalb des Gesetzes steht, daß sie tun darf, was sie will und daß ihr alles verziehen wird. Wenn dies so wäre, wären dann auch Josefinens Ansprüche völlig verständlich, ja man könnte gewissermaßen in dieser Freiheit die ihr das Volk geben würde, in diesem außerordentlichen, niemand sonst gewährten, die Gesetze eigentlich widerlegenden Geschenk ein Eingeständnis dessen sehn, daß das Volk Josefine, wie sie es behauptet, nicht versteht, ohnmächtig ihre Kunst anstaunt, sich ihrer nicht würdig fühlt, dieses Leid, das es Josefine tut, durch eine geradezu verzweifelte Leistung auszugleichen strebt und so wie ihre Kunst außerhalb seines Begriffsvermögens ist, auch ihre Person und deren Wünsche außerhalb seiner Befehlsgewalt stellt. Nun, das ist allerdings ganz und gar nicht richtig, vielleicht kapituliert im Einzelnen unser Volk zu schnell vor Josefine, aber wie es bedingungslos vor niemandem kapuliert, also auch nicht vor ihr. Das ist leicht zu beweisen. Schon seit langer Zeit, vielleicht schon seit Beginn ihrer Künstlerlaufbahn kämpft Josefine darum, daß sie mit Rücksicht auf ihren Gesang von jeder Arbeit befreit werde, man solle ihr also die Sorge um das tägliche Brot und alles was sonst mit unserem Existenzkampf verbunden ist abnehmen und es – wahrscheinlich – auf das Volk als Ganzes überwälzen. Ein schnell Begeisterter – es fanden sich wenn ich nicht irre auch solche – könnte schon allein aus der Sonderbarkeit dieser Forderung, aus der Geistesverfassung, die eine solche Forderung auszudenken imstande ist, auf deren innere Berechtigung schließen. Unser Volk zieht aber andere Schlüsse und lehnt ruhig die Forderung ab. Es müht sich auch mit der Widerlegung der Gesuchsbegründung nicht sehr ab. Josefine weist z. B. darauf hin, daß die Anstrengung bei der Arbeit ihrer Stimme schade, daß zwar die Anstrengung bei der Arbeit gering sei im Vergleich zu jener beim Gesang, daß sie ihr aber doch die Möglichkeit nehme, nach dem Gesang sich genügend auszuruhn und für neuen Gesang sich zu stärken, sie müsse sich dabei gänzlich erschöpfen und könne trotzdem unter diesen Umständen ihre Höchstleistung niemals erreichen. Das Volk hört dies an und geht darüber hinweg. Dieses so leicht zu rührende Volk ist manchmal gar nicht zu rühren. Die Abweisung ist manchmal so hart, daß selbst Josefine stutzt, sie scheint sich zu fügen, arbeitet wie sichs gehört, singt so gut sie kann, aber nur eine Weile, dann nimmt sie den Kampf mit neuen Kräften – dafür scheint sie unbeschränkt viele zu haben – wieder auf. Nun ist es ja klar, daß Josefine nicht eigentlich das anstrebt was sie wörtlich verlangt. Sie ist vernünftig, sie scheut die Arbeit nicht, wie ja Arbeitsscheu überhaupt bei uns unbekannt ist, sie würde, wenn ihrer Forderung nachgegeben würde, gewiß nicht anders leben als früher, die Arbeit würde ihrem Gesang gar nicht im Wege stehn und allerdings der Gesang auch nicht schöner werden – was sie anstrebt ist also nur die öffentliche, eindeutige, die Zeiten überdauernde, über alles Übliche sich weit erhebende Anerkennung ihrer Kunst. Während ihr aber fast alles andere erreichbar scheint, versagt sich ihr dieses hartnäckig. Vielleicht hätte sie den Angriff gleich anfangs in anderer Richtung lenken sollen, vielleicht sieht sie jetzt selbst den Fehler ein, aber nun kann sie nicht mehr zurück, ein Zurückgehn hieße sich selbst untreu werden, nun muß sie schon mit dieser Forderung stehn oder fallen. Hätte sie wirklich Feinde, wie sie sagt, sie könnten diesem Kampfe, ohne selbst den Finger rühren zu müssen, belustigt zusehn. Aber sie hat keine Feinde und selbst wenn mancher hie und da Einwände gegen sie hatte, dieser Kampf belustigt gewiß niemanden. Schon deshalb nicht, weil sich hier das Volk in einer kalten unerschütterlichen richterlichen Haltung zeigt, wie man es sonst bei uns nur sehr selten sieht. Und wenn einer auch diese Haltung in diesem Fall billigen mag, so schließt doch der Gedanke, daß sich einmal das Volk ähnlich gegen ihn selbst verhalten könnte, jede Freude aus. Es handelt sich eben, wie bei der Forderung, so auch bei der Abweisung nicht eigentlich um die Sache selbst, sondern mehr darum, daß sich das Volk gegen einen Volksgenossen derart undurchdringlich abschließen kann und um so undurchdringlicher, als es sonst um eben diesen Genossen väterlich und mehr als väterlich, demütig sorgt. Stünde hier an Stelle des Volkes ein Einzelner könnte man fast glauben, dieser Mann habe die ganze Zeit über Josefine nachgegeben unter dem fortwährenden Verlangen endlich der Nachgiebigkeit ein Ende zu machen, er habe übermenschlich viel nachgegeben in der festen Überzeugung daß das Nachgeben trotzdem seine Grenze finden werde, ja er habe mehr nachgegeben, als nötig war, um die Sache zu beschleunigen, um Josefine zu verwöhnen und zu immer neuen Wünschen zu treiben, bis dann Josefine wirklich diese letzte Forderung erhob, da habe er nun freilich, kurz, weil schon längst vorbereitet, die endgiltige Abweisung vorgenommen. Nun, so verhält es sich ganz gewiß nicht, das Volk braucht solche Listen nicht, außerdem ist seine Verehrung für Josefine aufrichtig und erprobt und Josefinens Forderung ist allerdings so stark, daß jedes unbefangene Kind ihr den Ausgang hätte voraussagen können, trotzdem mag es sein daß in der Auffassung die Josefine von der Sache hat, auch solche Vermutungen ein wenig mitspielen und dem Schmerz der Abgewiesenen eine Bitternis hinzufügen. Aber mag sie auch solche Vermutungen haben, vom Kampfe abschrecken läßt sie sich dadurch nicht. In letzter Zeit verschärft sich sogar der Kampf, hat sie ihn bisher nur durch Worte geführt, fängt sie jetzt an andere Mittel anzuwenden, die ihrer Meinung nach wirksamer, unserer Meinung nach lediglich für sie selbst gefährlicher sind. Manche glauben, Josefine werde deshalb so dringlich, weil sie sich alt werden fühle, die Stimme Schwächen zeige und es ihr daher höchste Zeit zu sein scheint, den letzten Kampf um ihre Anerkennung zu führen. Ich glaube daran nicht. Josefine wäre nicht Josefine wenn dies wahr wäre. Für sie gibt es kein Altern, und keine Schwächen ihrer Stimme. Wenn sie etwas fordert, so wird sie nicht durch äußere Dinge, sondern durch innere Folgerichtigkeit dazu gebracht. Sie greift nach dem höchsten Kranz, nicht weil er im Augenblick gerade ein wenig tiefer hängt, sondern weil es der höchste Kranz ist; wäre es in ihrer Macht, sie würde ihn noch höher hängen. Diese Geistesverfassung hindert sie allerdings nicht, die unwürdigsten Mittel anzuwenden. Ihr Recht steht ihr außer Zweifel, was liegt also daran wie sie es erreicht, besonders da doch, wie sie die Welt beurteilt, die würdigen Mittel versagen müssen. Vielleicht hat sie sogar deshalb den Kampf um ihr Recht aus dem Gebiet des Gesanges auf ein anderes, ihr weniger teueres verlegt. Ihr Anhang hat Aussprüche von ihr in Umlauf gebracht, nach denen sie sich durchaus fähig fühlt, so zu singen daß es dem Volk in allen seinen Schichten bis in die versteckteste Opposition hinein eine wirkliche Lust wäre, wirkliche Lust nicht im Sinne des Volkes, welches ja behauptet diese Lust seit jeher bei Josefinens Gesang zu fühlen, sondern Lust im Sinne von Josefinens Verlangen. Aber, fügt sie hinzu, da sie das Hohe nicht fälschen und dem Gemeinen nicht schmeicheln könne, müsse es eben bleiben, wie es sei. Anders aber ist es bei ihrem Kampf um die Arbeitsbefreiung, zwar ist es auch ein Kampf um ihren Gesang, aber hier kämpft sie nicht unmittelbar mit der kostbaren Waffe des Gesanges und kann daher, so denkt sie wahrscheinlich, auch die häßlichsten Mittel verwenden.

So wurde z. B. das Gerücht verbreitet, Josefine beabsichtige, wenn man ihr nicht nachgebe, die Koloraturen zu kürzen. Ich weiß nichts von Koloraturen, habe in ihrem Gesange niemals etwas von Koloraturen bemerkt, die unserer allgemein etwas rauhen wilden ungepflegten und in dieser Hinsicht gar nicht zu pflegenden Stimme wahrscheinlich von Natur aus für immer versagt sind, Josefine will aber die Koloraturen kürzen, vorläufig nicht beseitigen sondern nur kürzen. Sie hat angeblich ihre Drohung wahrgemacht, mir allerdings ist kein Unterschied gegenüber ihren früheren Vorführungen aufgefallen. Das Volk als Ganzes hat zugehört wie immer, ohne sich über die Koloraturen zu äußern, und auch die Behandlung von Josefinens Forderung hat sich nicht geändert. Wie in ihrer Gestalt hat Josefine unleugbar auch in ihrem Denken manchmal etwas Graziöses. So hat sie z. B. nach jener Vorführung, so als sei ihr Entschluß hinsichtlich der Koloraturen gegenüber dem Volke doch zu hart gewesen, erklärt, nächstens werde sie die Koloraturen doch wieder vollständig singen. Aber nach dem nächsten Konzert besann sie sich wieder anders, nun sei es endgültig zuende mit den großen Koloraturen und vor einer für Josefine günstigen Entscheidung werde man sie nicht mehr hören. Nun, das Volk hört über alle diese Erklärungen, Entschlüsse und Entschlußänderungen hinweg, wie ein Erwachsener in Gedanken über das Plaudern eines Kindes hinweghört, grundsätzlich wohlwollend aber unerreichbar.

Josefine aber gibt nicht nach. So behauptete sie, sie habe sich bei der Arbeit eine Fußverletzung zugezogen, die ihr das Stehn während des Gesanges sehr beschwerlich macht, da sie aber nur stehend singen könne müsse sie jetzt sogar die Gesänge kürzen. Trotzdem sie hinkt und sich von ihrem Anhang stützen läßt glaubt doch niemand an eine wirkliche Verletzung. Selbst die besondere Empfindlichkeit ihres Körperchens zugegeben, sind wir doch ein Arbeitsvolk und auch Josefine gehört zu ihm; wenn wir aber wegen jeder Hautaufschürfung hinken wollten, dürfte das ganze Volk mit Hinken gar nicht aufhören. Nun, mag sie sich wie eine Lahme führen lassen, mag sie sich in diesem bedauernswürdigen Zustand öfters zeigen als sonst, das Volk hört ihren Gesang dankbar und entzückt wie früher, aber wegen der Kürzung macht es nicht viel Aufhebens.

Da sie nicht immerfort hinken kann, erfindet sie etwas anderes, sie schützt Müdigkeit vor, Mißstimmung, Schwäche. Wir haben nun außer dem Koncert auch noch ein Schauspiel. Wir sehen an belebten Orten hinter Josefine ihren Anhang, der sie bittet und beschwört zu singen. Sie wollte gern, aber sie kann nicht. Man tröstet sie, umschmeichelt sie, trägt sie fast auf den schon vorher ausgesuchten Platz, wo sie singen soll. Endlich gibt sie mit undeutbaren Tränen nach, aber wie sie mit offenbar bestem Willen zu singen anfangen will, matt, die Arme nicht wie sonst ausgebreitet, sondern vorn am Körper leblos hinunterhängend, wobei man den Eindruck erhält, daß sie vielleicht ein wenig zu kurz sind –

wie sie so anstimmen will, nun, da geht es doch wieder nicht, ein unwilliger Ruck des Kopfes zeigt es an, im letzten Augenblick sinkt sie vor unsern Augen zusammen. Im allerletzten Augenblick allerdings rafft sie sich doch wieder auf und singt, ich glaube nicht viel anders als sonst, vielleicht, wenn man für feinste Nuancen das Ohr hat hört man ein wenig Erregung heraus, die der Sache nur zu Gute kommt. Und am Ende ist sie sogar viel weniger müde als vorher, mit festem Gang, soweit man ihr huschendes Trippeln so nennen kann, entfernt sie sich, jede Hilfe des Anhangs ablehnend, mit kalten Blicken die ihr ehrfurchtsvoll ausweichende Menge prüfend.

So war es letzthin, das Neueste aber ist, daß sie zu einer Zeit, wo ihr Gesang erwartet wurde gänzlich verschwunden war. Nicht nur der Anhang sucht sie, viele stellen sich in den Dienst des Suchens, es ist vergeblich, Josefine ist verschwunden, sie will nicht singen, sie will nicht einmal darum gebeten werden, sie hat uns diesmal völlig verlassen. Sonderbar wie falsch sie rechnet, die Kluge, so falsch, daß man glauben sollte, sie rechne gar nicht, sondern werde nur weiter getrieben von ihrem Schicksal, das in unserer Welt nur ein sehr trauriges sein kann. Selbst entzieht sie sich dem Gesang, selbst zerstört sie die Macht, die sie über die Gemüter erworben hat. Wie konnte sie nur diese Macht erwerben, da sie diese Gemüter so wenig kennt. Sie versteckt sich und singt nicht, aber das Volk, ruhig, ohne sichtbare Enttäuschung, fast ein wenig herrisch, eine in sich ruhende Masse, die förmlich, auch wenn der Anschein dagegen spricht, nur Geschenke geben, niemals empfangen kann, auch von Josefine nicht, dieses Volk zieht weiter seines Weges.

Mit Josefine aber muß es abwärts gehn und ich sehe schon die Zeit kommen, wo ihr letzter Pfiff ertönt und verstummt. Sie ist eine kleine Episode in der ewigen Geschichte unseres

Volkes und das Volk wird den Verlust überwinden. Leicht wird es uns nicht werden, wie werden die Versammlungen in völliger Stummheit möglich sein. Freilich, waren sie nicht auch mit Josefine stumm, war ihr wirkliches Pfeifen nennenswert lauter und lebendiger, als die Erinnerung daran sein wird, war es denn noch bei ihren Lebzeiten mehr als eine bloße Erinnerung, hat nicht vielmehr das Volk in seiner Weisheit Josefinens Gesang ebendeshalb, weil er in dieser Art unverlierbar war, so hoch gestellt? Vielleicht werden wir also gar nicht sehr viel entbehren, Josefine aber, erlöst von der irdischen Plage, die allen Auserwählten bereitet ist, wird fröhlich sich verlieren in der zahllosen Menge der Helden unseres Volkes, und bald, da wir keine Geschichte treiben, in gesteigerter Erlösung vergessen sein wie alle ihre Brüder.

Anhang

Der Text dieser Taschenbuchausgabe entspricht dem der Kritischen Kafka-Ausgabe. Die unregelmäßige Interpunktion und die manchmal ungewöhnliche Orthographie mögen zunächst befremden, sie beruhen jedoch auf dem Prinzip, die Textgestalt der Handschrift auch im Druck beizubehalten, die Authentizität des dargebotenen Textes durch den möglichst engen Anschluß an die Handschrift zu wahren. Dies bedeutet, daß auch Anomalien, die auf veralteten Regeln, regionalen Formen oder Eigenarten des Autors beruhen, beibehalten wurden. In den Text eingegriffen wurde nur bei offensichtlichen Verschreibungen und ähnlichen Anomalien, die die Lesbarkeit deutlich und unnötig erschweren würden. (Eine vollständige Rechenschaft über die Eingriffe in den Text wird im jeweiligen Apparatband der Kritischen Ausgabe gegeben.)

Die vier Bände, auf die sich in dieser Ausgabe die nachgelassenen Schriften und Fragmente verteilen, enthalten jene Manuskripte Kafkas, die weder den drei Romanen noch den Tagebüchern und Briefen zuzurechnen sind. Die Textwiedergabe folgt der chronologischen Ordnung der Handschriften, und zwar so, daß die Textfolge und die Textzusammenhänge der von Kafka verwendeten originalen Schriftträger – also der Kafkaschen Hefte, Einzelblätter und Konvolute von losen Blättern – erhalten blieb.

Die Textwiedergabe folgt der Handschrift des Autors in ihrem letzten erkennbaren Zustand. Vollendete und fragmentarische Texte sowie konkurrierende Textfassungen werden gleichberechtigt behandelt und ihrem Ort in der

Handschrift entsprechend abgedruckt. Im Unterschied zur Edition von Max Brod wurde hier also keine Textauswahl aus verschiedenen Manuskripten getroffen, sondern der Entstehungszusammenhang der Texte gewahrt. Von Kafka gestrichene Texte und Textpassagen sind in dieser Ausgabe nicht enthalten. (Zu ihnen sei auf das Variantenverzeichnis im jeweiligen Apparatband der Kritischen Ausgabe verwiesen.)

Graphische Besonderheiten der Handschrift bleiben in der Regel unberücksichtigt; Neueinsatz des Schreibens auf neuer Manuskriptseite nach längerer Unterbrechung sowie Wechsel der Schreibrichtung (z. B. Neubeginn in einem bereits benutzten Schreibheft vom hinteren Heftende her) werden im Druck durch Beginn auf neuer Seite nachgebildet.

Aus den genannten Prinzipien ergibt sich, daß Texttitel nur dann wiedergegeben werden, wenn sie von Kafka stammen. Um das Auffinden von in der Handschrift unbetitelten Texten zu erleichtern, die von Kafka anderswo mit Titel genannt oder erwähnt werden oder die aufgrund ihrer Druckgeschichte unter einem nicht von Kafka herrührenden Titel bekannt sind, ist diesem Band ein Verzeichnis beigegeben, das auf die entsprechenden Fundstellen in den Bänden der vorliegenden Taschenbuchausgabe verweist.

Einschaltungen des Herausgebers stehen in dieser Ausgabe kursiv; in wenigen Fällen werden unsichere Lesungen durch kursive eckige Klammern bezeichnet; Hinweise zum Text stehen in kursiven Spitzklammern.

Nachbemerkung
von Hans-Gerd Koch

»Das Schreiben versagt sich mir. Daher Plan der selbstbiographischen Untersuchungen. Nicht Biographie, sondern Untersuchung und Auffindung möglichst kleiner Bestandteile...« (S. 10). Mit diesen Worten beginnt Franz Kafka im Frühjahr 1921 wieder mit Aufzeichnungen in seinem sogenannten »Hungerkünstlerheft«, das er nach einer kurzen, in der Handschrift nicht einmal eine Seite umfassenden Eintragung vom Januar 1915 (»Ein junger Student...«, S. 9) offenbar über Jahre hin nicht mehr benutzt hat. Bereits seit Dezember 1920 hält er sich zur Behandlung seiner Tuberkulose in Matliary in der Hohen Tatra auf, wo er – mit kurzen Unterbrechungen – noch bis August 1922 bleiben wird. Die Eintragung ist sowohl persönliche Zustandsbeschreibung als auch literarische Absichtserklärung; mit den darin auftretenden Begriffen »Haus«, »Bau«, »Erde« und »Grab« sind die meisten der Motive verbunden, die uns – im Verein mit weiteren wie »Nahrungsaufnahme« und »künstlerische Äußerung« – in den Texten des letzten Lebensabschnitts begegnen.

Bei der Lektüre der sich an diese Eintragung anschließenden Texte (zur Entstehung und Datierung der Manuskripte siehe den Apparatband ›Nachgelassene Schriften und Fragmente II‹ der Kritischen Ausgabe) kommt man nicht umhin, sich immer wieder an diese Absichtserklärung zu erinnern. Wiederholt hat man den Eindruck, daß Autor und Erzähler miteinander verschmelzen, daß man ein Stück Literatur vor sich hat, das auf eines jener autobiographisch gefärbten »kleinen Bestandteile« aufbaut oder von einem Realitätspartikel ausgelöst wurde. Schon die Wahl der Motive ist wohl kaum zufällig, wie die Entsprechungen zur Lebenssituation des Autors zeigen.

So ist es vielleicht Kafkas besonderer Sinn für Humor und Ironie, der ihn ausgerechnet das Schicksal eines Hungerkünstlers nachzeichnen läßt (S. 18ff.): Ausgerechnet er, dem aus der Kindheit der riesenhafte Appetit des Vaters und der von ihm ausgeübte Zwang, aufzuessen, was auf den Tisch kam, als abstoßende Erinnerung geblieben ist (vgl. im Band ›Zur Frage der Gesetze und andere Schriften aus dem Nachlaß‹, ›Brief an den Vater‹, S. 19f.) und der seitdem bemüht war, sich nach naturheilkundlichen Vorgaben bewußt und vor allem vegetarisch zu ernähren, ausgerechnet er ist seit dem Ausbruch der Tuberkulose im Sommer 1917 regelmäßig zu Mastkuren gezwungen: Ironische Widerspiegelung der eigenen Lebenssituation in der literarischen Arbeit?

Die Erzählung ›Ein Hungerkünstler‹ entsteht im Mai 1922, in jener intensiven Schaffensphase, die mit der Aufnahme der Arbeit am Roman ›Das Schloß‹ während eines Erholungsurlaubs in Spindelmühle im Riesengebirge (27.1.–17. 2. 1922) einsetzte und die sich in den darauffolgenden Monaten in Prag sowie während des Sommeraufenthaltes in Planá (23.6.–18. 9. 1922) fortsetzt. »Zurückgezogen, einsam, nur mit meinen kleinen, hoffnungslosen, aber mir unentbehrlichen Untersuchungen beschäftigt, so lebe ich, habe aber dabei von der Ferne den Überblick über mein Volk nicht verloren, oft dringen Nachrichten zu mir und auch ich lasse hie und da von mir hören...« (S. 49). Es ist der Erzähler in dem von Max Brod »Forschungen eines Hundes« betitelten Text, der hier spricht; aber tritt nicht auch der Autor dahinter hervor, der in den zurückliegenden Jahren monatelang zurückgezogen in entlegenen Kurorten lebte, zur Zeit der Niederschrift dieses Textes in der Sommerwohnung seiner Schwester Ottla in Planá?

Die Tuberkulose bestimmt den äußeren Ablauf seines Lebens: sie erzwingt die Kuraufenthalte und sie befreit Kafka schließlich vom Dienst in der Arbeiter-Unfall-Versicherungs-Anstalt; sie ermöglicht ihm die langersehnte Konzentration auf das Schreiben und wirkt motivisch durch die mit ihrer Behandlung verbundene kontrollierte Nahrungsaufnahme auf die entstehenden Texte ein. Etwa in dem in Planá geschriebenen Text ›Von der Verteidigung eines Hofes‹. Man ahnt, wer sich hinter dem Kommandanten mit den vielen kleinen Zetteln verbirgt, wenn man liest, daß er nicht »die gewöhnliche Mannschaftskost« bekommt, sondern einen Teller mit »kräftiger Hühnersuppe«, den zu essen ihn »die Hausfrau« mit »Tränen in den aufwärtsschauenden Augen« nahezu flehentlich bittet (vgl. S. 106f.).

Das »warme satte Böhmen« (so zitiert Kafka Max Brod in seinem Antwortbrief an den Freund vom 14. Januar 1924), die Mutter und die Schwestern sind es, die ihn im Winter 1923/24 – Kafka lebt inzwischen mit seiner Lebensgefährtin Dora Diamant im inflationsgeplagten Berlin – mit Lebensmitteln versorgen. Auch dies findet seinen literarischen Niederschlag: »Es ist die Nahrung von der ich gedeihe. Auserlesene Speisen auserlesen gekocht. Aus dem Fenster meines Hauses sehe ich die Zuträger der Nahrungsmittel, eine lange Reihe . . .« (S. 158), so beginnt ein aus dieser Zeit stammendes Erzählstück.

Ereignisse des Tages oder Ergebnisse seiner »selbstbiographischen Untersuchungen« als eine Art Grundstein für den Neubau nutzend, versucht Kafka, in immer neuen Ansätzen den Einstieg in das Erzählen zu finden. »Daraus will ich mich dann aufbauen so wie einer, dessen Haus unsicher ist, daneben ein sicheres aufbauen will, womöglich aus dem Material des alten . . .«, heißt es weiter in der eingangs zitierten Absichtserklärung vom Frühjahr 1921. Zwischen dem alten

Haus, dem eigenen Leben, und dem neuen Haus, der Literatur, bewegt sich der Autor als »Bauarbeiter« (S. 41), »Bauen« dabei immer wieder als Synonym für das Schreiben verwendend. Es findet sich in den Einschüben, mit denen Kafka den Fortgang seines Schreibens kommentiert, und konsequent setzt er die gewählte Bildsprache fort, wenn er feststellt, daß sein »Bau« zu oberflächlich ist: »Was baust Du? Ich will einen Gang graben. Es muß ein Fortschritt geschehn. Zu hoch oben ist mein Standort.« und gleich anschließend: »Wir graben den Schacht von Babel.« (S. 94f.). Mit der Niederschrift des Textes, bei dem »der Bau« im Mittelpunkt steht, wird gegen Ende 1923 schließlich das für die eigene Tätigkeit bemühte Bild direkt in Literatur umgesetzt.

Im Sommer 1923 lernt Kafka während der Ferien im Ostseebad Müritz Dora Diamant kennen; am 24. September verläßt er Prag, um mit ihr in Berlin zu leben. Die veränderte Lebenssituation prägt die während der nächsten sechs Monate in Berlin entstehenden Texte (S. 125ff.): Impressionen aus der neuen Umgebung, die neue Lebensgemeinschaft und die Sorge um die Wohnung finden ihren Nachklang in den zahlreichen Anläufen, mit denen Kafka versucht, einen Einstieg in die literarische Arbeit zu finden und einen Erzähltext zu verwirklichen. Aus der Berliner Zeit liegt nur die im April 1924, vier Monate nach ihrer Entstehung, von ihm unter dem Titel ›Eine kleine Frau‹ veröffentlichte Erzählung vollendet vor (S. 210ff.). Der umfangreiche Text, den Max Brod später ›Der Bau‹ betiteln wird (S. 165ff.), bleibt unvollendet. »Schlimm ist es allerdings wenn mitten im Bau seine Kraft aufhört und er jetzt statt eines zwar unsichern aber doch vollständigen Hauses, ein halbzerstörtes und ein halbfertiges hat, also nichts ...«, hatte er im Frühjahr 1921 festgestellt (S. 10) und geschlossen: »Was folgt ist Irrsinn, also etwa ein Kosakentanz zwischen den zwei Häusern, wobei der Kosak

mit den Stiefelabsätzen die Erde solange scharrt und auswirft, bis sich unter ihm sein Grab bildet.«

Im Februar 1924 verschlechtert sich Kafkas Gesundheits-
zustand zusehends; am 17. März kehrt er nach Prag zurück,
in den Herrschaftsbereich des »alten Riesen«, der ihn auch in
Berlin nicht losgelassen hat (vgl. S. 154). Die Tuberkulose
beginnt schließlich, den Kehlkopf anzugreifen. Aus dieser
Zeit stammt der letzte erhaltene Text, ›Josefine die Sängerin
oder Das Volk der Mäuse‹ (S. 223ff.). Sein Freund Robert
Klopstock berichtet, Kafka habe ihm an dem Abend, als er
die Geschichte abschloß, gesagt: »Ich glaube, ich habe zur
rechten Zeit mit der Untersuchung des tierischen Piepsens
begonnen. Ich habe soeben eine Geschichte darüber fertiggestellt.« Im September 1917, kurz nachdem seine Erkrankung
festgestellt worden war, hatte Kafka zu dem Risiko, »als
Tuberkulöser Kinder zu haben«, aus einer Flaubert-Lektüre
notiert: »Wahl: Entweder geht dem Kind die Lunge flöten
(sehr schöner Ausdruck für die Musik, um derentwillen der
Arzt das Ohr an die Brust legt) oder es wird Flaubert.«
(›Tagebücher, Band 3: 1914–1923‹, S. 166). Es mag Ironie des
Schicksals sein, daß Kafka in der etwa zwei Monate vor
seinem Tod entstandenen Erzählung das Pfeifen als Form des
künstlerischen Ausdrucks thematisiert. »Mit Josefine aber
muß es abwärts gehn«, beginnt der letzte Absatz der Geschichte, »und ich sehe schon die Zeit kommen, wo ihr
letzter Pfiff ertönt und verstummt . . .« (S. 243).

1883	Franz Kafka wird am 3. Juli als erstes Kind des Kaufmanns Hermann Kafka und seiner Frau Julie, geb. Löwy, in Prag geboren.
1889–1901	Besuch der Volksschule am Fleischmarkt, ab 1893 des Altstädter Deutschen Gymnasiums. Im Sommer 1901 Abitur.
1901–1906	Studium an der Deutschen Universität in Prag; zunächst Besuch von Veranstaltungen in Chemie, Germanistik und Kunstgeschichte, dann Entscheidung für das Jura-Studium.
1902	Im Oktober erste Begegnung mit Max Brod.
1904	Beginn der Arbeit an der ersten Fassung von ›Beschreibung eines Kampfes‹.
1906	Im Juni Promotion zum Doktor der Rechte.
1906–1907	Rechtspraktikum am Landes- und am Strafgericht.
1907	Beginn der Arbeit an der ersten Fassung von ›Hochzeitsvorbereitungen auf dem Lande‹.
1907–1908	Anstellung bei der Versicherungsgesellschaft *Assicurazioni Generali* in Prag.
1908	Im März erste Veröffentlichung: In der Zweimonatsschrift ›Hyperion‹ erscheinen kleine Prosastücke unter dem Titel ›Betrachtung‹; am 30. Juli Eintritt in die *Arbeiter-Unfall-Versicherungs-Anstalt für das Königreich Böhmen in Prag*.
1909	Im Frühsommer Beginn der Eintragungen ins erste Tagebuchheft; im September Reise mit Max und Otto Brod nach Norditalien; es ent-

steht der kurz darauf in der Prager Tageszeitung ›Bohemia‹ publizierte Bericht ›Die Aeroplane in Brescia‹; im Herbst Arbeit an der zweiten Fassung von ›Beschreibung eines Kampfes‹.

1910   Ende März erscheint eine Auswahl kürzerer Prosatexte unter dem Titel ›Betrachtungen‹ in der ›Bohemia‹; im Oktober Reise mit Max und Otto Brod nach Paris.

1911   Im Sommer Reise mit Max Brod in die Schweiz, nach Norditalien und Paris; Ende September Aufenthalt im Sanatorium Erlenbach bei Zürich; Begegnung mit einer mehrere Monate in Prag gastierenden jiddischen Schauspieltruppe.

1912   Im Sommer Reise mit Max Brod nach Leipzig und Weimar, anschließend Aufenthalt im Naturheilsanatorium *Jungborn* bei Stapelburg im Harz; im August erste Begegnung mit der Berlinerin Felice Bauer in Prag, im September Beginn der Korrespondenz mit ihr; es entstehen u.a. die Erzählungen ›Das Urteil‹ und ›Die Verwandlung‹, und Kafka beginnt mit der Niederschrift des Romans ›Der Verschollene‹ (von Max Brod erstmals 1927 unter dem Titel ›Amerika‹ herausgegeben); unter dem Titel ›Betrachtung‹ erscheint im Dezember Kafkas erstes Buch (Ernst Rowohlt Verlag, Leipzig).

1913   Reger Briefwechsel mit Felice Bauer; Ende Mai erscheint ›Der Heizer. Ein Fragment‹ (das erste Kapitel des Romans ›Der Verschollene‹) im Kurt Wolff Verlag in der Buchreihe ›Der jüngste Tag‹, im Juni ›Das Urteil‹ im Jahrbuch ›Arkadia‹; im September Reise nach Wien, Venedig und Riva.

1914	Am 1. Juni offizielle Verlobung mit Felice Bauer in Berlin, am 12. Juli Entlobung; im Juli Reise über Lübeck nach Marielyst; Anfang August Beginn der Niederschrift des Romans ›Der Proceß‹; während der damit einsetzenden Schaffensphase entsteht u. a. die Erzählung ›In der Strafkolonie‹.
1915	Im Januar erste Begegnung mit Felice Bauer nach der Entlobung; ›Die Verwandlung‹ erscheint im Oktoberheft der Zeitschrift ›Die Weißen Blätter‹; Carl Sternheim gibt die Preissumme des ihm verliehenen Fontane-Preises »als Zeichen seiner Anerkennung« an Kafka weiter.
1916	Erneute engere Beziehung zu Felice Bauer, im Juli gemeinsamer Urlaub in Marienbad; Beginn der Aufzeichnungen in Oktavheften; in der Buchreihe ›Der jüngste Tag‹ des Kurt Wolff Verlags erscheint im November ›Das Urteil‹.
1916–1917	Viele kurze Texte (vor allem die später in den Band ›Ein Landarzt‹ aufgenommenen) entstehen in Kafkas Arbeitsdomizil in der Alchimistengasse auf dem Hradschin.
1917	Zweite Verlobung mit Felice Bauer im Juli; im August erste Anzeichen einer Lungenerkrankung, am 4. September Diagnose einer Lungentuberkulose; im Dezember Lösung der zweiten Verlobung.
1917 1918	Genesungsurlaub im nordböhmischen Zürau auf einem von Ottla Kafka bewirtschafteten Bauernhof; Entstehung vieler Aphorismen.
1919	›In der Strafkolonie‹ erscheint im Mai bei Kurt Wolff; im Sommer Verlobung mit Julie Wohry-

zek; im November entsteht der ›Brief an den Vater‹.

1920   Im April Genesungsurlaub in Meran; Beginn des Briefwechsels mit Milena Jesenská; im Mai erscheint bei Kurt Wolff der Band ›Ein Landarzt. Kleine Erzählungen‹; im Juli Lösung des Verlöbnisses mit Julie Wohryzek.

1920–1921   Kuraufenthalt in Matliary in der Hohen Tatra (von Mitte Dezember 1920 bis August 1921).

1922   Von Ende Januar bis Mitte Februar Aufenthalt in Spindelmühle im Riesengebirge; Beginn der Niederschrift des Romans ›Das Schloß‹; außerdem entsteht u. a. ›Ein Hungerkünstler‹; am 1. Juli wird Kafka pensioniert; von Ende Juni bis September Aufenthalt in Planá an der Luschnitz (Böhmerwald).

1923   Im Juli erste Begegnung mit Dora Diamant in Müritz an der Ostsee; im September Übersiedlung von Prag nach Berlin, Lebensgemeinschaft mit Dora Diamant; es entsteht u. a. der Text ›Eine kleine Frau‹.

1924   Verschlechterung des Gesundheitszustandes; im März Rückkehr nach Prag; ›Josefine, die Sängerin oder Das Volk der Mäuse‹ entsteht; im April Aufenthalt im Sanatorium Wiener Wald in Ortmann (Niederösterreich), später in der Klinik von Prof. Hajek in Wien, schließlich Sanatorium Dr. Hugo Hoffmann in Kierling bei Wien; Kafka beginnt mit der Satzkorrektur seines Bandes ›Ein Hungerkünstler‹; am 3. Juni stirbt Franz Kafka; er wird am 11. Juni auf dem jüdischen Friedhof in Prag-Straschnitz bestattet.

Die Übersicht verweist unter den aus anderen Editionen bekannten Titeln und Überschriften auf die entsprechende Textstelle in den Bänden dieser Ausgabe. Sie ist nach dem Wortlaut, d. h. ohne Berücksichtigung der Artikel, alphabetisch geordnet. Von Kafka stammende Überschriften und Titel stehen gerade.

Inhalt

Anhang

Die hier am Ende der Überschriften in eckigen Klammern
stehenden Ziffern entsprechen der Schriftträger-Numerierung
im Band ›Nachgelassene Schriften und Fragmente II‹
der Kritischen Ausgabe.

Franz Kafka
Brief an den Vater
Faksimileausgabe
Herausgegeben und mit einem Nachwort
von Joachim Unseld
Band 12436

Der sogenannte ›Brief an den Vater‹ ist die wichtigste und um-
fassendste autobiographische Äußerung, die von Franz Kafka
überliefert ist. Der im Original über 100 Seiten lange Brief, der
»Riesenbrief«, wie der Dichter ihn in einem Schreiben an die
Freundin Milena Jesenská nennt, wird heute zur Weltliteratur
gezählt und sollte doch nur das private, ja intime Dokument
einer persönlichen Beziehung sein. Die Briefhandschrift ist ein
einzigartiges Zeugnis: Die Schönheit der Kafkaschen Schrift-
züge beeindruckt den Leser und erlaubt zugleich die Wahrneh-
mung eines persönlich-appellativen Moments der Handschrift
als gestischer Sprache.

Fischer Taschenbuch Verlag

fi 199 / 4 a

Liebster Vater,

Du hast mich letzthin einmal gefragt warum ich behaupte, ich hätte Furcht vor Dir. Ich wußte Dir, wie gewöhnlich nichts zu antworten, zum Teil eben aus der Furcht die ich vor Dir habe, zum Teil deshalb, weil zur Begründung dieser Furcht zu viele Einzelheiten gehören, als daß ich sie im Reden halbwegs zusammenhalten könnte. Und wenn ich hier versuche Dir schriftlich zu antworten, so wird es doch nur sehr unvollständig sein, weil auch im Schreiben die Furcht und ihre Folgen mich Dir gegenüber behindern und weil die Größe des Stoffs über mein Gedächtnis und meinen Verstand weit hinausgeht.

Dir hat sich die Sache immer sehr einfach dargestellt wenigstens soweit Du vor mir und, ohne Auswahl, vor vielen andern davon gesprochen hast. Es schien Dir etwa so zu sein: Du hast

Erste Seite des ›Brief an den Vater‹,
der wichtigsten und umfassendsten autobiographischen
Äußerung von Franz Kafka.

fi 199 / 1b

Franz Kafka

Beschreibung eines Kampfes

und andere Schriften aus dem Nachlaß

In der Fassung der Handschrift

Band 12445

Dieser erste von vier Bänden mit
Schriften aus dem Nachlaß beginnt mit dem frühesten
erhaltenen Albumblatt aus dem Jahre 1897 und reicht bis zu
»Blumfeld ein älterer Junggeselle« vom März 1915.

»Ich schlief und fuhr mit meinem ganzen Wesen
in den ersten Traum hinein. Ich warf mich in ihn so in Angst
und Schmerz herein, daß er es nicht ertrug, mich aber auch
nicht wecken durfte, weil die Welt um mich zuende war...«

»Wenn irgendeine Dichtung der Gegenwart,
so ist Franz Kafkas Werk unter dem Auftrag des Unbewußten
entstanden... Wir haben hier ein frühes Wunder von Prägnanz
und Ausdrücklichkeit, sanfte Feerien einer weltlichen Ironie,
ein dichtes Geflecht von lokaler Atmosphäre und einer
Schwermut, wirr und weit wie die Welt.«

Heinz Politzer

Fischer Taschenbuch Verlag

fi 1665 / 1

Franz Kafka
Beim Bau der chinesischen Mauer
und andere Schriften aus dem Nachlaß

In der Fassung der Handschrift

Band 12446

Gegen Ende November 1916 begann Kafka Eintragungen
in Oktavhefte zu machen; er setzte dies bis zum Februar 1918
fort – sie sind mit dem Dramenfragment »Der Gruftwächter«
und Aphorismen in diesem zweiten Band mit Schriften
aus dem Nachlaß zusammengefaßt.

»Die chinesische Mauer ist an ihrer nördlichsten Stelle
beendet worden. Von Südosten und Südwesten wurde der Bau
herangeführt und hier vereinigt.«

»Franz Kafka ist ein romantischer Klassiker, zweifelsohne.
Die tragische und skurrile Ironie seiner die Nichtigkeiten der
Wissenschaften und des menschlichen Daseins persiflierenden
Erzählungen, die Lebens- und Todesängste, das folterreiche
Beamtendasein seiner Tiere und Menschen... steht mit seiner
von Anbeginn unveränderlichen, weil vollendeten ethisch-
menschlichen Natur jenseits von Lob und Tadel.«

Albert Ehrenstein

Fischer Taschenbuch Verlag

fi 1666 / 1

Franz Kafka
Zur Frage der Gesetze
und andere Schriften aus dem Nachlaß

In der Fassung der Handschrift

Band 12447

Der bekannteste Text dieses dritten Bandes
der Schriften aus dem Nachlaß der Jahre 1919 bis 1922 ist der
»Brief an den Vater«, den Kafka im November 1919
in Schelesen schrieb.

»Unsere Gesetze sind leider nicht allgemein bekannt,
sie sind Geheimnis der kleinen Adelsgruppe,
welche uns beherrscht.«

»Von kaum einem erreicht ist Kafkas Virtuosität
in der Handhabung der Sprache. Er ist ein Magier des Wortes.
Die außerordentliche Wirkung besteht in der Einfachheit.
Stahlhart sind seine Sätze, es gibt in ihnen keine exaltierten
Wortkaskaden und keine lyrischen Überladenheiten.
Und doch deuten diese Sätze in alle Tiefen der Seele...«
Manfred Sturmann

Fischer Taschenbuch Verlag

fi 1667 / 1